いちばんわかりやすい

消防設備士
〈甲種・乙種〉
合格テキスト

JN000718

成美堂出版

本書の特長

◆傾向を見極めた対策が合格への近道！

　本書は、屋内消火栓設備・スプリンクラー設備等の工事・整備等ができる資格、消防設備士試験１類〈甲種・乙種〉の合格を目的とした合格テキストです。

　消防設備士試験は、毎回、類似問題が多く出題される傾向にあります。本書は、効率よく合格を目指せるよう、消防設備士として必要な基礎知識はもちろん、実際の試験に多く出題される出題頻度が高い内容を中心にまとめました。

　消防設備士試験の傾向や頻出テーマを把握し、それを中心に学習することで、消防設備士に必要な知識を身につけながら、最短ルートで合格を目指すことができます。

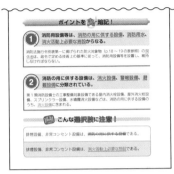

◆本試験型の練習問題を各章末に収録！

　本書の各章末には、実際の試験と同形式の練習問題を収録しています。

　この練習問題により、各レッスンで学んだことを、きちんと理解しているか復習することができ、また、実際の試験と同形式の問題を解くことで、本番に向けた予行練習を行うことができます。

　各レッスンを読み終えたら、ぜひ、本番のつもりで実際に問題を解いてみてください。繰り返し問題を解き、わからないところは解説をみて必ず理解しましょう。

◆赤シート対応で穴埋め問題としても活用できる！

　本書は赤シートに対応しており、レッスン内で重要な用語や数値などを赤字にしています。付属の赤シートを活用することで、穴埋め問題として活用することもできますので、上手に活用しましょう。

　受験者のみなさんが自信をもって本試験に臨めるよう、本書をご活用いただければ幸いです。

> 本書は原則として、2023年4月1日現在の法令等に基づいて編集しています。以降も法令等の改正があると予想されますので、最新の法令等を参照して本書を活用してください。

CONTENTS

※本書では、作成にあたり、次の会社の方々に製品等の写真をご提供いただきました。ご協力につきまして厚く御礼申し上げます。（敬称略、50音順）
株式会社岩崎製作所、株式会社荏原計器製作所、千住スプリンクラー株式会社、南国フレキ工業株式会社、ニッタン株式会社、日本フローセル株式会社、横井製作所、YONE株式会社

消防設備士 1 類〈甲種・乙種〉
試験ガイダンス

※本ページの情報は編集時点のものです。変更される場合がありますので、
　受験される方は、必ずご自身で試験実施団体の発表する最新情報を確認
　してください。

■受験資格
乙種：誰でも受験できます。
甲種：大別して国家資格等によるものと、学歴によるものの2種類があ
　　　ります。詳細については、一般財団法人消防試験研究センターに
　　　問い合わせてください。

■受験の申請
申請方法は、「書面申請」（願書の提出による申請）と「電子申請」があり、
現住所・勤務地にかかわらず希望する都道府県において受験できます。

■試験の方法
マーク・カードを使う筆記試験：四肢択一式
実技試験：写真・イラスト・図面等による記述式

■試験時間
甲種（特類以外）：3時間15分
乙種：1時間45分
※試験科目の一部が免除される方の試験時間は、免除される問題の数に
　応じて短縮されます。

■一部免除
消防設備士、電気工事士、電気主任技術者、技術士等の資格を有する方は、
申請により試験科目の一部が免除になります。詳細については、一般財
団法人消防試験研究センターに問い合わせてください。

■合格基準
筆記試験において、各科目毎に40％以上で全体の出題数の60％以上、か
つ、実技試験において60％以上の成績で合格。

一般財団法人 消防試験研究センター
https://www.shoubo-shiken.or.jp/
TEL 03-3597-0220

1章
消防関係法令（共通）

まず、これだけ覚えよう！

①法令用語の特徴を知ろう

この章では、消防法をはじめとする消防関係の法令により定められているさまざまな制度や消防用設備等に関する規定のうち、各類の消防設備士試験に共通して出題されるものを取り上げる（第1類の対象である消防用設備に関する規定は、次章で扱う）。

法令に関する章なので、本文には法令の条文そのものや、条文にならった記述がよく出てくるが、法令の条文には、一般的な文章とはやや異なる、独特の表現が用いられることがあるので、文章が難しく、わかりにくいという印象を持つ人もいるかもしれない。

ここでは、法令用語に見られるいくつかのきまりについて説明する。

以下のような法令用語の特徴を知っておくと、条文の内容を理解しやすくなるよ。

②「及び」と「並びに」の使い分け

●いくつかのものを同列につなげるときは「及び」を用いる

AとBを単に結びつけるときは、「A及びB」とする。A、B、C、D…のように結びつけるものの数が増えたときも、それらすべてが同列の関係である場合は、「及び」を用いる。その場合、「A及びB及びC及びD」とするのではなく、「A、B、C及びD」のように、最後にひとつだけ「及び」を入れるのが普通である。

●段階があるときは、上位に「並びに」を用いる

A、B、C、D…のように結びつけるものの数が多く、しかも、それ

らの関係が同列ではなく、上位、下位の段階に分かれているときは、下位に「及び」を用い、上位には「並びに」を用いる。

③ 「または」と「もしくは」の使い分け

●いくつかのものを同列に並べるときは「または」を用いる

A、B、C、D をすべて同列に並べる場合は、「A、B、C または D」のように記す。

●段階があるときは、上位に「または」を用いる

最も上位の段階に「または」を用い、それよりも下位の段階には「もしくは」を用いる。

法令の条文では、通常、「または」は「又は」、「もしくは」は「若しくは」と記されているが、本書では、条文を引用する場合を除いてひらがなで記している。

④ 「その他」と「その他の」の使い分け

「A、B、C その他 D」と書かれている場合は、A、B、C、D はそれぞれ独立していて、並列の関係にある（並列的例示）。

「A、B、C その他の D」と書かれている場合は、A、B、C も D の中に含まれる（包括的例示）。

消防の組織

基礎知識を押さえよう！

1. 消防本部・消防署・消防団

　消防組織法という法律により、地域の消防について責任を負い、その費用を負担するのは、市町村の役割とされている。多くの場合、市町村には消防本部が置かれ、その下に消防署が設置される。消防本部は、いくつかの市町村にまたがって置かれることもある。消防本部を置かない市町村には、必ず消防団を設けなければならない。

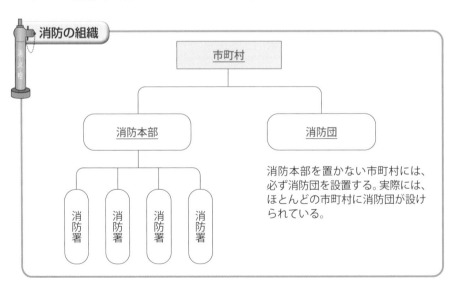

消防の組織

```
                    市町村
          ┌───────────┴───────────┐
        消防本部                  消防団
   ┌────┬────┬────┬────┐
  消防署 消防署 消防署 消防署
```

消防本部を置かない市町村には、必ず消防団を設置する。実際には、ほとんどの市町村に消防団が設けられている。

　消防本部は、管内にある消防署を統括する機関である。消防署は、火災が起きたときに現場に出動して消火活動を行うほか、出火原因の調査や火

災予防のための活動など、消防に関するさまざまな業務を行う。消防団は、地域住民の有志により構成される消防機関で、有事の際に招集され、消防活動を行う。

消防活動は地域に密着した仕事なので、市町村の責任において行われているんですね。

2. 消防吏員とそれ以外の消防職員

消防本部や消防署に勤務する者を消防職員といい、そのうち、消防階級を持つ者を消防吏員という。火災の現場で消火・救急・救助などの業務を遂行するのは消防吏員である。消防吏員でない消防職員は、それ以外の一般事務などに従事する。

消防本部の長は消防長、消防署の長は消防署長である。消防長、消防署長も、消防吏員に含まれる。

消防団の構成員は、消防団員という。消防団員は非常勤の地方公務員で、普段は別の仕事をしている。消防団の長は消防団長である。

火災現場で消火活動を行う消防吏員のことを、一般に消防士と呼んでいるけれど、正式には、消防士とは消防吏員の階級のひとつなんだ。

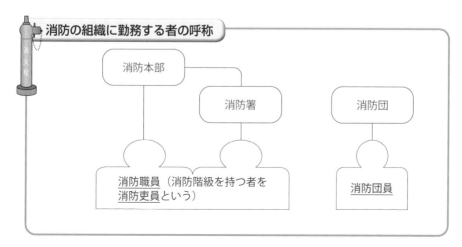

消防の組織に勤務する者の呼称

消防本部 ― 消防署 ― 消防団

消防職員（消防階級を持つ者を消防吏員という） ― 消防団員

市町村に設置する消防機関

しょっぱいコンブと、しょっぱいダンゴ。
  （消防本部）   （消防団）

どちらにします？　市長さん！
（どちらかを設ける）　（市町村）

市 長

↪️ 市町村には、少なくとも、消防本部または消防団のいずれかを設けなければならない。

ポイントを丸暗記！

1 地域の消防の責任を負うのは、市町村である。

市町村の消防は、市町村長が管理する。市町村の消防にかかる費用は、その市町村が負担する。

2 多くの市町村には消防本部が置かれ、その下に消防署が設置される。

消防本部は、いくつかの市町村にまたがって置かれることもある。消防本部を置かない市町村には、必ず消防団を設けなければならない。

3 消防職員のうち、消防階級を持つ者を消防吏員という。

消防本部や消防署に勤務する者を消防職員といい、そのうち、消防階級を持つ者を消防吏員という。

防火対象物・消防対象物

ここが Point!

防火対象物と消防対象物の定義の違いを覚えよう。消防法令における「関係者」「関係のある場所」の意味にも注意。

基礎知識を押さえよう！

1. 防火対象物と消防対象物

消防関係の法令によく出てくる用語のひとつに、防火対象物という言葉がある。防火対象物については、次章以降でくわしく取り上げていくことになるが、ひとまず簡単に説明すると、防火対象物とは、火災防止のために消防法令により設けられているさまざまな規制の主な対象となる建造物等である。

防火対象物は、消防法により次のように定義されている。

> 消防法第2条第2項
> 防火対象物とは、山林又は舟車、船きょ若しくはふ頭に繋留された船舶、建築物その他の工作物若しくはこれらに属する物をいう。

ところで、防火対象物とよく似た言葉で、消防対象物という用語もある。消防対象物は、消防法により次のように定義されている。

> 消防法第2条第3項
> 消防対象物とは、山林又は舟車、船きょ若しくはふ頭に繋留された船舶、建築物その他の工作物又は物件をいう。

防火対象物と消防対象物の定義の違いは、「若しくはこれらに属する物」と「又は物件」の部分だけですね。この違いにはどういう意味があるんだろう？

このように、防火対象物、消防対象物という2つの用語は、言葉だけでなくその定義もよく似ているので、どこがどう違うのか、直感的には理解しにくい。そこで、p.8～9で取り上げた法令用語のきまりをこれらの条文に当てはめてみると、少しわかりやすくなる。

p.9の「または」と「もしくは」の使い分けの項で説明したように、法令の条文において「または」と「もしくは」が両方出てくるときは、「または」が最も上位の段階に用いられ、「もしくは」がそれよりも下位の段階に用いられている。この規則を当てはめると、防火対象物を定義する条文を、下図のように整理することができる。

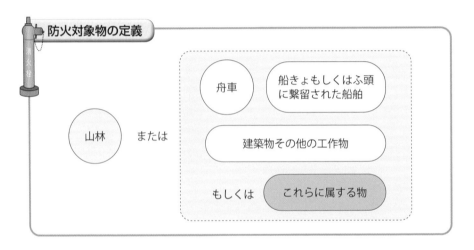

防火対象物の定義

舟車　船きょもしくはふ頭に繋留された船舶

山林　または　建築物その他の工作物

もしくは　これらに属する物

上図を見ると、「これらに属する物」とは、「舟車」「船きょもしくはふ頭に繋留された船舶」「建築物その他の工作物」のいずれかに属するもの、という意味であることがわかる。

続いて、消防対象物を定義する条文も同じように整理してみる。次ページ上の図を見ると、「または物件」の物件とは、「山林」「舟車」「船きょもしくはふ頭に繋留された船舶」「建築物その他の工作物」のどれでもない、それ以外のものであることがわかる。

物件という言葉はあまりにも漠然としていて、何にでも当てはまってしまうように感じられるが、実際に、その中には「山林または…建築物その他の工作物」以外のほとんどすべてのものが含まれると解釈されている。

つまり、消防対象物は防火対象物よりも範囲が広い。あるいは、範囲が限定されていないともいえる。

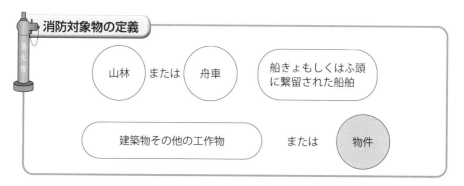

消防対象物の定義

山林　または　舟車　　船きょもしくはふ頭に繋留された船舶

建築物その他の工作物　　または　　物件

消防対象物には、消防活動の対象になるすべてのものが含まれる。要するに、消防対象物は、火災で燃える可能性があるすべてもの、と考えておくとよい。

防火対象物と消防対象物の定義の違いに関する問題は、試験によく出るよ。

漠然としていて、とても範囲が広そうな「物件」を含んでいるほうが消防対象物、と覚えておけばいいですね。

2. 関係者・関係のある場所

消防法において、関係者とは、「防火対象物または消防対象物の所有者、管理者または占有者をいう」と定義されている。建築物の例でいうと、所有者は建物の登記名義人、管理者は建物を管理している管理会社や管理組合など、占有者は、賃貸契約を結ぶなどして実際に建物を使用している事務所、店舗等に相当する。

関係のある場所とは、「防火対象物または消防対象物のある場所をいう」と定義されている。これらの用語も試験に出題されることがあるので、しっかり覚えておこう。

消防法における用語「関係者」の定義

僕らの関係は、戦友とかそういう感じ
（関係者）（占有者）（所有者）（管理者）

⇒消防法において、関係者とは、防火対象物または消防対象物の所有者、管理者、占有者の三者をさす。

ポイントを丸暗記！

 ①

防火対象物とは、山林または舟車…（中略）…建築物その他の工作物もしくはこれらに属する物をいう。

定義の文に「これらに属する物」が含まれるのが、防火対象物である。

 ②

消防対象物とは、山林または舟車…（中略）…建築物その他の工作物または物件をいう。

定義の文に「物件」が含まれるのが、消防対象物である。

重要用語を覚えよう！

 舟車（しゅうしゃ）

船舶や車両のこと。

 船きょ（せん）

船舶の建造や修理を行うドックのこと。漢字で書くと「船渠」（せんきょ）となる。

防火対象物の区分

ここがPoint!

防火対象物の区分では、特定防火対象物と非特定防火対象物の違いが特に重要。それぞれに該当するものをしっかり覚えよう。

基礎知識を押さえよう！

1. 防火対象物の区分と特定防火対象物

防火対象物には、用途に応じた区分が設けられている。その区分は、消防法施行令という政令の末尾に掲げられた「別表第一」に記載されているが、その内容をわかりやすくまとめたものが、次ページの表である。防火対象物に対する規制は、この用途区分と、それらの用途に供される部分の延べ面積、階数などに応じて定められている。

なかでも、特定防火対象物については、特に規制が厳しくなっている。特定防火対象物は、防火対象物のうち「多数の者が出入りするものとして政令で定めるもの」と定義されている。具体的には、劇場、映画館、店舗、飲食店、病院、老人デイサービスセンター、幼稚園、蒸気浴場、地下街など、不特定多数の人が出入りする施設や、火災が発生した場合に避難が困難になるおそれがある場所、自力で避難することが困難な人がいる施設などが、特定防火対象物に含められている。

特定防火対象物となる用途区分を、特定用途という。また、特定防火対象物でない防火対象物を、非特定防火対象物と呼ぶことがある。

特定防火対象物と非特定防火対象物を区別する問題は、よく出題されるので注意しよう。

◇防火対象物の区分（消防法施行令別表第一による）

(1)	イ	劇場、映画館、演芸場または観覧場
	ロ	公会堂または集会場
(2)	イ	キャバレー、カフェー、ナイトクラブその他これらに類するもの
	ロ	遊技場またはダンスホール
	ハ	性風俗関連特殊営業を営む店舗等
	ニ	カラオケボックス、個室漫画喫茶、ネットカフェ等
(3)	イ	待合、料理店等
	ロ	飲食店
(4)		百貨店、マーケットその他の物品販売業を営む店舗または展示場
(5)	イ	旅館、ホテル、宿泊所等
	ロ	寄宿舎、下宿または共同住宅
(6)	イ	病院、診療所または助産所
	ロ	老人短期入所施設、養護老人ホーム、特別養護老人ホーム、乳児院、障害児入所施設等
	ハ	老人デイサービスセンター、老人福祉センター、老人介護支援センター、更生施設、助産施設、保育所、幼保連携型認定こども園、児童養護施設、児童自立支援施設、身体障害者福祉センター等
	ニ	幼稚園または特別支援学校
(7)		小学校、中学校、義務教育学校、高等学校、中等教育学校、高等専門学校、大学、専修学校、各種学校等
(8)		図書館、博物館、美術館等
(9)	イ	蒸気浴場、熱気浴場等
	ロ	蒸気浴場、熱気浴場等を除く公衆浴場
(10)		車両の停車場または船舶もしくは航空機の発着場
(11)		神社、寺院、教会等
(12)	イ	工場または作業場
	ロ	映画スタジオまたはテレビスタジオ
(13)	イ	自動車車庫または駐車場
	ロ	飛行機または回転翼航空機の格納庫
(14)		倉庫
(15)		事務所等（前各項に該当しない事業場）
(16)	イ	複合用途防火対象物（特定用途を含む）
	ロ	複合用途防火対象物（特定用途を含まない）
(16の2)		地下街
(16の3)		準地下街

(17)	重要文化財等
(18)	延長 50m 以上のアーケード
(19)	市町村長の指定する山林
(20)	総務省令で定める舟車

小学校や中学校は非特定防火対象物だけれど、幼稚園は特定防火対象物なんですね。

2. 複合用途防火対象物

　前ページの表の（16）イ、ロは、複合用途防火対象物である。複合用途防火対象物とは、同じ建物の中に用途の異なる部分がある防火対象物をいう。それらの用途の中に特定用途が含まれる場合は、特定防火対象物とみなされる。

　都市部の繁華街などによく見られる雑居ビルは、複合用途防火対象物である。また、その中に、飲食店や遊技場などの特定用途の部分が含まれる場合は、特定防火対象物でもある。

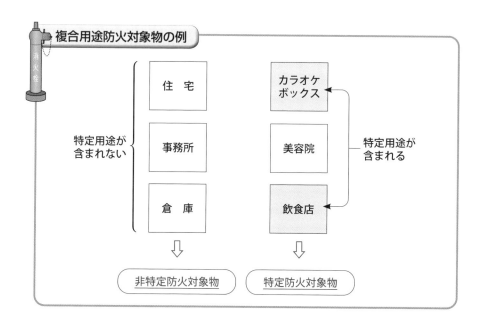

複合用途防火対象物の例

ポイントを丸暗記！

 1 幼稚園、特別支援学校は、特定防火対象物である。

小学校、中学校、義務教育学校、高等学校、中等教育学校、高等専門学校、大学、専修学校、各種学校等は、非特定防火対象物である。

 2 図書館、博物館、美術館等は、非特定防火対象物である。

神社、寺院、教会等、工場、映画スタジオまたはテレビスタジオ、車庫または駐車場、倉庫、事務所等、重要文化財等も、非特定防火対象物である。

 3 複合用途防火対象物とは、同じ建物の中に2以上の用途の異なる部分がある防火対象物をいう。

複合用途防火対象物は、その用途の中に特定用途が含まれる場合は、特定防火対象物となる。

重要用語を覚えよう！

 遊技場

設備を設けて、多数の客に、パチンコ、麻雀、ビリヤード、卓球、ボウリング、囲碁、将棋その他の遊技をさせる施設。

 蒸気浴場・熱気浴場

いわゆるサウナのこと。

 準地下街

建築物の地階で、連続して地下道に面して設けられているものと、その地下道とを合わせた部分をいう（p.31の図参照）。

火災予防のための措置命令・立入検査等

ここが Point!

措置命令等については、命令権者と受命者の関係が特に重要。試験によく出るのでしっかり押さえておこう。

基礎知識を押さえよう！

1. 屋外における火災予防のための措置命令

消防長※、消防署長その他の消防吏員は、屋外において「火災の予防に危険であると認める行為者」または「火災の予防に危険であると認める物件もしくは消火、避難その他の消防の活動に支障になると認める物件の所有者、管理者もしくは占有者で権原を有する者」に対し、以下のような措置を命ずることができる。

- 火遊び、喫煙、たき火、火を使用する設備もしくは器具または使用に際し火災の発生のおそれのある設備もしくは器具の使用、その他これらに類する行為の禁止、停止、制限、またはこれらの行為を行う場合の消火準備
- 残火、取灰または火粉の始末
- 危険物等の除去その他の処理
- 放置され、またはみだりに存置された物件の整理または除去

※ 消防本部を置かない市町村においては市町村長。この章において以下同様。

2. 立入検査等

消防長または消防署長は、火災予防のために必要があるときは、関係者に対して資料の提出を命じ、もしくは報告を求め、または消防職員（消防本部を置かない市町村においては、市町村の消防事務に従事する職員または常勤の消防団員）にあらゆる仕事場、工場もしくは公衆の出入りする場所その他の関係のある場所に立ち入って、消防対象物の位置、構造、設備

及び管理の状況を検査させ、もしくは関係のある者に質問させることができる。ただし、個人の住居は、関係者の承諾を得た場合または火災発生のおそれが著しく大であるため、特に緊急の必要がある場合でなければ、立ち入らせてはならない。

3. 防火対象物に対する措置命令

消防長または消防署長は、防火対象物の位置、構造、設備または管理の状況について、火災の予防に危険であると認める場合、消火、避難その他の消防の活動に支障になると認める場合、火災が発生したならば人命に危険であると認める場合、その他火災の予防上必要があると認める場合には、権原を有する関係者（特に緊急の必要があると認める場合においては、関係者及び工事の請負人または現場管理者）に対し、防火対象物の改修、移転、除去、工事の停止または中止その他の必要な措置をとることを命ずることができる。

権原とは、ある行為を正当化する法律上の原因、つまり、法的な根拠のことだ。なし得る行為の範囲や地位を意味する「権限」とは、読みは同じでも意味が異なるので注意。

4. 防火対象物の使用禁止命令

消防長または消防署長は、防火対象物の位置、構造、設備または管理の状況が下記のいずれかに該当する場合は、権原を有する関係者に対し、防火対象物の使用の禁止、停止または制限を命ずることができる。

- 防火対象物に対する措置命令等が履行されないか、履行されても十分でないか、期限までに完了する見込みがないために、引き続き、火災の予防に危険であると認める場合、消火、避難その他の消防の活動に支障になると認める場合、または、火災が発生したならば人命に危険であると認める場合
- 防火対象物に対する措置命令等によっても、火災の予防の危険、消火、避難その他の消防の活動の支障、または、火災が発生した場合における人命の危険を除去することができないと認める場合

04

火災予防のための措置命令・立入検査等

　以上のような措置命令等の規定において、命令を下すことができる者を命令権者といい、命令を受ける者を受命者という。本試験では、命令権者や受命者が誰であるかが問われることが多いので注意しよう。

措置命令等の命令権者と受命者

屋外における火災予防のための措置命令

命令権者

消防長※1　消防署長
その他の消防吏員

↓

受命者

火災の予防に危険であると認める行為者
または
物件※2の所有者、管理者もしくは占有者で権原を有する者

防火対象物に対する措置命令・使用禁止命令

命令権者

消防長※1　消防署長

↓

受命者

関係者で権原を有する者

資料の提出・報告の要求

命令権者

消防長※1　消防署長

↓

受命者

関係者

※1 消防本部を置かない市町村においては市町村長。
※2 ここでは、「火災の予防に危険であると認める物件」もしくは「消火、避難その他の消防の活動に支障になると認める物件」のこと。

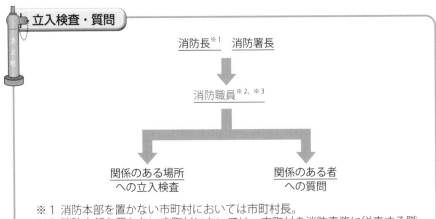

立入検査・質問

消防長※1　消防署長

↓

消防職員※2、※3

関係のある場所
への立入検査

関係のある者
への質問

※1 消防本部を置かない市町村においては市町村長。
※2 消防本部を置かない市町村においては、市町村の消防事務に従事する職員または常勤の消防団員。
※3 期日または期間を指定して行わせる場合は、消防団員でもよい。

ポイントを丸暗記！

1

屋外における火災予防のための措置を命ずることができるのは、消防長、消防署長その他の消防吏員。

消防本部を置かない市町村においては、消防長に代わって市町村長が命令権者となる。

2

防火対象物に対する措置命令、使用禁止命令をすることができるのは、消防長または消防署長。

消防本部を置かない市町村においては、消防長に代わって市町村長が命令権者となる。受命者は、権原を有する関係者である。

3

消防長または消防署長は、消防職員を関係のある場所に立ち入らせ、検査を行わせることができる。

消防本部を置かない市町村においては、市町村長または消防署長が、市町村の消防事務に従事する職員または常勤の消防団員に立入検査を行わせる。

建築確認と消防同意

ここが Point!

建築確認と消防同意の手続きの流れを理解し、それぞれの手続きを誰が行うのか確認しよう。

基礎知識を押さえよう！

1. 建築確認と消防同意

　建築基準法等により定められた一定の建築物※の新築、増改築等をしようとする場合、建築主は、事前に建築主事または指定確認検査機関に申請し、その建築物が、建築基準法をはじめとする建築基準法令の規定に適合するものであることの確認を受けて、確認済証の交付を受けなければならない。この手続きを、建築確認という。

※ 建築確認を必要とする建築物の規定の詳細はここでは省略するが、建築基準法に定める特殊建築物、大規模建築物、都市計画法に基づいて都道府県が指定する都市計画区域・準都市計画区域における一般建築物等が含まれる。

　建築確認を行う建築主事等は、建築物の工事施工地または所在地を管轄する消防長または消防署長の同意を得なければならない。この手続きを消防同意という。

　建築主事等から同意を求められた消防長または消防署長は、その建築物の計画が、消防法をはじめとする消防法令による建築物の防火に関する規定や、それに基づく命令などに違反しないものであるときは、同意を与え、その旨を通知しなければならない。

　その期限は、都市計画区域・準都市計画区域の一般建築物等の場合は同意を求められた日から3日以内、その他の場合は7日以内とされている。同意することができない事由があると認めるときは、これらの期限内に、その事由を通知しなければならない。

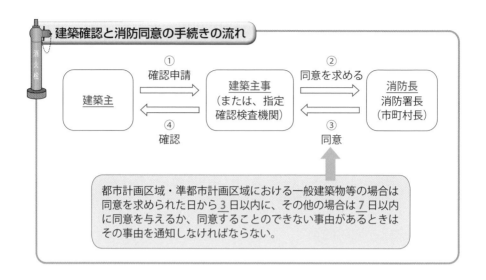

建築確認は建築基準法に、消防同意は消防法に基づいて行われる、それぞれ異なる手続きであるが、消防同意がなされなければ、建築主事等は建築確認を行うことができない。

上図は、建築確認と消防同意にかかわる一連の手続きの流れをまとめたものである。建築確認を申請するのは建築主だが、消防同意を求めるのは建築主ではなく、建築主から建築確認の申請を受けた建築主事等であることに注意しよう。

措置命令等の場合と同じく、誰が、誰に対して、何を行うのかをしっかり把握することが重要ですね。

2. 消防同意を要しない建築物

建築確認に係る建築物が、下記の条件をすべて満たす場合は、消防同意を要しない（この場合は、建築確認をした後に建築主事から消防長または消防署長に通知すればよい）。

・都市計画法に定める防火地域及び準防火地域以外の区域における住宅であること。

- 長屋、共同住宅でないこと。
- 一戸建ての住宅で、住宅の用途以外の部分の面積が延べ面積の2分の1未満で、かつ、50m² を超えないこと。

ポイントを暗記！

1 　**建築確認を行う**<u>建築主事</u>**等は、消防長または消防署長の同意を得なければならない。**

建築確認を申請するのは<u>建築主</u>だが、消防同意を求めるのは建築主ではなく、建築主から建築確認の申請を受けた<u>建築主事</u>等である。

2 　<u>消防長</u>**または**<u>消防署長</u>**は、建築物の計画が法令に違反していないときは、同意を与えなければならない。**

都市計画区域・準都市計画区域の一般建築物等の場合は同意を求められた日から<u>3</u>日以内、その他の場合は<u>7</u>日以内に同意を与え、その旨を通知しなければならない。同意できない事由があるときは、期限内にその事由を通知しなければならない。

こんな選択肢に注意！

消防同意を必要とする建築物の~~建築主~~は、建築主事等に建築確認を申請するとともに、消防長または消防署長の同意を得なければならない。

消防同意を求めるのは建築主ではなく、建築主から建築確認の申請を受けた<u>建築主事等</u>である。

消防同意については、出題例はそれほど多くないけれど、手続きの流れだけはしっかり押さえておこう。

防火管理者

ここが Point!

防火管理者、統括防火管理者を選任しなければならない防火対象物を覚えよう。

基礎知識を押さえよう！

1. 防火管理者の選任義務

　一定規模の防火対象物の管理について権原を有する者（管理権原者）は、政令で定める資格を有する者から防火管理者を定め、以下の業務を行わせなければならない。

- 防火管理に係る消防計画を作成し、所轄消防長または消防署長に届け出ること
- 消防計画に基づく消火、通報及び避難の訓練の実施
- 消防の用に供する設備、消防用水または消火活動上必要な施設の点検及び整備
- 火気の使用または取扱いに関する監督
- 避難または防火上必要な構造及び設備の維持管理並びに収容人員の管理
- その他防火管理上必要な業務

　防火対象物の管理権原者は、防火管理者を定めたときは、遅滞なくその旨を所轄消防長または消防署長に届け出なければならない。防火管理者を解任したときも同様である。

2. 防火管理者を定めなければならない防火対象物

　防火管理者を定めなければならない防火対象物は、以下のとおりである。
①老人短期入所施設等（p.18 の表の（6）ロに該当するもの）と、それらの用途に供される部分がある複合用途防火対象物、それらの用途に供さ

れる部分がある地下街……収容人員 10 人以上

②特定防火対象物（①に含まれるものと準地下街を除く）……収容人員 30 人以上

③非特定防火対象物（山林、舟車、アーケードを除く）……収容人員 50 人以上

準地下街、山林、舟車、アーケードは、収容人員にかかわらず、防火管理者を選任する必要はないんですね。

3. 防火管理者の選任要件

　防火管理者に選任される者は、防火管理上必要な業務を適切に遂行することができる管理的または監督的な地位にある者で、かつ、以下に述べる資格を有する者でなければならない。

　選任要件を満たす資格はいくつかあるが、都道府県知事、消防長または認定登録機関が実施する防火管理講習を受講して資格を取得する方法が一般的である。2 日間（おおむね 10 時間）の甲種防火管理講習を修了した者が甲種防火管理者、1 日間（おおむね 5 時間）の乙種防火管理講習を修了した者が乙種防火管理者となる資格を得る。このほか、一定の学識経験や実務経験を有する者などが有資格者とされている。

　防火対象物の区分や延べ面積により、甲種防火管理者を選任しなければならないものと、甲種防火管理者、乙種防火管理者のどちらでも選任できるものがあり、前者を甲種防火対象物、後者を乙種防火対象物という。

〈甲種防火対象物となるもの〉

• 上記の①に含まれる防火対象物すべて
• 上記の②に含まれる防火対象物で、延べ面積 300m² 以上のもの
• 上記の③に含まれる防火対象物で、延べ面積 500m² 以上のもの

〈乙種防火対象物となるもの〉

• 上記の②に含まれる防火対象物で、延べ面積 300m² 未満のもの
• 上記の③に含まれる防火対象物で、延べ面積 500m² 未満のもの

◇**防火管理者を定めなければならない防火対象物**

用　途	特定防火対象物			非特定防火対象物^{※2}（p.29 の③）	
	老人短期入所施設等の避難困難施設を含むもの（p.28 の①）	左記以外のもの^{※1}（p.29 の②）			
収容人員	10 人以上	30 人以上		50 人以上	
延べ面積	すべて	300m² 以上	300m² 未満	500m² 以上	500m² 未満
区　分	甲種	甲種	乙種	甲種	乙種

※ 1 準地下街を除く
※ 2 山林、舟車、アーケードを除く

4. 統括防火管理者

　高層建築物その他政令で定める防火対象物で、管理について権原が分かれているものについては、管理権原者の協議により統括防火管理者を定め、防火対象物全体についての消防計画の作成等の、防火管理上必要な業務を行わせなければならない。統括防火管理者を選任しなければならないのは、以下の防火対象物のうち、管理権原が分かれているものである。

①高層建築物（高さ 31m を超える建築物）

②老人短期入所施設等の避難困難施設(p.18 の表の(6)ロに該当するもの)及びそれらの用途に供される部分がある複合用途防火対象物のうち、地階を除く階数が 3 以上で、かつ、収容人員 10 人以上のもの

③特定防火対象物（②に含まれるものを除く）のうち、地階を除く階数が 3 以上で、かつ、収容人員 30 人以上のもの

④非特定用途の複合用途防火対象物のうち、地階を除く階数が 5 以上で、かつ、収容人員 50 人以上のもの

⑤地下街のうち、消防長または消防署長が指定するもの

⑥準地下街

5. 地下街と準地下街の扱いについて

　防火管理者を定めなければならない防火対象物、統括防火管理者を定めなければならない防火対象物に関する規定のうち、ややわかりにくいのが、

地下街と準地下街の扱いである。それらの規定を改めて整理すると、下表のようになる。

◇防火管理者、統括防火管理者を定めなければならない地下街と準地下街

防火管理者を定めなければならないもの		統括防火管理者を定めなければならないもの
老人短期入所施設等の用途部分を含むもの…収容人員 10 人以上 上記以外…収容人員 30 人以上	地下街	管理権原が分かれているもので、消防長または消防署長が指定するもの
―	準地下街	管理権原が分かれているものすべて

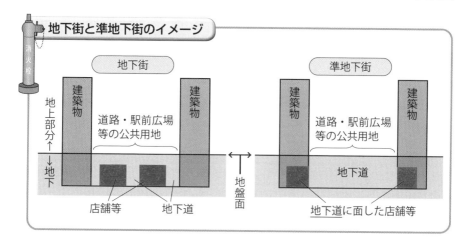

地下街と準地下街のイメージ

ゴロ合わせで覚えよう！

防火管理者を必要としない防火対象物

ジュンちゃん、地下街でアンケート
（準）　　　（地下街）　（アーケード）

「三輪車、舟、車？ どれも必要ないです」
（山林）　（舟車）　（防火管理者を必要としない）

⟹防火管理者を必要としない防火対象物は、準地下街、アーケード、山林、舟車である。

収容人員 30 人以上の特定防火対象物は、防火管理者の選任が必要である。

収容人員 30 人以上（老人短期入所施設等は 10 人以上）の特定防火対象物は、防火管理者の選任が必要である。地階を除く階数が 3 以上で、管理権原が分かれている場合は、統括防火管理者を選任しなければならない。

 収容人員 50 人以上の非特定防火対象物には、防火管理者を選任しなければならない。

収容人員 50 人以上で、地階を除く階数が 5 以上の非特定防火対象物で、管理権原が分かれているものには、統括防火管理者を選任しなければならない。

収容人員とは、防火対象物に出入りし、勤務し、または居住する者の数のことだ。

 こんな選択肢に注意！

複数の管理権原者がいる地下街には、~~すべて~~統括防火管理者を定めなければならない。

統括防火管理者を定めなければならない地下街は、管理権原が分かれているもので、消防長または消防署長が指定するものである。

地下街や準地下街で規模の大きいものは、管理権原が分かれていることが多そうですね。

防災管理制度

ここが Point!

防災管理制度については、今後出題例が増えてくる可能性もあるので要点をチェックしておこう。

基礎知識を押さえよう！

1. 防災管理制度

　防災管理制度は、地震等※の火災以外の災害の危険に対応し、それらの災害が発生した際の被害を軽減するために、2007（平成 19）年の消防法改正により設けられた制度である。災害発生時の円滑な避難誘導等が特に重要となる大規模・高層の防火対象物が、その対象とされている。後述するように、防災管理者が防火管理者の業務も行うこととされており、実際には、火災も含めた災害に対応する制度となっている。

※地震以外には「毒性物質の発散等の原因による特殊な災害」が想定されている。

2. 防災管理対象物

　防災管理制度の対象となる防火対象物は、防火管理者を定めなければならない防火対象物（p.28 ～ 29 参照）のうち、下記①～⑦のいずれかに該当するものである。これらを、防災管理対象物という。

①消防法施行令別表第一（p.18 ～ 19 の表参照）の（1）～（4）、（5）イ、（6）～（12）、（13）イ、（15）、（17）に該当する防火対象物で、地階を除く階数が 11 以上、延べ面積 10,000m² 以上のもの

②①の下線部に該当する防火対象物で、地階を除く階数が 5 以上 10 以下、延べ面積 20,000m² 以上のもの

③①の下線部に該当する防火対象物で、地階を除く階数が 4 以下、延べ面積 50,000m² 以上のもの

④①の下線部に該当する用途（以下、この項において「対象用途」とする）に供される部分を含む複合用途防火対象物で、対象用途部分の全部または一部が 11 階以上の階に存在し、対象用途部分の床面積の合計が 10,000m^2 以上のもの

⑤対象用途に供される部分を含む複合用途防火対象物で、対象用途部分の全部が 10 階以下の階に、全部または一部が 5 階以上の階に存在し、対象用途部分の床面積の合計が 20,000m^2 以上のもの

⑥対象用途に供される部分を含む複合用途防火対象物で、対象用途部分の全部が 4 階以下の階に存在し、対象用途部分の床面積の合計が 50,000m^2 以上のもの

⑦延べ面積 1,000m^2 以上の地下街

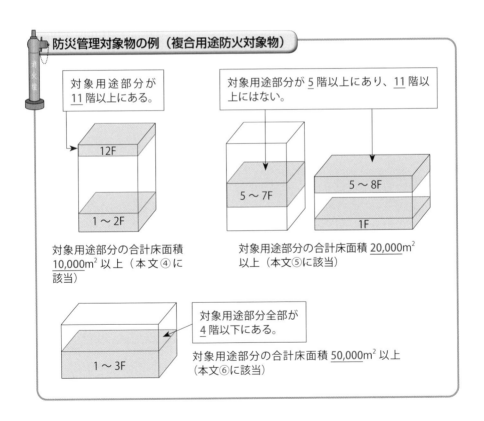

防災管理対象物の例（複合用途防火対象物）

対象用途部分が 11 階以上にある。

12F

1〜2F

対象用途部分の合計床面積 10,000m^2 以上（本文④に該当）

対象用途部分が 5 階以上にあり、11 階以上にはない。

5〜7F

5〜8F

1F

対象用途部分の合計床面積 20,000m^2 以上（本文⑤に該当）

対象用途部分全部が 4 階以下にある。

1〜3F

対象用途部分の合計床面積 50,000m^2 以上（本文⑥に該当）

　用途区分のみに注目すると、防災管理対象物は、消防法施行令別表第一に掲げられた用途区分から、「寄宿舎、下宿または共同住宅」「飛行機または回転翼航空機の格納庫」「倉庫」「準地下街」「アーケード」「山林」「舟車」を除いたものである。これらの用途を除く防火対象物のうち、階数、延べ面積等が上記の①～⑦の条件に当てはまるものが防災管理対象物となる。

3. 防災管理者の選任義務

　防災管理対象物の管理権原者は、火災その他の災害の被害の軽減に関する知識を有する者で政令で定める資格を有する者から防災管理者を定め、以下の業務を行わせなければならない。

- 防災管理に係る消防計画を作成し、所轄消防長または消防署長に届け出ること
- 消防計画に基づく避難の訓練の実施
- その他防災管理上必要な業務

　また、防災管理対象物においては、防火管理者が行うべき業務（p.28参照）も、防災管理者が行うこととされている。防災管理対象物はすべて、甲種防火管理者を定めなければならない防火対象物（p.29、30参照）にも該当しているが、防災管理者のほかに防火管理者を選任する必要はない。

　防災管理対象物で、管理権原が分かれているものについては、管理権原者の協議により統括防災管理者を定め、防災管理対象物全体に係る消防計画の作成等の業務を行わせなければならない。

4. 防災管理者の選任要件

　防災管理者に選任される者は、防災管理上必要な業務を適切に遂行することができる管理的または監督的な地位にある者で、かつ、選任要件を満たす資格を有する者でなければならない。

　甲種防火管理講習（p.29参照）を修了し、さらに防災管理講習を修了した者は、防災管理者となる資格を得る。このほか、一定の学識経験や実務経験を有する者などが有資格者とされている。

5. 自衛消防組織

　防災管理対象物は、同時に、自衛消防組織を置かなければならない防火対象物（自衛消防組織設置防火対象物）にも定められている。自衛消防組織は、火災、地震等の災害時の初期活動や応急対策を円滑に行い、建築物の利用者の安全を確保するために、自衛消防組織設置防火対象物の管理権原者が設置するものである。管理権原が分かれている場合は、共同して自衛消防組織を設置することとされている。

ポイントを丸暗記！

 防災管理制度は、地震等の火災以外の災害の危険に対応するために設けられたものである。

地震以外には「毒性物質の発散等の原因による特殊な災害」が想定されている。実際には、火災も含めた災害に対応する制度となっている。

 防災管理対象物の管理権原者は、防災管理者を選任しなければならない。

防災管理者は、防災管理に係る消防計画を作成し、消防計画に基づく避難の訓練の実施その他防災管理上必要な業務を行うほか、防火管理者が行うべき業務も行う。

こんな選択肢に注意！

防火管理者が定められていれば、~~防災管理者を定めなくてよい~~。

防災管理対象物においては、防災管理者が、防火管理者が行うべき業務も行うので、防災管理者のほかに防火管理者を選任する必要はない。選択肢の記述は逆である。

防火対象物の点検と報告

ここが Point!

防火対象物の点検を行わなければならない防火対象物を覚えよう。消防用設備等の点検と混同しないように。

基礎知識を押さえよう！

1. 防火対象物の点検報告制度

　防火管理者を定めなければならない防火対象物（p.28 ～ 29 参照）のうち、火災の予防上必要があるものとして政令で定めるものの管理権原者は、防火対象物における火災の予防に関する専門的知識を有する者で総務省令で定める資格を有する者（防火対象物点検資格者）に、1 年に 1 回、定期に防火対象物の点検を行わせ、その結果を、消防長または消防署長に報告しなければならない。

〈定期点検を行わなければならない防火対象物〉

• 準地下街を除く特定防火対象物で、収容人員 300 人以上のもの
• 特定 1 階段等防火対象物で、p.28 ～ 29 の①②に該当するもの

　特定 1 階段等防火対象物とは、特定用途に供される部分が避難階以外の階（1 階及び 2 階を除く）にあり、そこから避難階または地上に直通する階段が 1 つしか設けられていないものをいう。ただし、階段が 1 つしかなくても、その階段が屋外に設けられている場合は、特定 1 階段等防火対象物とみなされない。

階段が 1 つしかないと、火災によりその階段を通行できなくなった場合に、避難が困難になりますね。

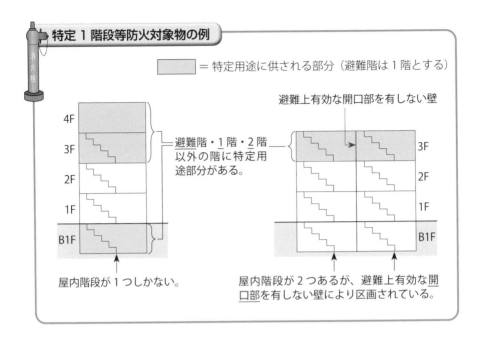

特定 1 階段等防火対象物の例

= 特定用途に供される部分（避難階は 1 階とする）

避難上有効な開口部を有しない壁

避難階・1 階・2 階以外の階に特定用途部分がある。

屋内階段が 1 つしかない。

屋内階段が 2 つあるが、避難上有効な開口部を有しない壁により区画されている。

〈防火対象物点検資格者〉

- 防火対象物点検資格者講習を修了した者
- 上記講習を受講するには、消防設備士、消防設備点検資格者、または防火管理者としての 3 年以上の実務経験など、13 項目ある受講資格のいずれかに該当しなければならない。

2. 消防用設備等の点検との違い

　防火対象物の点検報告制度は、この章の Lesson 14 で取り上げる消防用設備等の点検報告制度とは異なるので注意しよう。

　消防用設備等の点検とその結果の報告は、消防用設備等の設置が義務づけられている防火対象物（舟車を除く）において必ず行わなければならないものであるが、特定防火対象物の中でも規模が大きいものや、火災が発生した場合に避難等が困難で多大な被害が生じるおそれがあるものについては、消防用設備等の点検に加えて、防火対象物全体にわたる点検が義務づけられているのである。

　消防用設備等の点検が、設備や機器の維持管理を目的とするものであるのに対し、防火対象物の点検では、防火管理者を選任しているか、訓練を行っているか、避難経路に障害となる物が置かれていないかなど、防火対象物の防火管理体制全体にかかわる点検を行う。

> 消防用設備等の点検はハード面の点検、防火対象物の点検はソフト面の点検ともいえる。

ポイントを暗記！

1 **収容人員 300 人以上の特定防火対象物は、防火対象物の点検が必要である。**

収容人員 300 人以上の特定防火対象物（準地下街を除く）、収容人員 30 人以上（p.18 の表の（6）ロの用途を含むものは 10 人以上）の特定 1 階段等防火対象物の管理権原者は、有資格者に防火対象物の点検を行わせなければならない。

2 **防火対象物の点検は、1 年に 1 回行う。**

管理権原者は、点検の結果を、消防長または消防署長に報告しなければならない。

重要用語を覚えよう！

 避難階

直接地上へ通じる出入口がある階をいう。通常は 1 階であるが、建築物によっては 1 階以外の階が避難階となることもあり、避難階が複数存在することもある。

危険物の規制／防炎規制

ここが Point!

製造所等において危険物取扱者以外の者が危険物を取り扱う場合の規定をしっかり押さえておこう。

基礎知識を押さえよう！

1. 消防法上の危険物

　消防法上の危険物とは、消防法別表第一に掲げられた物品で、第1類から第6類に分類されている。危険物は、常温（20℃）において固体であるもの、液体であるもののどちらかで、常温において気体であるものは含まれていない。危険物には、きわめて燃焼しやすい物質と、そのもの自体は燃焼しないが他の物質の燃焼を著しく促進する物質がある。

◇消防法により定められた危険物（消防法別表第一による）

類　別	性　質	各類に共通する特徴と主な物品名
第1類	酸化性固体	自らは燃焼しないが、他の物質の燃焼（酸化）を著しく促進する。常温で固体。塩素酸カリウムなど。
第2類	可燃性固体	比較的低温で着火しやすく、燃焼速度が速い。常温で固体。赤りん、硫黄、マグネシウムなど。
第3類	自然発火性物質及び禁水性物質	空気または水と接触すると、直ちに危険性が生じる。常温で固体か液体。カリウム、ナトリウム、黄りん、リチウムなど。
第4類	引火性液体	液面から発生する可燃性の蒸気が空気と混合して燃焼する。常温で液体。ガソリン、灯油、軽油、重油など。
第5類	自己反応性物質	可燃性の物質で、多くのものは自ら酸素を供給して自己燃焼する。常温で固体か液体。ニトログリセリンなど。
第6類	酸化性液体	自らは燃焼しないが、他の物質の燃焼（酸化）を著しく促進する。常温で液体。過酸化水素、硝酸など。

　危険物には、品名ごとに指定数量が定められており、原則として、指定数量以上の危険物の貯蔵・取扱いを、危険物施設（製造所、貯蔵所、取扱所）以外の場所で行うことは禁じられている。

　貯蔵所には、屋内貯蔵所、屋外貯蔵所、屋内タンク貯蔵所、屋外タンク貯蔵所、地下タンク貯蔵所、簡易タンク貯蔵所、移動タンク貯蔵所がある。移動タンク貯蔵所は、車両に固定されたタンクにおいて危険物を貯蔵し、または取り扱うもので、ガソリン等を運搬するタンクローリーのことである。

　取扱所には、給油取扱所、販売取扱所、移送取扱所、一般取扱所がある。給油取扱所はいわゆるガソリンスタンド、移送取扱所は石油を移送するパイプラインである。

製造所、貯蔵所、取扱所をまとめて、製造所等と呼ぶ場合もあるよ。

2. 危険物取扱者

　製造所等において危険物を取り扱う場合は、危険物取扱者の資格を持つ者が自ら作業を行うか、危険物取扱者が作業に立ち会うことが必要である。すなわち、危険物取扱者以外の者は、危険物取扱者が立ち会わなければ、製造所等において危険物を取り扱ってはならない。この規定は、取り扱う危険物の数量には関係なく、製造所等において指定数量未満の危険物を取り扱う場合にも適用される。

　危険物取扱者の資格には、甲種、乙種、丙種の区分があり、甲種危険物取扱者は、すべての類の危険物の取扱いと、危険物取扱者以外の者による取扱作業の立会いができる。乙種危険物取扱者は、免状が第1類から第6類に分かれており、免状を取得した類の危険物の取扱いと、取扱作業の立会いができる。丙種危険物取扱者は、第4類の危険物の一部を取り扱うことができるが、取扱作業の立会いはできない。

立会いができるのは、甲種危険物取扱者と乙種危険物取扱者ですね。

3. 防炎規制

　火災が起きた場合に避難が困難になることが多い高層建築物や、多くの人が利用する特定防火対象物などは、防炎規制の対象になっている。防炎とは「燃えにくい」性質のことで、防炎規制の対象となる物品（防炎対象物品）のうち、政令で定める基準以上の防炎性能を有するものを、防炎物品という。防炎規制の対象となる防火対象物（防炎防火対象物）においては、防炎物品の使用が義務づけられている。

　防炎防火対象物、防炎対象物品は、それぞれ以下のように定められている。

〈防炎防火対象物〉

- 高層建築物（高さ31mを超える建築物）
- 地下街
- 特定防火対象物（p.18の表の（1）〜（4）、（5）イ、（6）、（9）イ、（16の3）に該当するもの）
- 特定用途を含む複合用途防火対象物の、特定用途の部分
- 映画スタジオまたはテレビスタジオ
- 工事中の建築物その他の工作物

〈防炎対象物品〉

- カーテン、布製のブラインド、暗幕、じゅうたん等
- どん帳その他舞台において使用する幕
- 展示用の合板、舞台において使用する大道具用の合板
- 工事用シート

　防炎物品としての基準を満たした製品には、防炎表示を付することができる。防炎表示が付されていない防炎対象物品やその材料は、防炎物品として販売し、または販売のために陳列してはならない。

防炎対象物品とされているのは、火災の際に炎が燃えひろがり、被害が拡大する原因になるおそれがあるものだ。

ゴロ合わせで覚えよう！

防炎規制の対象となる防火対象物

望遠レンズでスタジオ撮影
（防炎）　　　　　（スタジオ）

特に背の高いイケメンはコージ
（特定）　（高層）　　　　　　（工事中）

防炎規制の対象となる防火対象物は、テレビスタジオ、映画スタジオ、特定防火対象物、高層建築物、工事中の建築物。

ポイントを丸暗記！

 1　指定数量以上の危険物は、製造所等以外の場所で貯蔵し、または取り扱ってはならない。

製造所等とは、製造所、貯蔵所、取扱所である。

 2　製造所等において危険物取扱者以外の者が危険物を取り扱うときは、危険物取扱者の立会いが必要。

甲種危険物取扱者はすべての類の危険物の、乙種危険物取扱者は免状を取得した類の危険物の取扱作業の立会いができる。丙種危険物取扱者は、立会いはできない。

 重要用語を覚えよう！

 ## どん帳

劇場などで使用される厚手の幕で、巻き上げたり下ろしたりして開閉するものをいう。漢字では「緞帳(どんちょう)」となる。

消防用設備等の種類

基礎知識を押さえよう！

1. 消防用設備等の設置・維持の義務

　消防法施行令別表第一に掲げられた防火対象物（p.18 〜 19 の表参照）の関係者は、政令で定める技術上の基準に従って、消防用設備等を設置し、維持しなければならない。

2. 消防用設備等の種類

　消防用設備等は、消防の用に供する設備、消防用水、消火活動上必要な施設からなり、消防の用に供する設備は、さらに、消火設備、警報設備、避難設備に分類されている。まず、この分類の構成をしっかり理解しておくことが重要だ。

　消防の用に供する設備、消防用水、消火活動上必要な施設のそれぞれに含まれる設備等は、次ページの表のとおりである。この表からもわかるように、消防の用に供する設備のうち、消火設備に含まれるものは、火災が発生したときに、水や消火薬剤等を放射して火炎を鎮め、延焼を食い止めるための設備である。

　警報設備は、防火対象物の関係者や建物の中にいる人、消防機関等に、火災の発生をしらせるための設備である。避難設備は、文字どおり、防火対象物の中にいる人を避難させるための設備である。消防用水が消火のために用いられる水であることはいうまでもないが、消防用水が「消防の用に供する設備」に含まれないことに注意しよう。

◇消防用設備等の種類

消防の用に供する設備	消火設備	・消火器及び簡易消火用具[※1] ・屋内消火栓設備 ・スプリンクラー設備 ・水噴霧消火設備 ・泡消火設備 ・不活性ガス消火設備 ・ハロゲン化物消火設備 ・粉末消火設備　・屋外消火栓設備 ・動力消防ポンプ設備
	警報設備	・自動火災報知設備 ・ガス漏れ火災警報設備 ・漏電火災警報器 ・消防機関へ通報する火災報知設備 ・警鐘、携帯用拡声器、手動式サイレンその他の非常警報器具及び非常警報設備[※2]
	避難設備	・すべり台、避難はしご、救助袋、緩降機、避難橋その他の避難器具 ・誘導灯及び誘導標識
消防用水		・防火水槽またはこれに代わる貯水池その他の用水
消火活動上必要な施設		・排煙設備 ・連結散水設備 ・連結送水管 ・非常コンセント設備 ・無線通信補助設備

※1　簡易消火用具は、水バケツ、水槽、乾燥砂、膨張ひる石または膨張真珠岩
※2　非常警報設備は、非常ベル、自動式サイレン、放送設備

　消火活動上必要な設備とは、火災現場に出動した消防隊が、消火活動を効率よく行えるようにするための設備である。

　本試験では、個々の設備が上表のどの項に分類されているかが問われることがあるので、この表をよく見て、全体を把握しておこう。

> 例えば、「消火設備に含まれないものは次のうちどれか」というような問題が出ることがある。

3. 必要とされる防火安全性能を有する消防の用に供する設備等

　防火対象物の関係者は、通常用いられる消防用設備等に代えて、総務省令で定めるところにより消防長または消防署長が、その防火安全性能（火災の拡大を初期に抑制する性能、火災時に安全に避難することを支援する性能または消防隊による活動を支援する性能をいう）が通常用いられる消防用設備等の防火安全性能と同等以上であると認める消防の用に供する設備、消防用水または消火活動上必要な施設（以下、必要とされる防火安全性能を有する消防の用に供する設備等とする）を用いることができる。

　必要とされる防火安全性能を有する消防の用に供する設備等は、省令により設備ごとに規定される。必要とされる防火安全性能を有する消防の用に供する設備等としてこれまでに規定されたものとしては、屋内消火栓設備に代えて用いることができるパッケージ型消火設備、スプリンクラー設備に代えて用いることができるパッケージ型自動消火設備などがある。

4. 特殊消防用設備等

　防火対象物の関係者が、政令で定める技術上の基準に従って設置し、維持しなければならない消防用設備等と同等以上の性能を有する特殊の消防用設備等（以下、特殊消防用設備等とする）を、関係者が総務省令で定めるところにより作成する特殊消防用設備等の設置及び維持に関する計画に従って設置し、維持するものとして総務大臣の認定を受けた場合は、政令で定める消防用設備等に代えて、特殊消防用設備等を用いることができる。

特殊消防用設備等の認定は、個別の防火対象物に対してなされるもので、認定を受けた防火対象物についてのみ有効である。これまでに認定を受けた特殊消防用設備等には、排煙設備に代えて用いる加圧防煙システムなどの例がある。

10

消防用設備等の種類

新たな技術により、従来のものよりもすぐれた性能をもつ消防用設備等が開発されることもあるので、このような制度が設けられているんだ。

ポイントを丸暗記！

① 消防用設備等は、消防の用に供する設備、消防用水、消火活動上必要な施設からなる。

消防法施行令別表第一に掲げられた防火対象物（p.18 ～ 19 の表参照）の関係者は、政令で定める技術上の基準に従って、消防用設備等を設置し、維持しなければならない。

② 消防の用に供する設備は、消火設備、警報設備、避難設備に分類されている。

第 1 類消防設備士の工事整備対象設備である屋内消火栓設備、屋外消火栓設備、スプリンクラー設備、水噴霧消火設備などは、消防の用に供する設備のうち、消火設備に含まれる。

こんな選択肢に注意！

排煙設備、非常コンセント設備は、~~消防の用に供する設備~~である。

排煙設備、非常コンセント設備は、消火活動上必要な施設である。

消防用設備等の設置・維持

ここが Point!

消防用設備等の設置基準は、原則として1棟の防火対象物を単位として適用されるが、例外もある。

基礎知識を押さえよう！

1. 消防用設備等の設置単位

消防用設備等の設置及び維持の技術上の基準(以下、設置基準とする)は、原則として1棟の防火対象物を単位として適用される。ただし、以下のような例外がある。

①防火対象物が開口部のない耐火構造の床または壁で区画されているときは、その区画された部分を、それぞれ別の防火対象物とみなして設置基準を適用する。

②複合用途防火対象物は、それぞれの用途部分を1つの防火対象物とみなして設置基準を適用する。ただし、下記の設備については、1棟を単位として設置基準を適用する場合がある。これらの設備は、用途部分に限定せず、複合用途防火対象物全体（または特定の階全体）に設置したほうが、火災発生時の安全確保のために合理的と考えられるためである。

- スプリンクラー設備
- 自動火災報知設備
- ガス漏れ火災警報設備
- 漏電火災警報器
- 非常警報設備
- 避難器具
- 誘導灯及び誘導標識

③地下街は、いくつかの用途に供されていても、全体を1つの防火対象物とみなして設置基準を適用する。

11

消防用設備等の設置・維持

消防用設備等の設置単位

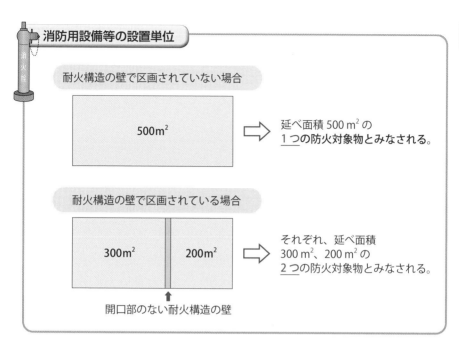

耐火構造の壁で区画されていない場合

500m²

⇨ 延べ面積 500 m² の
1つの防火対象物とみなされる。

耐火構造の壁で区画されている場合

300m²　200m²

⇨ それぞれ、延べ面積
300 m²、200 m² の
2つの防火対象物とみなされる。

開口部のない耐火構造の壁

消防用設備等の設置単位（複合用途防火対象物の場合）

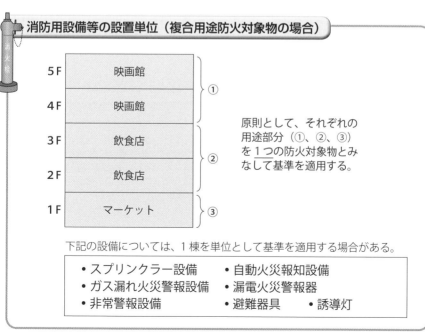

5F	映画館	①
4F	映画館	
3F	飲食店	②
2F	飲食店	
1F	マーケット	③

原則として、それぞれの
用途部分（①、②、③）
を1つの防火対象物とみ
なして基準を適用する。

下記の設備については、1棟を単位として基準を適用する場合がある。

- スプリンクラー設備　　・自動火災報知設備
- ガス漏れ火災警報設備　・漏電火災警報器
- 非常警報設備　　　　　・避難器具　　・誘導灯

④特定防火対象物の地階で、地下街と一体をなすものとして消防長または消防署長が指定したものは、下記の設備については、地下街の一部とみなして設置基準を適用する。

- スプリンクラー設備
- 自動火災報知設備
- ガス漏れ火災警報設備
- 非常警報設備

⑤屋外消火栓設備、消防用水の設置基準においては、同一敷地内にある2以上の建築物の相互の水平距離が近接している場合、それらが1棟の建築物とみなされる場合がある（耐火建築物及び準耐火建築物を除く）。屋外消火栓設備については p.96 参照。

⑥建築物と建築物が渡り廊下、地下連絡路、または洞道により接続されている場合は、原則として1棟の建築物とみなして設置基準を適用する(一定の基準に適合している場合は別棟として取り扱うことができる)。

消防用設備等の設置基準は、防火対象物の延べ面積に応じて規定されていることが多いので、延べ面積が合算されることにより、より厳しい基準が適用される場合がある。

消防用設備等の設置単位（渡り廊下で接続されている場合）

建築物どうしが渡り廊下で接続されている場合、渡り廊下の部分を炎が伝わって延焼するおそれがあるので、原則として1棟の建築物とみなして消防用設備等の設置基準を適用することになっている。

2. 市町村条例による消防用設備等の設置基準の規定

　市町村は、その地方の気候または風土の特殊性により、消防用設備等の設置基準に関する政令またはこれに基づく命令の規定のみによっては防火の目的を充分に達し難いと認めるときは、市町村の条例により、政令またはこれに基づく命令の規定と異なる規定を設けることができる。

　ただし、市町村条例による規定を設けることができるのは、政令で定める基準よりも厳しい規定を設ける場合に限られる。

> 市町村条例により、政令で定める基準を緩和することは認められていないんですね。

3. 消防用設備等の設置・維持命令

　消防長または消防署長は、防火対象物における消防用設備等が設置基準に従って設置され、または維持されていないと認めるときは、防火対象物の関係者で権原を有する者に対し、消防用設備等を設置基準に従って設置すべきこと、または、その維持のために必要な措置をなすべきことを命ずることができる。

　この命令に違反して消防用設備等を設置しなかった者は1年以下の懲役または100万円以下の罰金に、命令に違反して消防用設備等の維持のために必要な措置をしなかった者は30万円以下の罰金または拘留に処せられる。

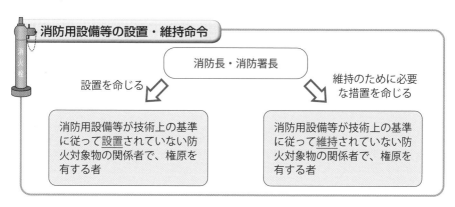

消防用設備等の設置・維持命令

消防長・消防署長

設置を命じる → 消防用設備等が技術上の基準に従って<u>設置</u>されていない防火対象物の関係者で、権原を有する者

維持のために必要な措置を命じる → 消防用設備等が技術上の基準に従って<u>維持</u>されていない防火対象物の関係者で、権原を有する者

1 消防用設備等の設置基準は、原則として<u>1棟</u>の防火対象物を単位として適用される。

ただし、防火対象物が開口部のない<u>耐火構造</u>の床または壁で区画されているときは、その区画された部分を、それぞれ別の防火対象物とみなして設置基準を適用する。

2 複合用途防火対象物は、<u>それぞれの用途部分</u>を1つの防火対象物とみなして設置基準を適用する。

ただし、<u>スプリンクラー設備</u>、<u>自動火災報知設備</u>、ガス漏れ火災警報設備、漏電火災警報器、非常警報設備、避難器具、誘導灯及び誘導標識については、1棟を単位として設置基準を適用する場合がある。

3 <u>市町村条例</u>により、政令で定める消防用設備等の設置基準と異なる規定を設けることができる。

その地方の<u>気候</u>または<u>風土</u>の特殊性をかんがみて、市町村条例により、政令またはこれに基づく命令の規定と異なる規定を設けることができる。ただし、政令で定める基準よりも厳しい規定を設ける場合に限る。

 重要用語を覚えよう！

耐火構造

壁、柱、床その他の建築物の主要構造部の耐火性能が、政令で定める基準に適合する構造をいう。鉄筋コンクリート造、れんが造など。耐火建築物とは、主要構造部が耐火構造であるか、それに準ずる性能を有する建築物をいう。

洞道

送電線、通信ケーブル、ガス管、空調設備の風道などの配線・配管類を敷設するための専用の地下道。

既存防火対象物の適用除外

基礎知識を押さえよう！

1. 既存防火対象物に対する改正法令の適用除外

　消防用設備等の設置基準は、法令の改正により変更されることがある。設置基準がより厳しくなったために、既存の防火対象物にすでに設置されている消防用設備等が、現行の（改正後の）基準に適合しなくなる場合もある。しかし、設置基準が変更されるたびに、消防用設備等を新しい基準に適合させなければならないとなると、防火対象物の関係者に大きな負担を強いることになってしまう。

　そのため、既存の防火対象物に設置されている消防用設備等が現行の基準に適合しない場合は、現行の基準の適用を除外し、従前の（改正前の）基準を適用するという特例が設けられている。改正法令の施行時に、新築、増築、改築、移転、修繕もしくは模様替えの工事中であった防火対象物についても同様である。

　ただし、特定防火対象物については、改正後の基準は適用除外とされず、既存の特定防火対象物に対しても、常に現行の基準が適用される。

　また、下記の消防用設備等については、既存の防火対象物に対しても、常に現行の基準が適用される。

- 消火器
- 簡易消火用具
- 二酸化炭素消火設備（全域放出方式のものに関する所定の基準）
- 自動火災報知設備（特定防火対象物と重要文化財等に設置されるもの）
- ガス漏れ火災警報設備（特定防火対象物と温泉設備のある防火対象物に

設置されるもの）
- 漏電火災警報器
- 非常警報設備及び非常警報器具
- 避難器具
- 誘導灯及び誘導標識
- 必要とされる防火安全性能を有する消防の用に供する設備等で、消防庁長官が定めるもの

新たに定められた法令を過去にさかのぼって適用することを、遡及適用という。既存防火対象物の適用除外とは、特例として遡及適用がなされない場合のことだ。

2. 従前の基準にも適合していない場合

改正法令の施行時に、既存の防火対象物に設置されている消防用設備等が、従前の基準にも適合していない場合（つまり、以前から法令に違反していた場合）は、その防火対象物に対しては、現行の基準が適用される。

3. 大規模な増改築や修繕、模様替えを行った場合

改正法令の施行後に、防火対象物の床面積の合計 1,000m² 以上、またはもとの延べ面積の 2 分の 1 以上の増改築を行った場合や、主要構造部である壁について、過半の修繕または模様替えの工事を行った場合は、その防火対象物に対しては、現行の基準が適用される。

4. 現行の基準に適合するに至った場合

防火対象物の関係者が自主的に消防用設備等を設置・変更するなどして、現行の設置基準に適合するようになった場合は、その防火対象物に対しては、現行の基準が適用される。

4 の場合は、現行の基準に適合している状態を、そのまま維持しなければならないということですね。

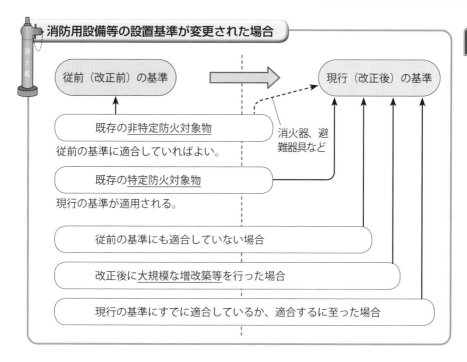

従前の基準にも適合していない場合

改正後に大規模な増改築等を行った場合

現行の基準にすでに適合しているか、適合するに至った場合

既存の非特定防火対象物
従前の基準に適合していればよい。

消火器、避難器具など

既存の特定防火対象物
現行の基準が適用される。

12
既存防火対象物の適用除外

5. 用途変更の場合の特例

　消防用設備等の設置基準は、防火対象物の用途に応じて定められているので、用途を変更した際に、消防用設備等が変更後の用途に応じた設置基準に適合しなくなることがある。このような場合は、変更前の用途に応じた設置基準を適用する。つまり、用途変更前の基準に適合していればよいとされている。ただし、以下の場合は、用途変更後の基準が適用される。

①用途変更により、特定防火対象物となった場合

②用途が変更される前も基準に適合していなかった場合

③用途変更後に、大規模な増改築、修繕、模様替えを行った場合

④関係者が自主的に消防用設備等を設置・変更したことにより、変更後の用途に応じた基準に適合するようになった場合

用途変更の場合も、法令の改正により基準に適合しなくなった場合の規定とだいたい同じですね。

常に現行の基準が適用される消防用設備等

小学生は、勘がいい。
（消火器）（簡）（易消火用具）

兄さんから
（二酸化炭素消火設備）

秘密の情報 すぐ漏れて、
（非）（常）（警報）（漏電火災警報器）

非難をあびる 優等生
（避難器具）（誘導灯・誘導標識）

⇒消火器、簡易消火用具、二酸化炭素消火設備、非常警報設備及び非常警報器具、漏電火災警報器、避難器具、誘導灯及び誘導標識については、常に現行の設置基準が適用される。

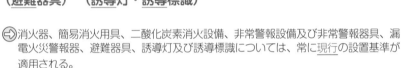

ポイントを丸暗記！

① 特定防火対象物に設置する消防用設備等については、常に現行の設置基準が適用される。

法令の改正により、既存の防火対象物に設置されている消防用設備等が現行の基準に適合しなくなった場合は、現行の基準を適用せず、従前の基準を適用する。ただし、特定防火対象物には、常に現行の設置基準が適用される。

② 消防用設備等が、従前の基準にも適合していない場合は、現行の基準が適用される。

改正法令の施行時に既存の防火対象物に設置されている消防用設備等が、従前の基準にも適合していない場合（つまり、以前から法令に違反していた場合）は、その防火対象物に対しては、現行の基準が適用される。

消防用設備等の届出と検査

ここが Point!

消防用設備等を設置したときに届出を行い、検査を受けなければならない防火対象物を覚えよう。

基礎知識を押さえよう！

1. 消防用設備等の届出と検査

　下記の防火対象物の関係者は、消防用設備等を設置したときは、設置に係る工事が完了した日から 4 日以内に、その旨を消防長または消防署長に届け出て、検査を受けなければならない。

〈消防用設備等の設置届・検査を必要とする防火対象物〉

①カラオケボックス等（p.18 の表の（2）ニに該当するもの）

②旅館、ホテル、宿泊所等（（5）イ）

③病院、診療所、助産所（（6）イ）⇒無床診療所、無床助産所を除く。

④老人短期入所施設等（（6）ロ）

⑤老人デイサービスセンター等（（6）ハ）⇒利用者を入居させ、または宿泊させるものに限る。

⑥上記①〜⑤の用途部分を含む複合用途防火対象物、地下街、準地下街

⑦上記①〜⑤を除く特定防火対象物で、延べ面積 300m^2 以上のもの

⑧山林、舟車を除く非特定防火対象物で、延べ面積 300m^2 以上のもののうち、消防長または消防署長が、火災予防上必要があると認めて指定するもの

⑨特定 1 階段等防火対象物（p.37 参照）

　なお、これらの防火対象物においても、簡易消火用具、非常警報器具については、届出、検査ともに不要である。

消防長または消防署長は、消防用設備等を設置した旨の届出があったときは、遅滞なく検査を行わなければならない。検査の結果、防火対象物に設置された消防用設備等が設置基準に適合していると認めたときは、防火対象物の関係者に検査済証を交付する。

2. 消防用設備等の着工届

　消防用設備等を設置する場合、前項の設置届のほかに、設置工事を行う前にも届出（着工届）が必要である。着工届には、工事整備対象設備等の種類、工事の場所その他必要な事項を記入し、工事に着手しようとする日の10日前までに、消防長または消防署長に届け出なければならない。

　着工届の提出は、工事をしようとする甲種消防設備士（p.68～69参照）が行うこととされている。

　着工届が必要なのは、消防用設備等の新設、増設、移設、取替え、改造を行う工事の場合で、補修、撤去のみを行う工事の場合は不要である。軽微な工事についても届出を省略できる場合がある。

> 着工届と設置届では、届出を行う者が異なる。期日の「4日以内」「10日前」も混同しやすいので注意しよう。

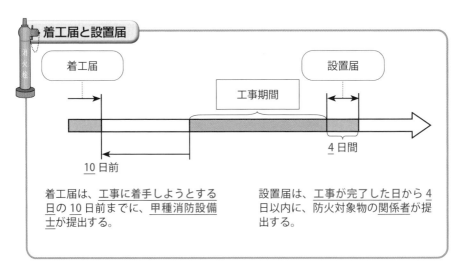

着工届と設置届

| 着工届 | 工事期間 | 設置届 |

着工届は、工事に着手しようとする日の10日前までに、甲種消防設備士が提出する。

設置届は、工事が完了した日から4日以内に、防火対象物の関係者が提出する。

ゴロ合わせで覚えよう！

消防用設備等の着工届

どうか前のチャックを、
（10日前） （着工）

こうして！
（甲種消防設備士）

⇒着工届は、工事に着手しようとする日の10日前までに、甲種消防設備士が提出する。

ポイントを丸暗記！

1 **消防用設備等の設置届は、設置に係る工事が完了した日から4日以内に提出しなければならない。**

設置届は、防火対象物の関係者が、消防長または消防署長に提出する。

2 **消防用設備等の着工届は、工事に着手しようとする日の10日前までに提出しなければならない。**

着工届は、甲種消防設備士が、消防長または消防署長に提出する。

重要用語を覚えよう！

 無床診療所・無床助産所

無床診療所は、患者を入院させるための施設を有しない診療所。無床助産所は、入所施設を有しない助産所。

Lesson 14 消防用設備等の点検と報告

ここが Point!

消防用設備等の点検を有資格者に行わせなければならない防火
対象物とそうでないものを覚えよう。

基礎知識を押さえよう！

1. 消防用設備等の点検と報告

　消防法施行令別表第一に掲げられた防火対象物（p.18 ～ 19 の表参照）
のうち、舟車を除く防火対象物の関係者は、防火対象物に設置した消防用
設備等について定期に点検を行い（後述する場合においては、有資格者に
点検を行わせ）、その結果を記録し、消防長または消防署長に報告しなけ
ればならない。

　下記の防火対象物においては、関係者が、資格を有する者（消防設備士
または消防設備点検資格者）に消防用設備等の点検を行わせなければなら
ない。その他の防火対象物においては、関係者が自ら点検を行うことがで
きる。

〈有資格者に消防用設備等の点検をさせなければならない防火対象物〉

- 延べ面積 1,000m² 以上の特定防火対象物
- 延べ面積 1,000m² 以上の非特定防火対象物（山林、舟車を除く）で、
  消防長または消防署長が、火災予防上必要があると認めて指定するもの
- 特定 1 階段等防火対象物
- 全域放出方式の二酸化炭素消火設備が設けられている防火対象物

特定防火対象物であるかどうかと、延べ面積 1,000m² 以
上であるかどうかがポイントですね。

◇消防用設備等の定期点検

点検の種類	点検期間	点検事項
機器点検	6か月に1回	・消防用設備等に附置される非常電源（自家発電設備に限る）または動力消防ポンプの正常な作動の確認 ・消防用設備等の機器の適正な配置、損傷等の有無その他主として外観から判別できる事項の確認 ・消防用設備等の機能について、外観からまたは簡易な操作により判別できる事項の確認
総合点検	1年に1回	・消防用設備等の全部もしくは一部を作動させ、または使用することにより、総合的な機能を確認

　消防用設備等の点検には機器点検と総合点検があり、機器点検は6か月に1回、総合点検は1年に1回行うこととされている。

　点検結果の報告は、特定防火対象物では1年に1回、非特定防火対象物では3年に1回行うこととされている。

　消防用設備等の点検を有資格者に行わせなければならない防火対象物とそうでないものを区別する問題は、試験によく出題されているので、前ページに記された条件をよく確認しておこう。

> 有資格者が点検を行う場合も、報告を行うのは関係者であることに注意しよう。

2. 消防用設備等の点検資格者

　消防用設備等の点検を有資格者に行わせなければならない場合、点検を行うことができるのは、消防設備士、または消防設備点検資格者の資格を持つ者である。

　消防設備士には特類と第1類から第7類の、消防設備点検資格者には特種、第1種、第2種の区分があり、それぞれ、点検できる消防用設備等の種類が異なる。第1類消防設備士が点検を行うことができる点検対象設備は、屋内消火栓設備、スプリンクラー設備、水噴霧消火設備、屋外消火栓設備、パッケージ型消火設備、パッケージ型自動消火設備などである。

消防用設備等の定期点検

特別なせんべいだから、
（特定）　　（1,000　平米）

自分で食べちゃだめ！
（関係者が自ら行うのでなく、有資格者に）

⇨ 延べ面積 1,000 m² 以上の特定防火対象物については、消防用設備等の点検を関係者が自ら行うのでなく、消防設備士または消防設備点検資格者に点検させなければならない。

ポイントを丸暗記！

延べ面積 1,000m² 以上の特定防火対象物は、消防用設備等の点検を有資格者に行わせる必要がある。

延べ面積 1,000m² 以上の非特定防火対象物（山林、舟車を除く）で、消防長または消防署長の指定を受けたものについても同様である。

機器点検は 6 か月に 1 回、総合点検は 1 年に 1 回行う。

消防用設備等の点検には機器点検と総合点検があり、機器点検は 6 か月に 1 回、総合点検は 1 年に 1 回行うこととされている。

防火対象物の関係者は、消防用設備等の点検の結果を、消防長または消防署長に報告する必要がある。

点検結果の報告は、特定防火対象物では 1 年に 1 回、非特定防火対象物では 3 年に 1 回行う。

消防用機械器具等の検定制度

基礎知識を押さえよう！

1. 検定制度の対象品目

　消防の用に供する機械器具、設備、消火薬剤等のうち、一定の形状、構造、材質、成分及び性能を有しないときは火災の予防もしくは警戒、消火または人命の救助等のために重大な支障を生ずるおそれのあるものであり、かつ、その使用状況からみて、形状等についてあらかじめ検査を受ける必要があると認められるものについて、検定制度が設けられている。

　検定の対象となる機械器具等は、以下の品目である。

①消火器

②消火器用消火薬剤（二酸化炭素を除く）

③泡消火薬剤

④火災報知設備の感知器または発信機

⑤火災報知設備またはガス漏れ火災警報設備に使用する中継器

⑥火災報知設備またはガス漏れ火災警報設備に使用する受信機

⑦住宅用防災警報器

⑧閉鎖型スプリンクラーヘッド

⑨スプリンクラー設備等（スプリンクラー設備、水噴霧消火設備または泡消火設備）に使用する流水検知装置

⑩スプリンクラー設備等に使用する一斉開放弁

⑪金属製避難はしご

⑫緩降機

検定の対象になっているこれらの機械器具等（以下、検定対象機械器具等とする）は、検定に合格し、その旨の表示が付されているものでなければ、販売し、または販売の目的で陳列してはならない。また、検定対象機械器具等のうち、消防の用に供する機械器具または設備は、検定に合格した旨の表示が付されているものでなければ、設置、変更または修理の請負に係る工事に使用してはならない。

第1類の消防設備士が取り扱う消防用設備等の中にも、検定の対象になっているものがありますね。

2. 型式承認

検定は、型式承認と型式適合検定からなる。

型式承認とは、検定対象機械器具等の型式に係る形状等が、総務省令で定める技術上の規格に適合していることを承認する手続きで、承認を行うのは総務大臣である。型式承認を受けようとする者は、あらかじめ、日本消防検定協会（または登録検定機関）が行う型式試験を受けなければならない。型式試験を実施した機関からは、試験結果に意見を付した通知がなされる。型式承認を受けようとする者は、申請書に試験結果及び意見を記載した書面を添えて、総務大臣に申請しなければならない。

型式承認の申請を受けた総務大臣は、その申請に係る検定対象機械器具等の型式に係る形状等が技術上の規格に適合しているかどうかを審査し、適合しているときは、その型式について型式承認を行い、その旨を申請した者に通知するとともに、公示しなければならない。

3. 型式適合検定

型式適合検定とは、個々の検定対象機械器具等の形状等が、型式承認を受けた検定対象機械器具等の型式に係る形状等に適合しているかどうかについて行う検定である。型式適合検定を行うのは、日本消防検定協会（または型式試験を行った登録検定機関）である。

型式適合検定を行った機関は、型式適合検定に合格した検定対象機械器

具等に、その検定対象機械器具等の型式が型式承認を受けたものであり、かつ、その検定対象機械器具等が型式適合検定に合格したものである旨の表示を付さなければならない（p.308 参照）。

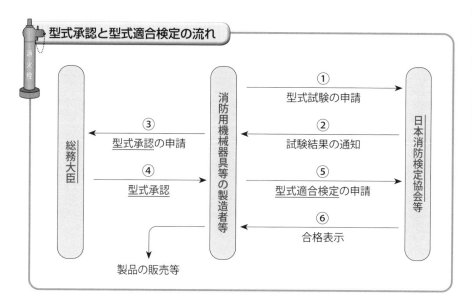

型式承認と型式適合検定の流れ

① 型式試験の申請
② 試験結果の通知
③ 型式承認の申請
④ 型式承認
⑤ 型式適合検定の申請
⑥ 合格表示

総務大臣 ／ 消防用機械器具等の製造者等 ／ 日本消防検定協会等

製品の販売等

4. 型式承認の効力が失われた場合

　検定対象機械器具等の技術上の規格が変更されたために、すでに型式承認を受けた検定対象機械器具等の型式に係る形状等が、変更後の規格に適合しなくなることがある。このような場合、総務大臣は、型式承認の効力を失わせ、または一定の期間が経過した後に型式承認の効力が失われることとする。型式承認の効力が失われることを、型式失効という。

　総務大臣は、型式承認の効力を失わせたとき、または一定の期間が経過した後に型式承認の効力が失われることとしたときは、その旨を公示するとともに、型式承認を受けた者に通知しなければならない。

　型式承認の効力が失われたときは、その型式承認に係る検定対象機械器具等で、すでに型式適合検定に合格しているものについても、合格の効力が失われる。

ゴロ合わせで覚えよう！

型式承認

堅苦しいのは 性に合わない
（型式）　　　　　（承認）

そう、昔から！
（総）　（務大臣）

⇒型式承認を行うのは、<u>総務大臣</u>。

ポイントを暗記！

① 消防の用に供する機械器具等の検定制度は、<u>型式承認</u>と<u>型式適合検定</u>からなる。

型式承認は<u>総務大臣</u>が、型式適合検定は<u>日本消防検定協会</u>（または登録検定機関）が行う。

② 型式適合検定に合格した検定対象機械器具等には、検定に合格したものである旨の<u>表示</u>が付される。

検定対象機械器具等のうち、消防の用に供する機械器具または設備は、検定に合格した旨の<u>表示</u>が付されているものでなければ、設置、変更または修理の請負に係る工事に使用してはならない。

重要用語を覚えよう！

 公示

公の機関が、あることがらを一般の人に発表し、広くしらせること。

66

消防設備士の業務

基礎知識を押さえよう！

1. 消防設備士の業務独占

　消防法により、防火対象物に設置しなければならない消防用設備等、特
殊消防用設備等（p.44 ～ 47 参照）の工事（設置に係るものに限る）また
は整備のうち、政令で定めるものは、消防設備士免状の交付を受けた者で
なければ行ってはならないこととされている。

　このように、ある資格を有する者でなければ特定の業務を行うことがで
きないと定められていることを業務独占といい、そのような業務を独占業
務、そのような資格を業務独占資格という。消防設備士は業務独占資格で
ある。

　消防設備士でなければ工事・整備を行うことができない消防用設備等は
以下のとおりである（これらを、工事整備対象設備等という）。

〈消防設備士でなければ工事を行うことができない消防用設備等〉

①屋内消火栓設備[※1]

②スプリンクラー設備[※1]

③水噴霧消火設備[※1]

④泡消火設備[※2]

⑤不活性ガス消火設備[※2]

⑥ハロゲン化物消火設備[※2]

⑦粉末消火設備[※2]

⑧屋外消火栓設備[※1]

⑨自動火災報知設備[※2]

⑩ガス漏れ火災警報設備^{※2}

⑪消防機関へ通報する火災報知設備^{※2}

⑫金属製避難はしご（固定式のものに限る）

⑬救助袋

⑭緩降機

※1 ①〜③、⑧については、電源、水源及び配管の部分を除く。
※2 ④〜⑦、⑨〜⑪については、電源の部分を除く。

〈消防設備士でなければ整備を行うことができない消防用設備等〉
上記①〜⑭（※1、※2の除外規定についても同様）

⑮消火器

⑯漏電火災警報器

2. 甲種消防設備士と乙種消防設備士

　消防設備士免状は、甲種、乙種に分かれており、工事整備対象設備等の区分により、甲種消防設備士免状は、特類と第1類〜第5類の計6種類、乙種消防設備士免状は、第1類〜第7類の計7種類がある。

　甲種消防設備士の免状を有する者は、免状の区分に対応する設備等の工事と整備を、乙種防設備士の免状を有する者は整備のみを行うことができる。

　消防設備士免状の区分と工事対象設備等、業務範囲の関係を、次ページの表にまとめてある。

甲種消防設備士の免状には、第6類と第7類がないんですね。

特類の免状には乙種がなく、甲種だけだよ。

◇消防設備士免状の種類と業務範囲

免状の区分			工事整備対象設備等	除外となる工事・整備
種別	類別			
甲	—	特　類	特殊消防用設備等（p.46〜47参照）	電源・水源・配管
甲	乙	第1類	屋内消火栓設備、スプリンクラー設備、水噴霧消火設備、屋外消火栓設備、共同住宅用スプリンクラー設備	
甲	乙	第2類	泡消火設備、特定駐車場用泡消火設備	
甲	乙	第3類	不活性ガス消火設備、ハロゲン化物消火設備、粉末消火設備	電源
甲	乙	第4類	自動火災報知設備、ガス漏れ火災警報設備、消防機関へ通報する火災報知設備	
甲	乙	第5類	金属製避難はしご、救助袋、緩降機	
—	乙	第6類	消火器	—
—	乙	第7類	漏電火災警報器	
甲	乙	第1類 第2類 第3類	パッケージ型消火設備、パッケージ型自動消火設備（p.46参照）	電源・水源・配管

※ 甲種消防設備士は工事整備対象設備等の工事と整備を、乙種消防設備士は整備のみを行うことができる。

　特殊消防用設備等を対象とする特類には、整備のみを行うことができる乙種の免状がなく、甲種の免状を取得しなければ、工事も整備もできない。

　第6類の対象である消火器は設置が容易であること、また、第7類の対象である漏電火災警報器の設置工事を行うには電気工事士の資格が必要であることから、これらの類には、設置工事を独占業務とする甲種の免状が設けられていない。

　なお、以下に挙げる軽微な整備は、消防設備士でなくとも行うことができる。

- 屋内消火栓設備の表示灯の交換
- 屋内消火栓設備または屋外消火栓設備のホースまたはノズル、ヒューズ類、ネジ類等部品の交換
- 消火栓箱、ホース格納箱等の補修その他これらに類するもの

消防設備士の業務

おっと、待った！
（乙種）

こうしちゃだめ。こうしないと！
（工事をしてはいけない） （甲種の免状がないと）

➡ 甲種消防設備士は、免状に指定された消防用設備等の工事と整備ができるが、乙種
消防設備士ができるのは整備のみで、工事はできない。

ポイントを暗記！

① 甲種消防設備士は、工事整備対象設備等の工事と整備を行うことができる。

甲種消防設備士は、免状の区分に対応する工事整備対象設備等の工事と整備
を行うことができる。

② 乙種消防設備士は、工事整備対象設備等の整備のみを行うことができる。

乙種消防設備士は、免状の区分に対応する工事整備対象設備等の整備を行う
ことができるが、工事を行うことはできない。

③ 軽微な整備は、消防設備士でなくとも行うことができる。

屋内消火栓設備の表示灯の交換等の軽微な整備は、消防設備士でなくとも行
うことができる。

消防設備士免状

ここが Point!

消防設備士免状の書換え、再交付の手続き、講習の受講時期を覚えよう。

基礎知識を押さえよう！

1. 消防設備士免状

消防設備士免状は、消防設備士試験に合格した者に対し、都道府県知事が交付する。免状は、交付を受けた都道府県だけでなく、全国どこでも有効である。

甲種消防設備士試験には、受験資格が定められている。特類以外の甲種を受験するには、国家資格による受験資格、学歴による受験資格のいずれかを満たしていることが必要である。甲種特類を受験するには、甲種第1類から第3類までのいずれか1つと、甲種第4類、甲種第5類を含む3種類以上の免状の交付を受けていることが必要である。

乙種消防設備士試験には、受験資格は定められておらず、誰でも受験することができる。

2. 免状の記載事項と免状の書換え

消防設備士免状には、以下の事項を記載することが定められている。

- 免状の交付年月日及び交付番号
- 氏名及び生年月日
- 本籍地の属する都道府県
- 免状の種類
- 過去10年以内に撮影した写真

免状の交付を受けている者は、免状の記載事項に変更を生じたときは、遅滞なく、免状に総務省令で定める書類を添えて、免状を交付した都道府県知事または居住地もしくは勤務地を管轄する都道府県知事に免状の書換えを申請しなければならない。

　氏名、本籍地の属する都道府県が変わったときはそれを証明する書類を、免状に添付されている写真が撮影後10年経過したときは新しい写真を添えて、書換えの申請を行う。

3. 免状の再交付

　免状の交付を受けている者は、免状を亡失し、滅失し、汚損し、または破損した場合には、免状の交付または書換えをした都道府県知事にその再交付を申請することができる。

　免状を亡失して再交付を受けた者は、亡失した免状を発見した場合には、その免状を10日以内に免状の再交付をした都道府県知事に提出しなければならない。

免状の書換えと再交付では、申請先の規定が少し違いますね。書換えの場合は「居住地もしくは勤務地を管轄する都道府県知事」が含まれています。

免状の書換えは「申請しなければならない」なので義務。再交付は「申請することができる」だから義務ではない。この違いにも注意しよう。

4. 免状の返納命令と不交付

　消防設備士が消防法または消防法に基づく命令の規定に違反しているときは、消防設備士免状を交付した都道府県知事は、免状の返納を命ずることができる。

　都道府県知事は、以下の者に対しては、消防設備士免状を交付しないことができる。

• 免状の返納を命ぜられた日から起算して1年を経過しない者

• 消防法または消防法に基づく命令の規定に違反して罰金以上の刑に処せられた者で、その執行を終わり、または執行を受けることがなくなった日から起算して2年を経過しない者

5. 消防設備士の義務

　消防法には、消防設備士の義務として、以下のことが定められている。
• 都道府県知事が行う講習を受講すること（次項にて詳述する）
• 業務を誠実に行い、工事整備対象設備等の質の向上に努めること
• 業務に従事するときは、消防設備士免状を携帯すること
• 甲種消防設備士は、消防用設備等の設置工事に着手しようとする日の10日前までに、消防長または消防署長に着工届を提出すること（p.58参照）

6. 講習の受講義務

　消防設備士は、総務省令で定めるところにより、都道府県知事（総務大臣が指定する市町村長その他の機関を含む）が行う工事整備対象設備等の工事または整備に関する講習を受けなければならない。

　消防設備士の講習は、免状の交付を受けた日以後における最初の4月1日から2年以内に受けなければならない。その後は、講習を受けた日以後における最初の4月1日から5年以内に講習を受けなければならない。

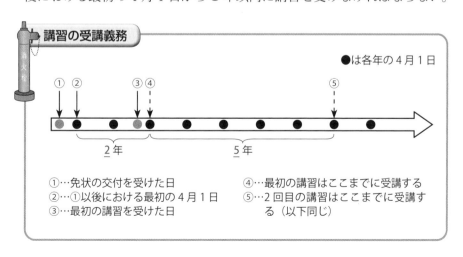

講習の受講義務

●は各年の4月1日

① ② ③④ ⑤

2年　　　5年

①…免状の交付を受けた日　　④…最初の講習はここまでに受講する
②…①以後における最初の4月1日　⑤…2回目の講習はここまでに受講する（以下同じ）
③…最初の講習を受けた日

消防設備士の講習は、消防設備関連の業務に就いているか否かにかかわらず、免状の交付を受けている者は必ず受講しなければならない。

講習区分は「特殊消防用設備等」（特類が対象）、「消火設備」（1類、2類、3類が対象）、「警報設備」（4類、7類が対象）、「避難設備・消火器」（5類、6類が対象）の4区分となっている。

最新の技術を取り入れた消防用設備が開発されることもあるし、法令が改正されることもある。そのような新しい知識や技能を習得するために講習が義務づけられているんだ。

ポイントを丸暗記！

① 免状の記載事項に変更を生じたときは、免状の書換えを申請しなければならない。

免状の書換えは、免状を交付した都道府県知事または居住地もしくは勤務地を管轄する都道府県知事に申請する。

② 免状を亡失、滅失、汚損、破損した場合は、免状の再交付を申請することができる。

免状の再交付は、免状の交付または書換えをした都道府県知事に申請する。

③ 再交付を受けたのちに亡失した免状を発見した場合は、10日以内に提出しなければならない。

免状を亡失して再交付を受けた者は、亡失した免状を発見した場合には、その免状を10日以内に免状の再交付をした都道府県知事に提出しなければならない。

練習問題にチャレンジ！

問 題 ▶解答と解説は p.81 〜 86

問題 01

消防関係法令による規定として、誤っているものは次のうちどれか。

1 地域の消防について責任を負い、その費用を負担するのは市町村である。
2 消防本部は、すべての市町村に設けなければならない。
3 消防本部の長は、消防長である。
4 消防職員のうち、消防階級を持つ者を消防吏員という。

▷ Lesson 01

問題 02

消防法令に規定する用語として、正しいものは次のうちどれか。

1 防火対象物とは、山林または舟車、船きょもしくはふ頭に繋留された船舶、建築物その他の工作物または物件をいう。
2 関係者とは、防火対象物の所有者、管理者または占有者をいう。
3 関係のある場所とは、防火対象物のある場所をいう。
4 危険物とは、消防法別表第一の品名欄に掲げる物品をいう。

▷ Lesson 02、09

問題 03

消防法令上、特定防火対象物に該当しないものは、次のうちどれか。

1 映画館
2 飲食店
3 百貨店
4 小学校

▷ Lesson 03

問題 04

消防対象物への立入検査について、消防法令上、誤っているものは次のうちどれか。

1 立入検査を命ずることができるのは、消防長（消防本部を置かない市町村においては市町村長）または消防署長である。
2 消防本部が置かれている市町村では、消防職員が立入検査を行う。
3 消防本部が置かれていない市町村では、市町村の消防事務に従事する職員または常勤の消防団員が立入検査を行う。
4 立入検査は、火災予防のために必要があるときは、あらゆる場所について制限なく行うことができる。

Lesson 04

問題 05

消防同意について、消防法令上、正しいものは次のうちどれか。

1 建築主は、建築確認の申請を行う前に、消防同意を得なければならない。
2 消防同意を得なければ、建築確認を行うことができない。
3 消防同意を行うのは、建築主事または指定確認検査機関である。
4 都市計画法に定める防火地域及び準防火地域以外の区域における共同住宅については、消防同意の手続きは不要である。

Lesson 05

問題 06

消防法令上、防火管理者を定めなくてよい防火対象物は、次のうちどれか。

1 収容人員 40 人の幼稚園
2 収容人員 20 人の老人短期入所施設
3 収容人員 40 人の美術館
4 収容人員 50 人の映画スタジオ

Lesson 06

問題 07

　消防法令上、統括防火管理者を定めなければならない防火対象物は、次のうちどれか。

1　管理権原が分かれている、高さ 30m の建築物
2　管理権原が分かれている地下街で、消防長または消防署長による指定がないもの
3　管理権原が分かれている準地下街
4　管理権原が分かれている非特定用途の複合用途防火対象物で、地上 4 階建て、収容人員 50 人のもの

Lesson 06

問題 08

　消防法令上、防火対象物点検資格者について、誤っているものは次のうちどれか。

1　防火対象物の管理権原者で、防火対象物点検資格者講習を修了して免状の交付を受けた者
2　消防設備士として 3 年以上の実務の経験を有し、防火対象物点検資格者講習を修了して免状の交付を受けた者
3　消防設備点検資格者として 3 年以上の実務の経験を有し、防火対象物点検資格者講習を修了して免状の交付を受けた者
4　防火管理者として 3 年以上の実務の経験を有し、防火対象物点検資格者講習を修了して免状の交付を受けた者

Lesson 08

問題 09

　消防法令上、防炎規制の対象とならない防火対象物は次のうちどれか。

1　テレビスタジオ
2　ホテル
3　高さ 31m を超えるオフィスビル
4　特定用途を含む複合用途防火対象物の、特定用途以外の部分

Lesson 09

問題 10

消防用設備等の種類について、誤っているものは次のうちどれか。

1　スプリンクラー設備は、消火設備に含まれる。
2　防火水槽は、消火設備に含まれる。
3　連結送水管は、消火活動上必要な施設に含まれる。
4　自動火災報知設備は、警報設備に含まれる。

Lesson 10

問題 11

消防用設備等の設置基準について、誤っているものは次のうちどれか。

1　防火対象物が開口部のない耐火構造の床または壁で区画されているときは、その区画された部分をそれぞれ別の防火対象物とみなして消防用設備等の設置基準を適用する。
2　複合用途防火対象物については、常にそれぞれの用途部分を1つの防火対象物とみなして消防用設備等の設置基準を適用する。
3　建築物と建築物が渡り廊下、地下連絡路、または洞道により接続されている場合は、原則として1棟の防火対象物とみなして消防用設備等の設置基準を適用する。
4　市町村は、条例により、消防用設備等の設置基準に関する政令またはこれに基づく命令の規定と異なる規定を設けることができる。

Lesson 11

問題 12

消防用設備等の設置基準に関する法令が改正された場合、既存の防火対象物に対しても常に改正後の設置基準が適用されるものは、次のうちどれか。

1　事務所に設置されている自動火災報知設備
2　倉庫に設置されている屋内消火栓設備
3　工場に設置されている消火器
4　美術館に設置されている不活性ガス消火設備

Lesson 12

問題 13

消防用設備等を設置した場合の届出と検査について、消防法令上、誤っているものは次のうちどれか。

1　延べ面積 400m² の旅館に設置した消防用設備等（簡易消火用具、非常警報器具を除く）については、届け出て検査を受けなければならない。
2　延べ面積 500m² の映画館に設置した消防用設備等（簡易消火用具、非常警報器具を除く）については、届け出て検査を受けなければならない。
3　非特定防火対象物であっても、設置した消防用設備等（簡易消火用具、非常警報器具を除く）について、届け出て検査を受けなければならない場合がある。
4　消防用設備等を設置した場合の届出は、設置工事を行った消防設備士が、工事が完了した日から 4 日以内に行う。

Lesson 13

問題 14

消防用設備等の定期点検を、消防設備士または消防設備点検資格者に行わせなければならない防火対象物は、次のうちどれか。ただし、消防長または消防署長による指定はないものとする。

1　延べ面積 1,000m² の店舗
2　延べ面積 1,500m² の駐車場
3　延べ面積 1,000m² の倉庫
4　延べ面積 800m² の百貨店

Lesson 14

問題 15

消防の用に供する機械器具等の検定について、消防法令上、誤っているものは次のうちどれか。

1　型式承認は、総務大臣が行う。
2　型式適合検定は、消防庁長官が行う。
3　検定の対象になっている機械器具等は、検定に合格し、その旨の表示がなされているものでなければ販売してはならない。
4　閉鎖型スプリンクラーヘッドは、検定の対象になっている。

Lesson 15

消防設備士について、消防法令上、誤っているものは次のうちどれか。

1 甲種第1類の消防設備士は、スプリンクラー設備の工事と整備を行うことができる。

2 甲種第1類の消防設備士は、免状の区分に対応する消防用設備等の工事と整備のほかに、特殊消防用設備等の工事と整備を行うことができる。

3 乙種第1類の消防設備士は、屋内消火栓設備の整備を行うことができるが、工事を行うことはできない。

4 消防設備士免状は、免状の交付を受けた都道府県だけでなく、全国どこでも有効である。

Lesson 16、17

消防設備士免状について、消防法令上、正しいものは次のうちどれか。

1 免状の書換えは、免状を交付した都道府県知事または居住地もしくは勤務地を管轄する都道府県知事に申請する。

2 免状の再交付は、居住地もしくは勤務地を管轄する都道府県知事に申請する。

3 現住所が変わったときは、免状の書換えを申請しなければならない。

4 免状を亡失したときは、免状の再交付を申請しなければならない。

Lesson 17

解答と解説　　▶問題は p.75〜80

問題 01 正解　2

1　○　消防組織法により、市町村は、当該市町村区域における消防を十分に果たすべき責任を有し、市町村の消防に要する費用は、当該市町村が負担する。

2　×　消防組織法により、市町村には、消防本部、消防署、消防団の全部または一部を設けなければならない。実際には、ほとんどの市町村に消防本部が設けられているが、消防本部を置かない市町村もある。

3　○　消防本部の長は、消防長である。消防本部の下に設置される消防署の長は、消防署長である。

4　○　消防本部や消防署に勤務する者を消防職員といい、そのうち、消防階級を持つ者を消防吏員という。

間違えた人は、Lesson01 を復習しよう。

問題 02 正解　4

1　×　消防法により、防火対象物は、「山林または舟車、船きょもしくはふ頭に繋留された船舶、建築物その他の工作物もしくはこれらに属する物」と定義されている。選択肢の文は、消防対象物の定義である。

2　×　関係者とは、防火対象物または消防対象物の所有者、管理者または占有者をいう。

3　×　関係のある場所とは、防火対象物または消防対象物のある場所をいう。

4　○　消防法上の危険物とは、消防法別表第一の品名欄に掲げる物品で、同表に定める区分に応じ同表の性質欄に掲げる性状を有するものをいう。

間違えた人は、Lesson02、09 を復習しよう。

問題 03 正解　4

1　○　劇場、映画館、演芸場または観覧場は、特定防火対象物である。

2　○　飲食店は、特定防火対象物である。

3　○　百貨店は、特定防火対象物である。

4　×　小学校は、非特定防火対象物である。

間違えた人は、Lesson03 を復習しよう。

問題 04　正解　4

1　○　消防長（消防本部を置かない市町村においては市町村長）または消防署長は、火災予防のために必要があるときは、消防対象物への立入検査を命ずることができる。

2　○　消防本部が置かれている市町村では、消防職員が立入検査を行う。火災予防のため特に必要があるときは、消防対象物及び期日または期間を指定して、当該管轄区域内の消防団員に立入検査を行わせることができる。

3　○　消防本部が置かれていない市町村では、市町村の消防事務に従事する職員または常勤の消防団員が立入検査を行う。火災予防のため特に必要があるときは、消防対象物及び期日または期間を指定して、当該管轄区域内の非常勤の消防団員に立入検査を行わせることができる。

4　×　個人の住居は、関係者の承諾を得た場合または火災発生のおそれが著しく大であるために特に緊急の必要がある場合でなければ立ち入らせてはならない。

間違えた人は、Lesson04 を復習しよう。

問題 05　正解　2

1　×　建築確認を申請するのは建築主だが、消防同意を求めるのは建築主ではなく、建築主から建築確認の申請を受けた建築主事等である。

2　○　建築主事等は、消防同意を得なければ建築確認を行うことができない。

3　×　消防同意を行うのは、消防長（消防本部を置かない市町村においては市町村長）または消防署長である。

4　×　都市計画法に定める防火地域及び準防火地域以外の区域における一戸建ての住宅で、住宅の用途以外の部分の床面積の合計が一定の基準を超えないものについては、消防同意の手続きは不要である。

間違えた人は、Lesson05 を復習しよう。

問題 06　正解　3

1　○　幼稚園は特定防火対象物で、収容人員 30 人以上の場合に防火管理者の選任義務が生じる。

2　○　老人短期入所施設等と、それらの用途に供される部分がある複合用途防火対象物、それらの用途に供される部分がある地下街は、収容人員 10 人以上の場合に防火管理者の選任義務が生じる。

3　×　美術館は非特定防火対象物で、収容人員50人以上の場合に防火管理者の選任義務が生じる。

4　○　映画スタジオは非特定防火対象物で、収容人員50人以上の場合に防火管理者の選任義務が生じる。

間違えた人は、Lesson06を復習しよう。

問題 07　正解　3

1　×　管理権原が分かれている高層建築物（高さ31mを超える建築物をいう）については、統括防火管理者の選任義務が生じる。

2　×　管理権原が分かれている地下街は、消防長または消防署長が指定するものについて統括防火管理者の選任義務が生じる。

3　○　管理権原が分かれている準地下街については、すべて統括防火管理者の選任義務が生じる。

4　×　管理権原が分かれている非特定用途の複合用途防火対象物については、地階を除く階数が5以上で、かつ、収容人員が50人以上の場合に統括防火管理者の選任義務が生じる。

間違えた人は、Lesson06を復習しよう。

問題 08　正解　1

1　×　防火対象物の管理権原者であることは、防火対象物点検資格者講習の受講資格とならない。

2　○　消防設備士として3年以上の実務の経験を有する者は、防火対象物点検資格者講習の受講資格を満たしている。

3　○　消防設備点検資格者として3年以上の実務の経験を有する者は、防火対象物点検資格者講習の受講資格を満たしている。

4　○　防火管理者として3年以上の実務の経験を有する者は、防火対象物点検資格者講習の受講資格を満たしている。

間違えた人は、Lesson08を復習しよう。

問題 09　正解　4

1　○　映画スタジオ、テレビスタジオは、防炎規制の対象となる防炎防火対象物である。

2　○　ホテルは、特定防火対象物なので、防炎防火対象物である。

3　○　高層建築物（高さ31mを超える建築物）は、防炎防火対象物である。

4 × 特定用途を含む複合用途防火対象物は、特定用途の部分のみ防炎防火対象物となる。

間違えた人は、Lesson09 を復習しよう。

問題 10 正解 **2**

1 ○ スプリンクラー設備は、消防の用に供する設備のうち、消火設備に含まれる。
2 × 防火水槽は、消火設備でなく、消防用水に含まれる。
3 ○ 連結送水管は、消火活動上必要な施設に含まれる。
4 ○ 自動火災報知設備は、消防の用に供する設備のうち、警報設備に含まれる。

間違えた人は、Lesson10 を復習しよう。

問題 11 正解 **2**

1 ○ 消防用設備等の設置基準は、原則として1棟の防火対象物を単位として適用するが、防火対象物が開口部のない耐火構造の床または壁で区画されているときは、その区画された部分をそれぞれ別の防火対象物とみなして消防用設備等の設置基準を適用する。
2 × 複合用途防火対象物については、それぞれの用途部分を1つの防火対象物とみなして消防用設備等の設置基準を適用する。ただし、スプリンクラー設備、自動火災報知設備などいくつかの設備については、1棟を単位として適用する場合がある。
3 ○ 建築物と建築物が渡り廊下、地下連絡路、または洞道により接続されている場合は、原則として1棟の防火対象物とみなして消防用設備等の設置基準を適用する。ただし、一定の基準に適合している場合は、別棟として取り扱うことができる。
4 ○ 市町村は、その地方の気候または風土の特殊性により、消防用設備等の設置基準に関する政令またはこれに基づく命令の規定のみによっては防火の目的を十分に達し難いと認めるときは、市町村の条例により、政令またはこれに基づく命令の規定と異なる規定を設けることができる。ただし、政令で定める基準を緩和することはできない。

間違えた人は、Lesson11 を復習しよう。

問題 12　正解　3

1　×　重要文化財等を除く非特定防火対象物に設置されている<u>自動火災報知設備</u>は、従前の（改正前の）基準に適合していればよい。

2　×　非特定防火対象物に設置されている<u>屋内消火栓設備</u>は、従前の（改正前の）基準に適合していればよい。

3　○　<u>消火器</u>については、常に現行の（改正後の）設置基準が適用される。

4　×　非特定防火対象物に設置されている<u>不活性ガス消火設備</u>は、従前の（改正前の）基準に適合していればよい。

> 間違えた人は、Lesson12 を復習しよう。

問題 13　正解　4

1　○　旅館は、<u>延べ面積</u>にかかわらず、設置した消防用設備等（簡易消火用具、非常警報器具を除く）の届出と検査が必要である。

2　○　映画館は、延べ面積 $300m^2$ 以上の場合、設置した消防用設備等（簡易消火用具、非常警報器具を除く）の届出と検査が必要である。

3　○　山林、舟車を除く非特定防火対象物で、延べ面積 $300m^2$ 以上のもののうち、<u>消防長または消防署長が指定したもの</u>については、設置した消防用設備等（簡易消火用具、非常警報器具を除く）の届出と検査が必要である。

4　×　消防用設備等を設置した場合の届出は、防火対象物の<u>関係者</u>が行う。

> 間違えた人は、Lesson13 を復習しよう。

問題 14　正解　1

1　○　店舗は<u>特定防火対象物</u>なので、延べ面積 $1,000m^2$ 以上のものは、消防用設備等の点検を有資格者に行わせなければならない。

2　×　駐車場は<u>非特定防火対象物</u>なので、延べ面積 $1,000m^2$ 以上であっても、消防長または消防署長の指定がない場合は、防火対象物の関係者が自ら点検を行うことができる。

3　×　倉庫は<u>非特定防火対象物</u>なので、延べ面積 $1,000m^2$ 以上であっても、消防長または消防署長の指定がない場合は、防火対象物の関係者が自ら点検を行うことができる。

4　×　百貨店は<u>特定防火対象物</u>であるが、延べ面積 $1,000m^2$ 未満なので、防火対象物の関係者が自ら点検を行うことができる。

> 間違えた人は、Lesson14 を復習しよう。

1 ○ 型式承認は、<u>総務大臣</u>が行う。型式承認を受けようとする者は、あらかじめ、日本消防検定協会または登録検定機関が行う型式試験を受けなければならない。

2 × 型式適合検定は、<u>日本消防検定協会</u>または型式試験を行った登録検定機関が行う。

3 ○ 検定の対象になっている機械器具等は、検定に合格し、その旨の<u>表示</u>がなされているものでなければ<u>販売</u>し、または販売の目的で<u>陳列</u>してはならない。

4 ○ <u>閉鎖型</u>スプリンクラーヘッドは、検定の対象になっている。

間違えた人は、Lesson15 を復習しよう。

1 ○ 甲種消防設備士は、免状の区分に対応する消防用設備等の<u>工事</u>と<u>整備</u>を行うことができる。

2 × 特殊消防用設備等の工事と整備は、甲種<u>特類</u>の消防設備士でなければ行うことができない。

3 ○ 乙種消防設備士は、免状の区分に対応する消防用設備等の<u>整備</u>のみを行うことができる。

4 ○ 消防設備士免状は、免状の交付を受けた都道府県だけでなく、<u>全国どこでも</u>有効である。

間違えた人は、Lesson16、17 を復習しよう。

1 ○ 免状の書換えは、免状を<u>交付</u>した都道府県知事または<u>居住地</u>もしくは<u>勤務地</u>を管轄する都道府県知事に申請する。

2 × 免状の再交付は、免状の<u>交付</u>または<u>書換え</u>をした都道府県知事に申請する。

3 × <u>現住所</u>は、免状の記載事項に含まれていない。

4 × 免状を亡失したときは、免状の再交付を申請<u>することができる</u>が、再交付の申請は義務ではない。

間違えた人は、Lesson17 を復習しよう。

2章
消防関係法令（第1類）

まず、これだけ覚えよう！

この章では、第1類消防設備士の業務の対象になる消火設備の設置基準を覚えていこう。設置基準のポイントになるのは、防火対象物の面積と階数だ。

①延べ面積と床面積

　消防用設備等の設置基準は、どのような防火対象物に、または、防火対象物のどのような部分に、どのような消防用設備等を、どのように設置すべきかを定めている。そして、その多くの場合にかかわってくるのが、防火対象物の面積だ。防火対象物の面積が規定の値以上であれば○○○消火設備の設置が必要、規定の値未満であれば設置は不要、というように、面積を基準にして設置基準がきめられていることが多い。

　防火対象物の面積を表す場合によく用いられるのが、延べ面積、床面積という用語だ。では、この2つの用語の違いは何だろうか。

　まず、床面積とは、建築物の各階の面積、またはその一部の面積を表す。言い換えると、建築物のある階全体の面積を表すとき、または、ある階の面積のうち、一定の条件を満たす部分のみの面積を表すときに、床面積という用語が用いられると考えてよい。

　これに対し、延べ面積とは、建築物の各階の床面積の合計を表す。つまり、延べ面積という用語は、建築物のすべての階の床面積の合計を表すときに用いられる。建築物の一部の階の床面積だけを合計したり、すべての階のうち、一定の条件を満たす部分だけを合計したりするときは、延べ面積といわずに、「（3階建て以上の建築物のうち）1階と2階の床面積の合計」「○○の用途に供される部分の床面積の合

計」というように表される。

　延べ面積、床面積を算定する際に、規定により一定の条件を満たす部分の面積を除外できる場合がある。

〈地上３階建ての建築物の場合〉

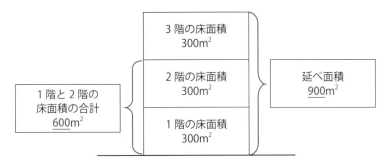

②階数による基準

　消防用設備等の設置基準で、防火対象物の延べ面積や床面積とともにポイントになるのが、防火対象物の階数だ。同じ防火対象物であっても、階数により異なる設置基準が定められていることが多い。階数は下記のように区分されており、おおむね、この順に規制が厳しくなっている。
①11 階以上の階
②地階・無窓階・４階以上の階
③上記以外の階

　無窓階とは、建築物の地上階のうち、避難上または消火活動上有効な開口部を有しない階をいう。窓のない階ではなく、窓があっても無窓階に該当する場合がある。

屋内消火栓設備の設置基準

ここが Point!

防火対象物への屋内消火栓設備の設置基準と、その緩和規定、設置を省略できる場合などを覚えよう。

基礎知識を押さえよう！

1. 屋内消火栓設備の設置基準（延べ面積・床面積による規定）

屋内消火栓設備の設置基準は、防火対象物の種類と延べ面積（各階の床面積の合計）に応じて、下表のように定められている。また、地階・無窓階・4階以上の階については、その階の床面積に応じて設置基準が定められている。それぞれ、延べ面積、床面積が下表の値以上になるときは、屋内消火栓設備を設置しなければならない。

●屋内消火栓設備の設置基準（延べ面積・床面積による規定）

防火対象物の区分※	一般（延べ面積）	地階 無窓階 4階以上の階 （床面積）
地下街（16 の 2）	150m² 以上	
劇場、映画館、演芸場または観覧場（1）イ	500m² 以上	100m² 以上
公会堂または集会場（1）ロ		
神社、寺院、教会等（11）	1,000m² 以上	200m² 以上
事務所等（15）		
その他の一般の防火対象物 （2）～（10）、（12）、（14）	700m² 以上	150m² 以上

※ カッコ内の数字等は、消防法施行令別表第一による区分を表す（p.18 参照）。
＊ 複合用途防火対象物（16）については、それぞれの用途部分ごとに基準を適用する。

防火対象物全体としては設置基準の延べ面積に達していなくても、地階・無窓階・4階以上の階のいずれかの床面積が規定の値以上であるときは、その階には屋内消火栓設備を設置しなければならないんですね。

なお、前ページの表に示した設置基準には、以下のような緩和規定が設けられている。基準になる面積を2倍または3倍にすることができる規定なので、「倍読み規定」とも呼ばれる。

①防火対象物の主要構造部を耐火構造とし、かつ、壁及び天井（天井がない場合は屋根）の室内に面する部分の仕上げを難燃材料とした場合は、設置基準の延べ面積または床面積の数値を3倍にすることができる（3倍読み）。

②防火対象物の主要構造部を耐火構造とし、壁及び天井（天井がない場合は屋根）の室内に面する部分の仕上げを難燃材料としていない場合と、主要構造部を準耐火構造とし、かつ、壁及び天井（天井がない場合は屋根）の室内に面する部分の仕上げを難燃材料とした場合は、設置基準の延べ面積または床面積の数値を2倍にすることができる（2倍読み）。

③ただし、病院、診療所、老人短期入所施設等の自力避難困難者入所福祉施設等に①②の規定を適用する場合は、設置基準の延べ面積または床面積の数値を3倍（または2倍）にした数値と、1,000m² に防火上有効な措置が講じられた構造を有する部分の床面積の合計を加えた数値のうち、いずれか小さいほうの数値を設置基準とする。

上記の規定のうち、「壁及び天井の室内に面する部分の仕上げを難燃材料とした場合」の部分は、「内装制限を行った場合」と言い換えられることもある。

2. 屋内消火栓設備の設置基準（指定可燃物の数量による規定）

消防法施行令別表第一に掲げる建築物または工作物において、指定可燃物（可燃性液体類を除く）を指定数量の 750 倍以上貯蔵し、または取り扱う場合は、屋内消火栓設備を設置しなければならない。

3. 屋内消火栓設備を設置しなくてよい場合

①防火対象物またはその部分に、下記の消火設備を技術上の基準に従って設置したときは、それらの設備の有効範囲内の部分（屋外消火栓設備及び動力消防ポンプ設備については、1階及び2階の部分に限る）について、屋内消火栓設備を設置しないことができる。

- スプリンクラー設備
- 水噴霧消火設備
- 泡消火設備
- 不活性ガス消火設備
- ハロゲン化物消火設備
- 粉末消火設備
- 屋外消火栓設備
- 動力消防ポンプ設備

②下記の防火対象物については、延べ面積や特定の階の床面積による屋内消火栓設備の設置基準は定められていない（ただし、指定数量の750倍以上の指定可燃物を貯蔵し、または取り扱う場合は、これらの防火対象物にも屋内消火栓設備を設置しなければならない）。

- 自動車倉庫または駐車場（消防法施行令別表第一の（13）イ）
- 飛行機または回転翼航空機の格納庫（同（13）ロ）
- 準地下街（同（16の3））
- 重要文化財等（同（17））
- アーケード（同（18））

③パッケージ型消火設備を設置した場合は、屋内消火栓設備を省略することができる。

パッケージ型消火設備は、「必要とされる防火安全性能を有する消防の用に供する設備等」に位置づけられているもので、一定規模以下の防火対象物に、屋内消火栓設備の代替設備として設置することができる。

4. 消火栓の種類による設置基準

　屋内消火栓設備には、1号消火栓と2号消火栓がある（p.237 ～ 238 参照）。屋内消火栓設備を設置しなければならない防火対象物のうち、以下のものについては、2号消火栓を設置することができず、1号消火栓を設置しなければならない。その他の防火対象物に設置する場合は、1号消火栓、2号消火栓のどちらも設置可能である。

〈2号消火栓を設置できない防火対象物〉

- 工場または作業場（消防法施行令別表第一の（12）イ）
- 倉庫（同（14））
- 指定数量の750倍以上の指定可燃物を貯蔵し、または取り扱う防火対象物

5. 防火対象物の階ごとに適用される屋内消火栓の設置基準

　屋内消火栓は、防火対象物の階ごとに、その階の各部分からホース接続口までの水平距離が、1号消火栓を設置する場合は25m以下、2号消火栓を設置する場合は15m以下となるように設ける。

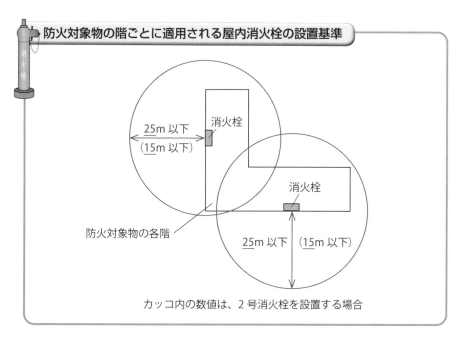

防火対象物の階ごとに適用される屋内消火栓の設置基準

消火栓

25m 以下
（15m 以下）
消火栓

消火栓

防火対象物の各階

25m 以下　（15m 以下）

カッコ内の数値は、2号消火栓を設置する場合

●屋内消火栓設備を設置しなければならない防火対象物　　□＝特定防火対象物

防火対象物の区分			一般	地階 無窓階 4 階以上	指定 可燃物
(1)	イ	劇場、映画館、演芸場または観覧場	500m² 以上	100m² 以上	
	ロ	公会堂または集会場			
(2)	イ	キャバレー、カフェー、ナイトクラブ等	700m² 以上	150m² 以上	指定数量の７５０倍以上
	ロ	遊技場、ダンスホール			
	ハ	性風俗関連特殊営業を含む店舗等			
	ニ	カラオケボックス等			
(3)	イ	待合、料理店			
	ロ	飲食店			
(4)		百貨店、マーケットその他の店舗または展示場			
(5)	イ	旅館、ホテル、宿泊所等			
	ロ	寄宿舎、下宿または共同住宅			
(6)	イ	病院、診療所、助産所			
	ロ	老人短期入所施設等			
	ハ	老人デイサービスセンター等			
	ニ	幼稚園または特別支援学校			
(7)		小学校、中学校、高等学校、大学等			
(8)		図書館、博物館、美術館等			
(9)	イ	蒸気浴場、熱気浴場等			
	ロ	蒸気浴場、熱気浴場等を除く公衆浴場			
(10)		車両の停車場または船舶もしくは航空機の発着場			
(11)		神社、寺院、教会等	1,000m² 以上	200m² 以上	
(12)	イ	工場または作業場	700m² 以上	150m² 以上	
	ロ	映画スタジオまたはテレビスタジオ			
(13)	イ	自動車車庫または駐車場			
	ロ	飛行機または回転翼航空機の格納庫			
(14)		倉庫	700m² 以上	150m² 以上	
(15)		事務所等（前各項に該当しない事業場）	1,000m² 以上	200m² 以上	
(16)	イ	複合用途防火対象物（特定用途を含む）	用途部分ごとに基準を適用する		
	ロ	複合用途防火対象物（特定用途を含まない）			
(16の2)		地下街	150m² 以上		
(16の3)		準地下街			
(17)		重要文化財等			
(18)		アーケード			

94

ポイントを丸暗記！

01

屋内消火栓設備の設置基準

 一般の防火対象物で、延べ面積 700m² 以上のものには、屋内消火栓設備の設置義務がある。

延べ面積 700m² 未満の一般の防火対象物でも、地階・無窓階・4階以上の階については、床面積 150m² 以上の場合に屋内消火栓設備の設置義務がある。

 劇場、映画館については、延べ面積 500m² 以上のものに屋内消火栓設備の設置義務がある。

延べ面積 500m² 未満の劇場、映画館でも、地階・無窓階・4階以上の階については、床面積 100m² 以上の場合に屋内消火栓設備の設置義務がある。

 防火対象物の主要構造部を耐火構造とした場合は、延べ面積または床面積の基準が緩和される。

防火対象物の主要構造部を耐火構造とし、かつ、壁及び天井（天井がない場合は屋根）の室内に面する部分の仕上げを難燃材料とした場合は、設置基準となる延べ面積または床面積を3倍にすることができる（p.91 参照）。

  重要用語を覚えよう！

指定可燃物

火災が発生した場合にその拡大が速やかであり、または消火の活動が著しく困難となるものとして、危険物の規制に関する政令別表第四に掲げられている物品。綿花類、木毛及びかんなくず、ぼろ及び紙くず、糸類、わら類、再生資源燃料、可燃性固体類、石炭・木炭類、可燃性液体類、木材加工品及び木くず、合成樹脂類が含まれる。

屋外消火栓設備の設置基準

Lesson 02

ここが Point!

屋外消火栓設備の設置基準では、同一敷地内に隣接した建築物が1棟とみなされる場合があるので注意しよう。

基礎知識を押さえよう！

1. 屋外消火栓設備の設置基準（1、2階の床面積による規定）

屋外消火栓設備は、建築物の外側に設置され、主に建築物の1階と2階の部分の火災を消火するための設備なので、設置基準は、1階と2階の床面積の合計により定められている。屋外消火栓設備を設置しなければならない防火対象物は、下表のとおりである。

●屋外消火栓設備の設置基準

建築物の種類	1階と2階の床面積の合計[1]
耐火建築物	<u>9,000m^2 以上</u>
準耐火建築物	<u>6,000m^2 以上</u>
上記以外の建築物[2]	<u>3,000m^2 以上</u>

※1 地階を除く階数が1であるものについては1階の床面積。
※2 木造建築物などが該当する。
＊ 地下街、準地下街には、屋外消火栓設備の設置義務はない。

なお、上記の設置基準を適用する場合、同一敷地内にある2以上の建築物（耐火建築物及び準耐火建築物を除く）で、それらの建築物相互の1階の外壁間の中心線からの水平距離が、1階については3m以下、2階については5m以下である部分を有するものは、それらを1棟の建築物とみなす。

96

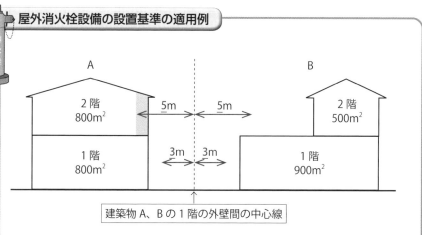

屋外消火栓設備の設置基準の適用例

A

2階
800m²

1階
800m²

5m　5m

3m　3m

建築物 A、B の 1 階の外壁間の中心線

B

2階
500m²

1階
900m²

A、B は、同一敷地内にある建築物で、耐火建築物、準耐火建築物ではない。A の 2 階に、A、B の 1 階の外壁間の中心線からの水平距離 5m 以下の部分があるので、A、B を 1 棟とみなして基準を適用する。A、B の 1 階と 2 階の床面積の合計は 3,000m² となるので、屋外消火栓設備を設置しなければならない。

木造の建築物などが互いに近い距離に建てられている場合、火災が起きたときに延焼するおそれがあるので、それらを 1 棟とみなしてよりきびしい設置基準を適用するんですね。

2. 屋外消火栓設備を設置しなくてよい場合

　防火対象物またはその部分に、下記の消火設備を技術上の基準に従って設置したときは、それらの設備の有効範囲内の部分について、屋外消火栓設備を設置しないことができる。

- スプリンクラー設備
- 水噴霧消火設備
- 泡消火設備
- 不活性ガス消火設備
- ハロゲン化物消火設備
- 粉末消火設備
- 動力消防ポンプ設備

3. 屋外消火栓の設置基準

屋外消火栓は、建築物の各部分からホース接続口までの水平距離が40m以下となるように設ける。

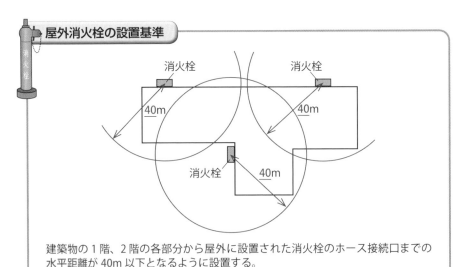

建築物の1階、2階の各部分から屋外に設置された消火栓のホース接続口までの水平距離が40m以下となるように設置する。

ポイントを丸暗記！

 屋外消火栓設備の設置基準は、建築物の1階と2階の床面積の合計により定められている。

建築物の1階と2階の床面積の合計が、耐火建築物では9,000m² 以上、準耐火建築物では6,000m² 以上、それ以外の建築物では3,000m² 以上となるときに、屋外消火栓設備の設置が必要となる。

 屋外消火栓設備の設置基準においては、同一敷地内の隣接した建築物が1棟とみなされる場合がある。

同一敷地内の隣接した建築物（耐火建築物及び準耐火建築物を除く）で、1階の外壁間の中心線からの水平距離が、1階については3m以下、2階については5m以下となる部分を有するものは、1棟の建築物とみなされる。

スプリンクラー設備の設置基準 ①

ここが Point!

スプリンクラー設備の設置基準は複雑なので、一度にすべてを覚えるのは大変。わかりやすい部分から少しずつ取り組もう。

基礎知識を押さえよう！

1. スプリンクラー設備の設置基準（特定防火対象物）

スプリンクラー設備の設置基準は、主に特定防火対象物を対象にしているが、非特定防火対象物に設置しなければならない場合もある。特定防火対象物でスプリンクラー設備を設置しなければならないものは、下表のとおりである（非特定防火対象物については p.102 参照）。

スプリンクラー設備の設置基準では、消防法施行令別表第一（p.18）の（6）項に係る区分がかなり細かく分かれているので、参考のために（6）項の詳細を記した表を p.101 に掲げておく（この表を全部覚える必要はない）。

●スプリンクラー設備の設置基準（特定防火対象物）

防火対象物の区分または階数[1]		設置基準（延べ面積・床面積）
①	11 階建て以上の特定防火対象物	すべてに設置[2]
②	百貨店等の店舗、展示場（4）	平屋建以外のもので延べ面積 3,000m² 以上[3]
③	病院、診療所、助産所（6）イ（1）（2）（3）	
④	②③⑨⑩⑪⑫を除く特定防火対象物（1）〜（3）、（5）イ、（6）イ（4）、（6）ロハニ、（9）イ	平屋建以外のもので延べ面積 6,000m² 以上[3]
⑤	④の設置基準に該当しない劇場、映画館、演芸場、観覧場、公会堂、集会場（1）の舞台部[4]	舞台が地階、無窓階または 4 階以上の階にあるもの	舞台部の床面積 300m² 以上[4]
		舞台が上記以外の階にあるもの	舞台部の床面積 500m² 以上[4]

⑥	③の設置基準に該当しない病院、診療所で、（6）イ（1）（2）に含まれるもの^{※5}		すべてに設置
⑦	④の設置基準に該当しない老人短期入所施設等、乳児院（6）ロ（1）（3）^{※5}		すべてに設置^{※6}
⑧	④の設置基準に該当しない救護施設、障害者入所施設、障害者支援施設（6）ロ（2）（4）（5）^{※5}		すべてに設置^{※6}
⑨	地下街（16の2）		延べ面積 1,000m² 以上
⑩	⑨の設置基準に該当しない地下街（16の2）		（6）イ（1）（2）、（6）ロの用途に供される部分^{※5}
⑪	準地下街（16の3）		延べ面積 1,000m² 以上で、かつ、特定用途に供される部分の床面積の合計が 500m² 以上
⑫	特定用途を含む複合用途防火対象物（16）イ		特定用途に供される部分の床面積の合計が 3,000m² 以上^{※2} のもののうち、特定用途部分が存する階
⑬	上記の設置基準に該当しない特定防火対象物の地階・無窓階・4階以上の階（設置基準に該当する階に設置）	（1），（3），（5）イ，（6），（9）イ	地階・無窓階：1,000m² 以上 4階以上10階以下の階：1,500m² 以上^{※2}
		（2），（4）	床面積 1,000m² 以上の階に設置^{※2}
		特定用途を含む複合用途防火対象物（16）イの、特定用途に供される部分が存する階	特定用途部分の床面積が、地階・無窓階：1,000m² 以上 4階以上10階以下の階：1,500m² 以上^{※2}
⑭	特定防火対象物、非特定防火対象物を含む、消防法施行令別表第一に掲げる建築物その他の工作物で、<u>指定可燃物</u>（可燃性液体類に係るものを除く）を指定数量の <u>1,000 倍以上</u>貯蔵し、または取り扱うもの		

※1 カッコ内の数字等は、消防法施行令別表第一による区分を表す（p.18 及び次ページ参照）。
※2 総務省令で定める一定の条件を満たす部分を除く（p.103 本文中の②参照）。
※3 延べ面積または床面積は、総務省令で定める一定の条件を満たす部分を除く（p.103 本文中の②参照）。
※4 舞台部とは、舞台並びにこれに接続して設けられた大道具室及び小道具室をいう。
※5 火災発生時の延焼を抑制する機能を備える構造として総務省令で定める構造を有するものを除く。
※6 介助がなければ避難できない者として総務省令で定める者を主として入所させるもの以外のものは、延べ面積 275m² 以上のものに限る。

●消防法施行令別表第一（6）項の詳細

（6）	イ	（1）	病院で、診療科名中に特定診療科名（内科、整形外科、リハビリテーション科その他の総務省令で定めるもの）を有し、かつ、医療法に規定する一般病床を有するもの（火災発生時の延焼を抑制するための消火活動を適切に実施することができる体制を有するものとして総務省令で定めるものを除く）
		（2）	診療所で、診療科名中に特定診療科名を有し、かつ、4人以上の患者を入院させるための施設を有するもの
		（3）	（1）を除く病院、（2）を除く診療所で患者を入院させるための施設を有するもの、入所施設を有する助産所
		（4）	患者を入院させるための施設を有しない診療所または入所施設を有しない助産所（無床診療所・無床助産所）
	ロ	（1）	老人短期入所施設、養護老人ホーム、特別養護老人ホーム、軽費老人ホーム（避難が困難な要介護者を主として入居させるものに限る）、有料老人ホーム（避難が困難な要介護者を主として入居させるものに限る）、介護老人保健施設等
		（2）	救護施設
		（3）	乳児院
		（4）	障害児入所施設
		（5）	障害者支援施設（避難が困難な障害者等を主として入所させるものに限る）、障害者総合支援法に規定する短期入所もしくは共同生活援助を行う施設（避難が困難な障害者等を主として入所させるものに限る）
	ハ	（1）	老人デイサービスセンター、軽費老人ホーム（ロ（1）に掲げるものを除く）、老人福祉センター、老人介護支援センター、有料老人ホーム（ロ（1）に掲げるものを除く）等
		（2）	更生施設
		（3）	助産施設、保育所、幼保連携型認定こども園、児童養護施設、児童自立支援施設、児童家庭支援センター、児童福祉法に規定する一時預かり事業または家庭的保育事業を行う施設等
		（4）	児童発達支援センター、児童心理治療施設または児童福祉法に規定する児童発達支援もしくは放課後等デイサービスを行う施設（児童発達支援センターを除く）
		（5）	身体障害者福祉センター、障害者支援施設（ロ（5）に掲げるものを除く）、地域活動支援センター、福祉ホームまたは障害者総合支援法に規定する生活介護、短期入所、自立訓練、就労移行支援、就労継続支援もしくは共同生活援助を行う施設（短期入所等施設を除く）
	ニ		幼稚園または特別支援学校

03

スプリンクラー設備の設置基準 ①

2. スプリンクラー設備の設置基準（非特定防火対象物）

　非特定防火対象物についても、下表の場合にはスプリンクラー設備の設置義務が生じる。

●スプリンクラー設備の設置基準（非特定防火対象物）

防火対象物の区分または階数※1		設置基準（延べ面積・床面積）
①	11階建て以上の非特定防火対象物	11階以上の階に設置※4
②	倉庫（14）	天井（天井のない場合は、屋根の下面）の高さが10mを超え、かつ、延べ面積が700m²以上のラック式倉庫※2※3
③	特定防火対象物、非特定防火対象物を含む、消防法施行令別表第一に掲げる建築物その他の工作物で、指定可燃物（可燃性液体類に係るものを除く）を指定数量の1,000倍以上貯蔵し、または取り扱うもの（p.100の表の⑭と同様）	

※1 カッコ内の数字等は、消防法施行令別表第一による区分を表す（p.18参照）。
※2 ラック式倉庫とは、棚またはこれに類するものを設け、昇降機により収納棚またはこれに類するものを設け、昇降機により収納物の搬送を行う装置を備えた倉庫をいう。
※3 ①防火対象物の主要構造部を耐火構造とし、かつ、壁及び天井（天井がない場合は屋根）の室内に面する部分の仕上げを難燃材料とした場合は、床面積の数値を3倍（2,100m²）に、②防火対象物の主要構造部を耐火構造とし、壁及び天井（天井がない場合は屋根）の室内に面する部分の仕上げを難燃材料としていない場合と、主要構造部を準耐火構造とし、かつ、壁及び天井（天井がない場合は屋根）の室内に面する部分の仕上げを難燃材料とした場合は、床面積の数値を2倍（1,400m²）にすることができる。
※4 総務省令で定める一定の条件を満たす部分を除く（次ページ本文中の②参照）。

11階建て以上の建築物は、特定防火対象物では「すべてに設置」とされていましたが、非特定防火対象物では「11階以上の階に設置」という違いがありますね。

階数の多い建築物、特に、多くの人が出入りする特定防火対象物では、建物の中にいる人全員が避難するまでに時間がかかるから、初期消火を行うスプリンクラー設備の役割がとても重要だ。

3. スプリンクラー設備を設置しなくてよい場合

①防火対象物またはその部分に、下記の消火設備を技術上の基準に従って設置したときは、それらの設備の有効範囲内の部分について、スプリンクラー設備を設置しないことができる。

- 水噴霧消火設備
- 泡消火設備
- 不活性ガス消火設備
- ハロゲン化物消火設備
- 粉末消火設備

②防火対象物の部分で、総務省令（消防法施行規則第13条第1項及び第2項）により定められた防火区画の要件を満たしている部分については、原則として、スプリンクラー設備の設置を要する部分から除外できることとし、スプリンクラー設備の設置基準が床面積により定められている場合は、その部分の面積を除外することができる（例外あり）。この規定に係る防火区画は、省令第13条区画（単に13条区画とも）またはスプリンクラー代替区画と呼ばれている（区画の規定の詳細は省略）。

ゴロ合わせで覚えよう！

スプリンクラー設備の設置基準

特別な　　　**イレブンは、**
（特定防火対象物）（11階建て以上）

全員が　　　**スプリンター！**
（すべての階に）（スプリンクラー設備を設置）

⇒特定防火対象物で、地階を除く階数が11以上のものは、すべての階にスプリンクラー設備を設置しなければならない。

11 階建て以上の特定防火対象物は、すべての階にスプリンクラー設備の設置義務がある。

11 階建て以上の特定防火対象物はすべての階について、非特定防火対象物は 11 階以上の階について、スプリンクラー設備の設置義務がある（いずれも、総務省令で定める部分を除く）。

 一般の特定防火対象物は、平屋建以外で、延べ面積 6,000m^2 以上のものにスプリンクラー設備を設置。

百貨店等の店舗、展示場、病院、診療所、助産所（無床診療所・無床助産所を除く）は、平屋建以外のもので、延べ面積 3,000m^2 以上の場合にスプリンクラー設備を設置（いずれも、総務省令で定める部分の面積を除く）。

 劇場等の舞台部は、床面積 500m^2 以上のものにスプリンクラー設備を設置。

舞台部が地階、無窓階または 4 階以上の階にある場合は、床面積 300m^2 以上のものにスプリンクラー設備を設置。

 ## こんな選択肢に注意！

11 階建ての特定用途防火対象物は、~~11 階全部と、10 階以下の特定用途部分~~についてスプリンクラー設備の設置義務がある。

11 階建ての特定用途防火対象物は、すべての階についてスプリンクラー設備の設置義務がある（総務省令で定める部分を除く）。

スプリンクラー設備の設置基準 ②

ここが Point!

スプリンクラー設備を構成する重要な機器であるスプリンクラーヘッドの種類と、その設置場所などを覚えよう。

基礎知識を押さえよう！

1. スプリンクラーヘッドの種類と設置場所

　スプリンクラー設備については、設備自体の設置基準のほかに、スプリンクラーヘッドの設置基準が設けられている。スプリンクラーヘッドは、防火対象物の各部分に設置され、火災発生時に散水を行うもので、スプリンクラー設備の中でも重要な役割を担う機器である（スプリンクラーヘッドの構造、機能等については、第5章の Lesson 07 ～ 10 で扱う）。防火対象物に設置できるスプリンクラーヘッドには、下図のような種類がある。

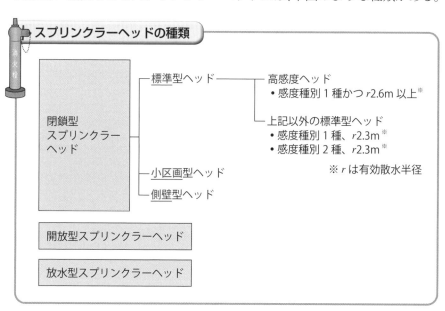

スプリンクラーヘッドの種類

- 閉鎖型スプリンクラーヘッド
  - 標準型ヘッド
    - 高感度ヘッド
      - 感度種別1種かつ r2.6m 以上※
    - 上記以外の標準型ヘッド
      - 感度種別1種、r2.3m※
      - 感度種別2種、r2.3m※
  - 小区画型ヘッド
  - 側壁型ヘッド
- 開放型スプリンクラーヘッド
- 放水型スプリンクラーヘッド

※ r は有効散水半径

スプリンクラー設備の設置基準では、設置場所に応じて設置できるスプリンクラーヘッドの種類が定められている。下表の①～④の場所には、それぞれについて定められた種類のスプリンクラーヘッドを設置し、それ以外の場所には標準型ヘッドを設置すると覚えればよい。

●スプリンクラーヘッドの設置場所と、対応するヘッドの種類

設置場所[※1]			ヘッドの種別
①	劇場等（1）の舞台部		開放型スプリンクラーヘッド
②	高天井の部分	可燃物が大量に存し消火が困難と認められる部分[※2]で、床面から天井までの高さが6mを超える部分	放水型スプリンクラーヘッド
		上記以外で、床面から天井までの高さが10mを超える部分	
		地下街（16の2）：店舗、事務所その他これらに類する施設であって床面から天井までの高さが6mを超える部分	
		地下街（16の2）：地下道であって床面から天井までの高さが10mを超える部分	
		準地下街（16の3）：床面から天井までの高さが6mを超える部分	
③	ホテル等（5）、病院、老人短期入所施設等（6）の宿泊室、病室等[※3]		標準型ヘッドのほか、小区画型ヘッド、側壁型ヘッドを用いることができる（側壁型ヘッドは、廊下、通路にも設置可）
④	ラック式倉庫（14）[※4]		標準型ヘッド（高感度型を除く）
⑤	上記以外の防火対象物またはその部分		標準型ヘッド

※1 カッコ内の数字等は、消防法施行令別表第一による区分を表す（p.18参照）。
※2 ①百貨店等（4）、②複合用途防火対象物（16）イで（4）の用途を含むもの（①②は通路、階段その他これらに類する部分を除く）、③指定可燃物を貯蔵し、または取り扱う部分。
※3 複合用途防火対象物（16）でこれらの用途に供される部分の宿泊室、病室等も含む。
※4 ラック式倉庫の説明と、ラック式倉庫へのスプリンクラー設備の設置基準については、p.102の表の②及び同表の脚注※2参照。

2. スプリンクラーヘッドを設置しなくてよい部分

　スプリンクラー設備の設置義務がある防火対象物でも、以下の部分については、スプリンクラーヘッドを設置しなくてよいことになっている。

- 階段[※1]、浴室、便所その他これらに類する場所
- 通信機器室、電子計算機器室、電子顕微鏡室その他これらに類する室
- エレベーターの機械室、機械換気設備の機械室その他これらに類する室
- 発電機、変圧器その他これらに類する電気設備が設置されている場所
- エレベーターの昇降路、リネンシュート、パイプダクトその他これらに類する部分
- 直接外気に開放されている廊下その他外部の気流が流通する場所
- 手術室、分娩室、内視鏡検査室、人工血液透析室、麻酔室、重症患者集中治療看護室その他これらに類する室
- レントゲン室等放射線源を使用し、貯蔵し、または廃棄する室
- 劇場等[※2]の固定式のいす席を設ける部分で、スプリンクラーヘッドの取付け面（スプリンクラーヘッドを取り付ける天井の室内に面する部分または上階の床もしくは屋根の下面をいう）の高さが8m以上である場所
- 準地下街の地下道で、通行の用に供される部分
- 主要構造部を耐火構造とした特定用途を含む複合用途防火対象物（地階を除く階数が11以上のものを除く）の階（地階及び無窓階を除く）の非特定用途部分のうち、それ以外の部分と耐火構造の壁及び床で区画された部分[※3]
- その他の規定については省略

※1 消防法施行令別表第一（2）項、（4）項及び（16の2）項に掲げる防火対象物並びに同表（16）項イに掲げる防火対象物のうち同表（2）項及び（4）項に掲げる防火対象物の用途に供される部分に設けられるものにあっては、建築基準法施行令に規定する避難階段または特別避難階段に限る。

※2 消防法施行令別表第一（1）項に掲げる防火対象物並びに同表（16）項イ及び（16の3）項に掲げる防火対象物のうち同表（1）項の用途に供される部分。

※3 区画する壁及び床の開口部の面積の合計が8m²以下であり、かつ、一の開口部の面積が4m²以下であること、開口部には、特定防火設備である防火戸を設けたものであることを要する。

これらの部分にスプリンクラーヘッドを設置しなくてよい理由は、
①火災発生の危険性が低い場所であること
②スプリンクラーヘッドを設置すると二次被害のおそれがあること
③スプリンクラーヘッドを設置しても効果が期待できないこと
などによる。

3. 防火対象物の各部分とスプリンクラーヘッドの最大水平距離

スプリンクラーヘッドは、その種類と設置場所に応じて、防火対象物の各部分から1つのスプリンクラーヘッドまでの距離が規定の値以下になるように設置しなければならない。

●防火対象物の各部分からスプリンクラーヘッドまでの距離

ヘッドの種類			防火対象物またはその部分	距離[※1]
閉鎖型スプリンクラーヘッド	標準型	一般	耐火建築物	2.3m 以下[※2]
			耐火建築物以外の建築物	2.1m 以下[※2]
		ラック式倉庫	ラック等を設けた部分[※3]	2.5m 以下
			その他の部分	2.1m 以下
		地下街準地下街	厨房その他火気を使用する設備または器具を設置する部分	1.7m 以下[※2]
			その他の部分	2.1m 以下 準地下街で主要構造部を耐火構造としたものは 2.3m 以下[※2]
		指定可燃物を貯蔵し、または取り扱う部分		1.7m 以下[※2]
	小区画型	宿泊室、病室等		2.6m 以下[※4]
	側壁型	宿泊室、病室等（廊下、通路等を含む）		[※5]
開放型スプリンクラーヘッド		劇場等の舞台部		1.7m 以下
放水型スプリンクラーヘッド		高天井の部分		スプリンクラーヘッドの性能に応じて、高天井の部分の火災を有効に消火することができるように設ける。

※1 天井または小屋裏、ラック等を設けた部分の各部分から1つのスプリンクラーヘッドまでの水平距離。

※2 高感度型ヘッドを設置する場合は、次の式により求めた値とする。

$R = Xr$

R は、スプリンクラーヘッドまでの水平距離（単位：m）

r は、スプリンクラーヘッドの有効散水半径

X は、耐火建築物については1、耐火建築物以外の建築物については0.9、指定可燃物を貯蔵し、または取り扱う部分については0.75、地下街、準地下街で厨房その他火気を使用する設備または器具を設置する部分については0.75、地下街のその他の部分については0.9、準地下街のその他の部分で主要構造部を耐火構造としたものについては1、主要構造部を耐火構造とした防火対象物以外のものについては0.9とする。

※3 ラック等を設けた部分に設けるスプリンクラーヘッドには、他のスプリンクラーヘッドから散水された水がかかるのを防止するための措置を講ずる。

※4 1つのスプリンクラーヘッドにより防護される部分の面積が13m² 以下となるように設ける。

※5 床面の各部分が1つのスプリンクラーヘッドにより防護される床面の部分（スプリンクラーヘッドを取り付ける面の水平方向の両側にそれぞれ1.8m 以内、かつ、前方3.6m 以内となる範囲を水平投影した床面の部分をいう）に包含されるように設ける。

左の表で赤字になっている距離の数値は、なるべく覚えておこう。

ゴロ合わせで覚えよう！

スプリンクラーヘッドの設置基準

舞台の上では、
（舞台部）

すべてを解き放て！
（開放型スプリンクラーヘッド）

劇場等の舞台部には、開放型スプリンクラーヘッドを設置する。

劇場等の舞台部には、開放型スプリンクラーヘッド を設置する。

開放型スプリンクラーヘッドは、劇場等の舞台部の天井または小屋裏に、当該天井または小屋裏の各部分から1つのスプリンクラーヘッドまでの水平距離が 1.7m 以下になるように設置する。

 防火対象物の高天井の部分には、放水型スプリンクラーヘッドを設置する。

高天井の部分とは、床面から天井までの高さが 6m または 10m を超える部分である（p.106 の表参照）。放水型スプリンクラーヘッドは、その性能に応じて、高天井の部分の火災を有効に消火することができるように設置する。

 ホテルの客室、病院の病室等には、標準型ヘッドのほか、小区画型ヘッド、側壁型ヘッドを設置できる。

小区画型ヘッドは、天井の室内に面する部分に、天井の各部分から1つのスプリンクラーヘッドまでの水平距離が 2.6m 以下となるように設置する。側壁型ヘッドは、これらの施設の廊下、通路にも設置できる。

 ラック式倉庫には、標準型ヘッド（高感度型を除く）を設置する。

ラック等を設けた部分には、その各部分から1つのスプリンクラーヘッドまでの水平距離が 2.5m 以下となるように、それ以外の部分には、天井または小屋裏の各部分から1つのスプリンクラーヘッドまでの水平距離が 2.1m 以下となるように設置する。

水噴霧消火設備の設置基準

ここが Point!

水噴霧消火設備は、主に、防火対象物の道路や駐車場の部分に設置される。排水設備の基準にも注意しよう。

基礎知識を押さえよう！

1. 水噴霧消火設備等の設置基準

水噴霧消火設備は、道路、駐車場、指定可燃物の貯蔵・取扱所に設置される消火設備である。水噴霧消火設備については、防火対象物に対して必ず水噴霧消火設備を設置しなければならないと限定する規定はなく、防火対象物またはその部分に応じて、いくつかの消火設備の中からいずれかを設置するという規定になっている（下表参照）。

●水噴霧消火設備等の設置基準

防火対象物またはその部分		消火設備
防火対象物の道路の用に供される部分	屋上部分：床面積 600m² 以上 それ以外の部分：床面積 400m² 以上	水噴霧消火設備 泡消火設備 不活性ガス消火設備 粉末消火設備 のうち、いずれかを設置
防火対象物の駐車の用に供される部分	屋上部分：床面積 300m² 以上 地階または 2 階以上の階：床面積 200m² 以上 1 階：床面積 500m² 以上※1	水噴霧消火設備 泡消火設備 不活性ガス消火設備 ハロゲン化物消火設備 粉末消火設備 のうち、いずれかを設置
	昇降機等の機械装置により車両を駐車させる構造のもの（機械式立体駐車場）で、車両の収容台数が 10 以上のもの	

指定可燃物を指定数量の 1,000 倍以上貯蔵し、または取り扱う建築物その他の工作物※2	綿花類、木毛及びかんなくず、ぼろ及び紙くず（動植物油がしみ込んでいる布または紙及びこれらの製品を除く）、糸類、わら類、再生資源燃料または合成樹脂類（不燃性または難燃性でないゴム製品、ゴム半製品、原料ゴム及びゴムくずに限る）に係るもの	水噴霧消火設備 泡消火設備 全域放出方式の不活性ガス消火設備 のうち、いずれかを設置
	ぼろ及び紙くず（動植物油がしみ込んでいる布または紙及びこれらの製品に限る）または石炭・木炭類に係るもの	水噴霧消火設備 または 泡消火設備
	可燃性固体類、可燃性液体類または合成樹脂類（不燃性または難燃性でないゴム製品、ゴム半製品、原料ゴム及びゴムくずを除く）に係るもの	水噴霧消火設備 泡消火設備 不活性ガス消火設備 ハロゲン化物消火設備 粉末消火設備 のうち、いずれかを設置
	木材加工品及び木くずに係るもの	水噴霧消火設備 泡消火設備 全域放出方式の不活性ガス消火設備 全域放出方式のハロゲン化物消火設備 のうち、いずれかを設置

※1 駐車するすべての車両が同時に屋外に出ることができる構造の階を除く。
※2 指定可燃物（可燃性液体類に係るものを除く）を貯蔵し、または取り扱う建築物その他の工作物にスプリンクラー設備を技術上の基準に従って設置したときは、スプリンクラー設備の有効範囲内の部分については、この表の右欄に掲げる消火設備を設置しないことができる。

指定可燃物の種類によって、設置できる消火設備が少しずつ違うけれど、水噴霧消火設備は全部に該当していますね。

2. 水噴霧消火設備の排水設備

　水噴霧消火設備は、放射圧力が高く、放射量も多いので、消火に使われた水を有効に排水できる排水設備が必要になる。排水設備の設置基準は、以下のように定められている。

〈道路の用に供される部分に設ける排水設備の基準〉

- 道路には、排水溝に向かって有効に排水できる勾配をつけること。
- 道路の中央または路端には、排水溝を設けること。
- 排水溝には、長さ40m以内ごとに1個の集水管を設け、消火ピットに連結すること。
- 消火ピットは、油分離装置付とし、火災危険の少ない場所に設けること。

〈駐車の用に供される部分に設ける排水設備の基準〉

- 車両が駐車する場所の床面には、排水溝に向かつて100分の2以上の勾配をつけること。
- 車両が駐車する場所には、車路に接する部分を除き、高さ10cm以上の区画境界堤を設けること。
- 消火ピットは、油分離装置付とし、火災危険の少ない場所に設けること。
- 車路の中央または両側には、排水溝を設けること。
- 排水溝は、長さ40m以内ごとに1個の集水管を設け、消火ピットに連結すること。
- 排水溝及び集水管は、加圧送水装置の最大能力の水量を有効に排水できる大きさ及び勾配を有すること。

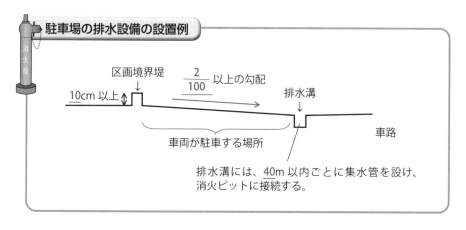

駐車場の排水設備の設置例

区画境界堤　$\frac{2}{100}$ 以上の勾配　排水溝

10cm 以上

車両が駐車する場所　車路

排水溝には、40m 以内ごとに集水管を設け、消火ピットに接続する。

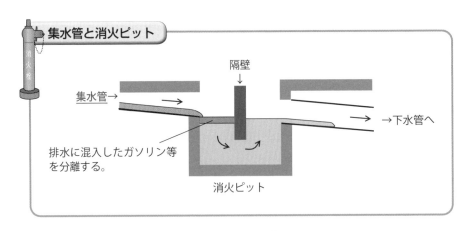

集水管と消火ピット

隔壁

集水管→

排水に混入したガソリン等
を分離する。

→下水管へ

消火ピット

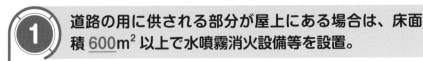

ポイントを丸暗記！

1 道路の用に供される部分が屋上にある場合は、床面積 <u>600</u>m² 以上で水噴霧消火設備等を設置。

道路の用に供される部分が屋上以外にある場合は、床面積 <u>400</u>m² 以上で水噴霧消火設備等の設置が必要になる。

2 駐車の用に供される部分が屋上にある場合は、床面積 <u>300</u>m² 以上で水噴霧消火設備等を設置。

駐車の用に供される部分が地階または 2 階以上にある場合は床面積 <u>200</u>m² 以上、1 階にある場合は床面積 <u>500</u>m² 以上で水噴霧消火設備等の設置が必要（駐車するすべての車両が同時に屋外に出ることができる構造の階を除く）。

3 指定可燃物を指定数量の <u>1,000</u> 倍以上貯蔵し、または取り扱う建築物等には水噴霧消火設備等を設置。

これらの建築物等に、<u>スプリンクラー設備</u>を技術上の基準に従って設置したときは、スプリンクラー設備の<u>有効範囲</u>内の部分については、水噴霧消火設備等を設置しないことができる。

練習問題にチャレンジ！

問 題 ▶解答と解説はp.118〜120

問題 01

消防法令上、屋内消火栓設備を設置しなくてよい防火対象物は、次のうちどれか。ただし、いずれの防火対象物も、主要構造部は耐火構造、準耐火構造のどちらでもなく、地階、無窓階はなく、階数は3以下のものとする。

1 延べ面積800m^{2}の工場
2 延べ面積500m^{2}の飲食店
3 延べ面積1,000m^{2}の事務所
4 延べ面積200m^{2}の地下街

▶ Lesson 01

問題 02

消防法令上、屋内消火栓設備を設置しなければならない防火対象物は、次のうちどれか。ただし、いずれの防火対象物にも、地階、無窓階はなく、階数は3以下のものとする。

1 主要構造部を耐火構造とし、壁及び天井の仕上げを難燃材料とした、延べ面積2,500m^{2}の事務所
2 主要構造部を耐火構造とし、壁及び天井の仕上げを難燃材料とした、延べ面積2,000m^{2}の小学校
3 主要構造部を耐火構造とし、壁及び天井の仕上げを難燃材料としていない、延べ面積1,500m^{2}の集会場
4 主要構造部を準耐火構造とし、壁及び天井の仕上げを難燃材料とした、延べ面積900m^{2}の映画館

▶ Lesson 01

問題 03

消防法令上、屋内消火栓設備を設置する場合に、1号消火栓を設置しなければならない防火対象物は、次のうちどれか。

1　劇場
2　百貨店
3　ホテル
4　工場

Lesson 01

問題 04

消防法令上、屋外消火栓設備を設置しなければならない防火対象物は、次のうちどれか。

1　地上2階建ての耐火建築物で、1階の床面積が 4,000m^2、2階の床面積が 3,000m^2 のもの
2　地上3階建ての耐火建築物で、延べ面積が 9,000m^2 のもの
3　地下1階、地上2階建ての準耐火建築物で、延べ面積が 6,000m^2 のもの
4　平屋建の木造建築で、床面積が 3,000m^2 のもの

Lesson 02

問題 05

消防法令上、すべての階にスプリンクラー設備を設置しなければならない防火対象物は、次のうちどれか。

1　地上3階建てで、延べ面積 3,000m^2 の店舗
2　平屋建で、延べ面積 6,000m^2 の旅館
3　地上3階建てで、延べ面積 6,000m^2 の小学校
4　地上3階建てで、延べ面積 4,000m^2 の劇場

Lesson 03

問題 06

　消防法令上、スプリンクラー設備を設置しなければならない防火対象物またはその部分に該当しないものは、次のうちどれか。

1　地階にある演芸場の舞台部で、床面積 300m^2 のもの
2　天井の高さ 10m、延べ面積 1,000m^2 のラック式倉庫で、主要構造部が耐火構造、準耐火構造でないもの
3　延べ面積 1,000m^2 の地下街
4　複合用途防火対象物の 4 階で、飲食店などの特定用途に供される部分の床面積が 1,500m^2 のもの

▶Lesson **03**

問題 07

　消防法令上、防火対象物の天井または小屋裏の各部分から 1 つのスプリンクラーヘッドまでの水平距離として、基準に適合しているものは次のうちどれか。ただし、高感度型ヘッドは使用しないものとする。

1　劇場の舞台部 ———————————— 2.1m
2　耐火建築物の百貨店で、
　床面から天井までの高さ 6m 以下の部分 ——— 2.5m
3　耐火建築物の病院の病室 ————————— 2.3m
4　地下街にある飲食店の厨房 ———————— 1.8m

▶Lesson **04**

問題 08

　消防法令上、消火設備の設置が義務づけられる場合に、水噴霧消火設備が適応しない防火対象物またはその部分は、次のうちどれか。

1　指定可燃物の貯蔵所
2　地下駐車場
3　機械式立体駐車場 （パーキングタワー）
4　劇場の舞台部

▶Lesson **05**

問題 01 **正解** 2

1 ○ 工場は、延べ面積 <u>700</u>m² 以上で屋内消火栓設備の設置義務が生じる。
2 × 飲食店は、延べ面積 <u>700</u>m² 以上で屋内消火栓設備の設置義務が生じる。
3 ○ 事務所は、延べ面積 <u>1,000</u>m² 以上で屋内消火栓設備の設置義務が生じる。
4 ○ 地下街は、延べ面積 <u>150</u>m² 以上で屋内消火栓設備の設置義務が生じる。

> 間違えた人は、Lesson01 を復習しよう。

問題 02 **正解** 3

1 × 事務所は、延べ面積 <u>1,000</u>m² 以上で屋内消火栓設備の設置義務が生じるが、主要構造部を耐火構造とし、壁及び天井の仕上げを難燃材料とした場合は <u>3 倍読み</u>の規定が適用され、設置基準は延べ面積 <u>3,000</u>m² 以上となる。
2 × 小学校は、延べ面積 <u>700</u>m² 以上で屋内消火栓設備の設置義務が生じるが、主要構造部を耐火構造とし、壁及び天井の仕上げを難燃材料とした場合は <u>3 倍読み</u>の規定が適用され、設置基準は延べ面積 <u>2,100</u>m² 以上となる。
3 ○ 集会場は、延べ面積 <u>700</u>m² 以上で屋内消火栓設備の設置義務が生じるが、主要構造部を耐火構造とし、壁及び天井の仕上げを難燃材料としていない場合は <u>2 倍読み</u>の規定が適用され、設置基準は延べ面積 <u>1,400</u>m² 以上となる。
4 × 映画館は、延べ面積 <u>500</u>m² 以上で屋内消火栓設備の設置義務が生じるが、主要構造部を準耐火構造とし、壁及び天井の仕上げを難燃材料とした場合は <u>2 倍読み</u>の規定が適用され、設置基準は延べ面積 <u>1,000</u>m² 以上となる。

> 間違えた人は、Lesson01 を復習しよう。

問題 03 **正解** 4

　屋内消火栓設備を設置する場合に、2 号消火栓を設置することができず、必ず 1 号消火栓を設置しなければならない防火対象物は、以下のものである。
• <u>工場</u>または作業場（消防法施行令別表第一の（12）イ）
• 倉庫（同（14））

・指定数量の 750 倍以上の指定可燃物を貯蔵し、または取り扱う防火対象物

間違えた人は、Lesson01 を復習しよう。

問題 04 **正解** 4

1　×　耐火建築物は、1 階と 2 階の床面積の合計が 9,000m² 以上の場合に、屋外消火栓設備の設置義務が生じる。

2　×　耐火建築物は、1 階と 2 階の床面積の合計が 9,000m² 以上の場合に、屋外消火栓設備の設置義務が生じる。選択肢の防火対象物は、1 階から 3 階までの延べ面積が 9,000m² であるから、1 階と 2 階の床面積の合計は 9,000m² に満たないと考えられる。

3　×　準耐火建築物は、1 階と 2 階の床面積の合計が 6,000m² 以上の場合に、屋外消火栓設備の設置義務が生じる。選択肢の防火対象物は、地下 1 階から 2 階までの延べ面積が 6,000m² であるから、1 階と 2 階の床面積の合計は 6,000m² に満たないと考えられる。

4　○　耐火建築物、準耐火建築物以外の建築物は、1 階と 2 階の床面積の合計が 3,000m² 以上の場合に、屋外消火栓設備の設置義務が生じる。

間違えた人は、Lesson02 を復習しよう。

問題 05 **正解** 1

1　○　店舗は、平屋建以外で延べ面積 3,000m² 以上の場合に、すべての階にスプリンクラー設備の設置義務が生じる。

2　×　旅館は、平屋建以外で延べ面積 6,000m² 以上の場合に、すべての階にスプリンクラー設備の設置義務が生じる。

3　×　小学校については、延べ面積によるスプリンクラー設備の設置基準は設けられていない。非特定防火対象物の設置基準については p.102 参照。

4　×　劇場は、平屋建以外で延べ面積 6,000m² 以上の場合に、すべての階にスプリンクラー設備の設置義務が生じる。

間違えた人は、Lesson03 を復習しよう。

問題 06 **正解** 2

1　○　劇場等の舞台部で、舞台が地階、無窓階または 4 階以上の階にあるものは、舞台部の床面積 300m² 以上の場合にスプリンクラー設備の設置義務が生じる。

2 × ラック式倉庫は、天井の高さが <u>10</u>m を<u>超え</u>、かつ、延べ面積が 700m² 以上の場合にスプリンクラー設備の設置義務が生じる。

3 ○ 地下街は、延べ面積 <u>1,000</u>m² 以上の場合にスプリンクラー設備の設置義務が生じる。

4 ○ 特定用途を含む複合用途防火対象物は、特定用途に供される部分の床面積の合計が 3,000m² 以上のもののうち、特定用途部分が存する階にスプリンクラー設備の設置義務が生じるほか、地階・無窓階は特定用途部分の床面積 1,000m² 以上、4 階以上 10 階以下の階は <u>1,500</u>m² 以上となるときは、その階にスプリンクラー設備を設置しなければならない。

> 間違えた人は、Lesson03 を復習しよう。

問題 07 **正解** 3

1 × 劇場等の舞台部には、<u>開放型</u>スプリンクラーヘッドを、天井または小屋裏の各部分から 1 つのスプリンクラーヘッドまでの最大水平距離が <u>1.7</u>m 以下となるように設置しなければならない。

2 × 百貨店は、床面から天井までの高さが 6m を超える部分には放水型スプリンクラーヘッドを設置しなければならないが、この場合は 6m 以下なので、<u>標準型</u>ヘッドを設置する。問題文により、高感度ヘッドは使用しない条件なので、耐火建築物の場合、1 つのスプリンクラーヘッドまでの最大水平距離が <u>2.3</u>m 以下となるように設置しなければならない。

3 ○ 病院の病室には、<u>標準型</u>ヘッドまたは<u>小区画型</u>ヘッドを設置する。標準型ヘッドを設置する場合は、高感度ヘッドは使用しない条件なので、耐火建築物の場合、1 つのスプリンクラーヘッドまでの最大水平距離が <u>2.3</u>m 以下となるように設置しなければならない。小区画型ヘッドを設置する場合は、最大水平距離を <u>2.6</u>m 以下としなければならない。選択肢の水平距離 2.3m は、どちらの基準にも適合している。

4 × 地下街にある飲食店の厨房には、<u>標準型</u>スプリンクラーヘッドを、最大水平距離が <u>1.7</u>m 以下となるように設置しなければならない。

> 間違えた人は、Lesson04 を復習しよう。

問題 08 **正解** 4

　選択肢 4 の劇場の舞台部は、消火設備の設置が義務づけられる場合は<u>スプリンクラー設備</u>を設置すべき部分であり、水噴霧消火設備は適合<u>しない</u>。

> 間違えた人は、Lesson05 を復習しよう。

3章
機械に関する基礎的知識

まず、これだけ覚えよう！

 この章の内容は、初歩的な物理の学習が中心になる。ここでは、物理の学習に欠かすことのできない「単位」について整理しておこう。

①基本単位と組立単位

　物理で使われる単位として最も基本的なものは、長さの単位であるメートル［m］、質量の単位であるキログラム［kg］、時間の単位である秒［s］の3つだ。現在、世界のほとんどの国で採用されている国際単位系（SI）では、この3つの単位に、電流の単位アンペア［A］、温度の単位ケルビン［K］、光度の単位カンデラ［cd］、物質量の単位モル［mol］を加えた7つの単位を基本単位としている。

　基本単位は、それぞれ厳密な基準により定義されている。長さの単位メートルは、最初は「北極から赤道に至る子午線の長さの1000万分の1を1mとする」と定義されたが、何度かの変更を経て、現在は「光が真空中を1秒間に進む距離の299792458分の1を1mとする」という定義になっている。

　基本単位以外のさまざまな単位は、基本単位を組み合わせて（掛けたり割ったりして）作られている。そのような単位を、組立単位という。例えば、面積の単位は平方メートル［m^2］で、長さの単位メートル［m］の2乗になっている。速度の単位はメートル毎秒［m/s］で、メートル［m］を秒［s］で割ったものである。

　組立単位の中には、固有の名称と記号を与えられているものもある。力の単位ニュートン［N］（$1N = 1kg \cdot m/s^2$）、圧力の単位パスカル［Pa］（$1Pa = 1N/m^2$）などがその例である。

②単位の倍数を表す接頭語

　基本単位や組立単位に、倍数を表す接頭語を付けて作られた単位もある。メートルの 1000 倍の長さを表すキロメートル［km］、メートルの 1000 分の 1 の長さを表すミリメートル［mm］などがその例である（質量の単位キログラム［kg］は、基本単位だが接頭語が付いている）。倍数を表す接頭語は、下表のようにきめられている。

倍　数	接頭語	記　号
10 倍	デカ	da
10^2 倍　（100 倍）	ヘクト	h
10^3 倍　（1000 倍）	キロ	k
10^6 倍　（100 万倍）	メガ	M
10^9 倍　（10 億倍）	ギガ	G
10^{12} 倍　（1 兆倍）	テラ	T
10^{-1} 倍　（10 分の 1）	デシ	d
10^{-2} 倍　（100 分の 1）	センチ	c
10^{-3} 倍　（1000 分の 1）	ミリ	m
10^{-6} 倍　（100 万分の 1）	マイクロ	μ
10^{-9} 倍　（10 億分の 1）	ナノ	n
10^{-12} 倍　（1 兆分の 1）	ピコ	p

③計算問題では単位に注意！

　1m と 1cm を足して 1 ＋ 1 ＝ 2 としても、その 2 という数字には意味がない。1cm ＝ 0.01m として単位を揃えてから、1 ＋ 0.01 ＝ 1.01［m］とするのが正しい計算である。このように、単位が付いている値の足し算や引き算をするときは、単位を同じにしなければならない。

　掛け算や割り算をするときは、数字だけでなく、単位も掛けたり割ったりする必要がある。100m の距離を 10 秒で走る人の速度を求める計算は、100［m］÷ 10［s］＝ 10［m/s］で、答えは 10 メートル毎秒となる。計算問題では、単位を見落としやすいので注意しよう。

流体の物理的性質

ここが Point!

流体の基本的性質と、ボイル・シャルルの法則を理解しよう。

基礎知識を押さえよう！

1. 流体の性質

流体とは、気体や液体のように容器に合わせて自由に形を変えることができるものをいう。

気体は、圧縮すると形だけでなく体積も変化し、温度によっても体積が大きく変化する。圧力によって体積や密度が変化する性質を圧縮性といい、温度が上昇すると体積が増加する現象を熱膨張という。液体の場合は、形は変化しても、圧力による体積や密度の変化はほとんど見られない。

また、流体に力を加えると、その力に抵抗する力が作用する。この性質を粘性という。

2. 密度と比重

流体の密度とは、単位体積当たりの質量をいう。

$$密度 \rho = \frac{質量}{体積} \ [kg/m^3]$$

水の密度は、1 気圧のもとでは 4℃のときに最大となり、$\rho = 1{,}000kg/m^3$ である。

比重とは、ある物質の密度を 4℃の水の密度と比較した値である。

$$比重 = \frac{物質の密度}{4℃の水の密度}$$

なお、単位体積当たりの重量を比重量といい、重力加速度を $g \ [m/s^2]$ とすると、次式が成り立つ。

比重量 $\gamma = \rho g$ [N/m³]　　$g : 9.8$ m/s²

3．ボイルの法則

　気体の圧力とは、面に及ぼす単位面積当たりの力のことで、面積 S [m²] の面に垂直に加わる力の大きさが F [N] のとき、圧力 P は次式で表される。

$$圧力 \ P = \frac{F}{S} \ [\mathrm{Pa}]$$

　一定温度のもとで気体に圧力 P を加えると、一定質量の気体の体積 V は、圧力に反比例して変化する。これをボイルの法則という。

$$PV = P_1 V_1 = k \quad または \quad P = \frac{k}{V} \quad （k は定数）$$

　なお、密度は体積に反比例するから、一定質量の気体において、温度が一定なら、気体の圧力 P は密度 ρ に比例する。

> 一般に圧力というときは、ゲージ圧力（相対圧力）のことをいう。ゲージ圧力と大気圧を足したものを絶対圧力という。

4．シャルルの法則

　一定圧力のもとで、気体の体積 V は、温度 t の変化とともに変化する。一般に、圧力が一定のとき、一定質量の気体の体積は、絶対温度 T に比例する。これをシャルルの法則という。

$$\frac{V}{T} = \frac{V_0}{T_0} = k' \ （k' は定数）$$

　ここで、V は t℃のときの体積、V_0 は 0℃のときの体積、T は t℃に対応する絶対温度、T_0 は 0℃に対応する絶対温度である。

　なお、絶対温度 T は $(273 + t)$ [K]、T_0 は 273 [K] である。

5．ボイル・シャルルの法則

　一定量の気体の体積 V は、圧力 P に反比例し、絶対温度 T に比例する。

流体の物理的性質

01

$$\frac{P_1 V_1}{T_1} = \frac{P_2 V_2}{T_2} = k" \quad (k" \text{ は定数})$$

なお、ボイル・シャルルの法則が成り立つのは、観念上・理想上の気体であり、理想気体と呼ばれる。

ポイントを丸暗記！

1 **ボイルの法則を表す式は、$PV = P_1 V_1$ である。**

温度と質量が一定のとき、気体の体積 V は圧力 P に反比例する。

2 **シャルルの法則を表す式は、$\dfrac{V_1}{T_1} = \dfrac{V_2}{T_2}$ である。**

圧力と質量が一定のとき、気体の体積 V は絶対温度 T に比例する。

3 **ボイル・シャルルの法則を表す式は、$\dfrac{P_1 V_1}{T_1} = \dfrac{P_2 V_2}{T_2}$ である。**

質量が一定のとき、気体の体積 V は、圧力 P に反比例し、絶対温度 T に比例する。

 ## こんな選択肢に注意！

気体の圧力が 4 倍、絶対温度が 2 倍になったとき、ボイル・シャルルの法則によれば、体積は 2 倍になる。

気体の圧力が 4 倍、絶対温度が 2 倍になったとき、ボイル・シャルルの法則によれば、体積は $\dfrac{1}{2}$ 倍になる。

静水力学

ここが Point!

パスカルの原理を応用した水圧機のしくみを理解しよう。

基礎知識を押さえよう！

1. 圧力

　圧力とは、単位面積に対して垂直に働く力をいい、単位には Pa（パスカル）を用いる。水中の一点に働く圧力は、どの方向でも同じ大きさである。静止した水の圧力を静水圧といい、水深 h のとき、底面にかかる圧力は、次式で求められる。

　　静水圧 $p = \rho hg$ ［Pa］

　　　ρ：水の密度（1,000 kg/m^3）

　　　h：水深（高さ）

　　　g：重力加速度（9.8 m/s^2）

水面での大気圧を考慮する場合は、大気圧を加えるよ。

2. パスカルの原理

　密閉容器内の流体の一部に圧力が加わると、容器の形状にかかわらず、その圧力は流体のすべての部分に一様に伝わる。これをパスカルの原理という。

　パスカルの原理を応用した水圧機では、ピストンの小さい断面積 A_1 に力 F が加わったとき、圧力 $P = \dfrac{F}{A_1}$ が生じる。同じ圧力がピストンの大きい断面積 A_2 に伝わり、A_2 が A_1 の 2 倍とした場合、A_2 には、$\dfrac{F}{A_1} \times 2 \cdot$

$A_1 = 2F$ の力が働く。つまり、小さい断面積 A_1 にかけた力の 2 倍の力で、大きい断面積 A_2 を押し上げることができる。

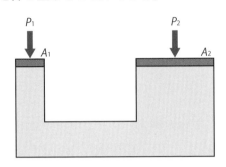

断面積 A_1 とその 2 倍の断面積 A_2 がつり合っている場合は、A_1 には A_2 の半分の力がかかっていますね。

3. アルキメデスの原理

流体中の物体は、その物体が排除した流体の重量に等しい浮力を受ける。これをアルキメデスの原理という。

浮力 $F = \rho Vg$ [N]

ρ：流体の密度

V：物体の体積

g：重力加速度

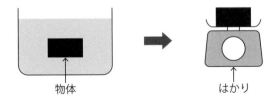

物体　　　　　　　　　　　はかり

ポイントを丸暗記！

 静水圧を求める式は、$p = \rho h g$ である。

静水圧は、水の<u>密度</u>×<u>水深（高さ）</u>×<u>重力加速度</u>で求められる。

02

静水力学

 パスカルの原理を用いた水圧機において、大きい断面積のピストン側では、小さい断面積に対する<u>倍数</u>分だけ大きい力が得られる。

大きい断面積側と小さい断面積側がつり合っているとき、大きい断面積側には、小さい断面積に対する<u>倍数</u>分だけ大きい力がかかっている。

 浮力を求める式は、$F = \rho V g$ である。

浮力は、流体の<u>密度</u>×物体の<u>体積</u>×<u>重力加速度</u>で求められる。

 こんな選択肢に注意！

ピストンの直径が異なる水圧機で、ピストンAの断面積 A_1 は、ピストンBの断面積 B_1 の2分の1の大きさであるとき、ピストンAとピストンBが高さ H でつり合うなら、ピストンAにかかる力 P_A は、ピストンBにかかる力 P_B と~~同じ~~力である。

ピストンの直径が異なる水圧機で、ピストンAの断面積 A_1 は、ピストンBの断面積 B_1 の2分の1の大きさであるとき、ピストンAとピストンBが高さ H でつり合うなら、ピストンAにかかる力 P_A は、ピストンBにかかる力 P_B の<u>半分の力</u>である。

動水力学

ここが Point!

それぞれの式の意味を理解しよう。

基礎知識を押さえよう！

1. 連続の法則

圧縮性を無視できる場合、流管の太さにかかわらず、流体の質量流量は流線上のどの断面でも一定である。これを連続の法則という。

流量 $Q = A_1 v_1 = A_2 v_2 = Av$ ＝一定

Q：流量 $[\text{m}^3/\text{s}]$

A：断面積 $[\text{m}^2]$

v：流速 $[\text{m/s}]$

したがって、断面積が小さいところでは流速が速く、断面積が大きいところでは流速は遅くなる。

2. ベルヌーイの定理

外力は重力のみとし、粘性を無視した非圧縮性、定常流の流体内の圧力、速度、位置のエネルギー（水頭）の総和は、一定である。これをベルヌーイの定理という。

全水頭 $H = \dfrac{P}{\rho g} + \dfrac{v^2}{2g} + Z$ ＝一定

$\dfrac{P}{\rho g}$ ：圧力水頭

$\dfrac{v^2}{2g}$ ：速度水頭

Z ：位置水頭

ベルヌーイの定理を利用して流速や流量を測定するものには、ピトー管やオリフィスなどがあります。

3. トリチェリーの定理

　水槽等の底や側面に小さな穴（オリフィス）を設けた場合、このオリフィスから流れ出る流体の速度は、オリフィスの中心から水面までの高さを h とすると、次式で表せる。

　　流速 $v = \sqrt{2gh}$ [m/s]

　これをトリチェリーの定理という。粘性が無視でき、水面の圧力と穴の周辺の大気圧が等しい場合に成り立つが、実際には粘性等の影響を受けるため、速度係数を乗じて修正する。

4. 摩擦損失水頭

　管内の流れは、摩擦等によりエネルギーの損失を伴う。損失したエネルギーを水頭で表したものを摩擦損失水頭という。摩擦損失水頭は、管の長さ、流速の2乗に比例し、口径に反比例する。

　　摩擦損失水頭 $H = \lambda \cdot \dfrac{l}{d} \cdot \dfrac{v^2}{2g}$ [m]

　　λ ：管摩擦係数
　　l ：管長
　　d ：管口径
　　v ：流速
　　g ：重力加速度

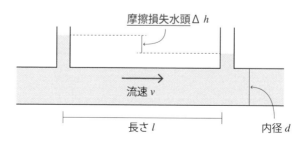

摩擦損失水頭 Δ h

流速 v

長さ l

内径 d

動水力学 03

流管の太さにかかわらず、流体の<u>質量流量</u>は流線上のどの断面でも一定である。

これを<u>連続</u>の<u>法則</u>といい、流量 $Q = A_1v_1 = A_2v_2 = \underline{Av}$ 一定で表される。

 外力は重力のみとし、粘性を無視した非圧縮性、定常流の流体内の圧力、速度、位置のエネルギー（水頭）の総和は、<u>一定</u>である。

これを<u>ベルヌーイの定理</u>といい、全水頭 $H = \dfrac{P}{\rho g} + \dfrac{v^2}{2g} + \underline{Z}$ 一定で表される。

 オリフィスから流れ出る流体の速度は、オリフィスの中心から水面までの高さを h とすると、流速 $v = \sqrt{2gh}$ となる。

これを<u>トリチェリーの定理</u>といい、粘性が無視でき、水面の圧力と穴の周辺の大気圧が等しい場合に成り立つ。

 摩擦損失水頭は、管の長さ、流速の 2 乗に比例し、口径に反比例する。

摩擦損失水頭は、$H = \lambda \cdot \dfrac{l}{d} \cdot \dfrac{v^2}{2g}$ で求められる。

 ## こんな選択肢に注意！

摩擦損失水頭は、管内の~~流速~~に比例する。

摩擦損失水頭は、管内の<u>流速の 2 乗</u>に比例する。

ポンプ

ここが Point!

ポンプに関する用語を覚えよう。

基礎知識を押さえよう！

1．ポンプの揚程

　ポンプは、流体に外からエネルギーを加えて、高所に流体を汲みあげる（揚水）機械であり、汲みあげる高さを揚程という。実際に汲みあげる高さを実揚程といい、それに管内の摩擦損失等の損失水頭を加えたものを全揚程という。

2．ポンプ効率

　ポンプが流体に与える動力を水動力という。また、電動機からポンプの軸に与える動力を軸動力という。

　流水損失や軸受の摩擦等、各種の損失が生じるため、軸動力は水動力よりも大きくなければならない。水動力と軸動力の比を、ポンプ効率という。

$$ポンプ効率＝\frac{水動力}{軸動力} \times 100（\%）$$

3．キャビテーション

　ポンプの吸込作用により、吸込部分の圧力が飽和蒸気圧より低くなると沸騰状態となり、気泡の発生・消滅が起こる。この現象をキャビテーションといい、振動・侵食等、機器損傷の原因となる。

4．サージング

　渦巻ポンプや遠心ポンプなどで、吐出量が小さい領域で運転するときに、

吐出圧力と吐出量が周期的に激しく変動し、振動や騒音を引き起こす。この現象をサージングといい、はなはだしい場合には運転不能となる。

 ポイントを丸暗記！

 ポンプが実際に汲みあげる高さを実揚程という。

実揚程に損失水頭を加えたものを全揚程という。

 ポンプの吸込作用により、吸込部分の圧力が低下して沸騰状態となり、気泡が生じる現象をキャビテーションという。

吐出圧力と吐出量が周期的に激しく変動し、振動や騒音を引き起こす現象をサージングという。

こんな選択肢に注意！

~~全揚程~~とは、実際に揚水する高さをいい、管路損失は含まない。

実揚程とは、実際に揚水する高さをいい、管路損失は含まない。

ポンプの吐出圧力と吐出量が周期的に変動する現象を~~キャビテーション~~という。

ポンプの吐出圧力と吐出量が周期的に変動する現象をサージングという。

力

Lesson 05

ここが Point!

力のモーメントの求め方を覚えよう。

基礎知識を押さえよう！

1．力の合成

力は、力の大きさ、力の働く点（作用点）、力の働く方向で表される。

1つの物体に F_1、F_2 の2つの力が働くとき、その2力と同じ働きをする力を求めることを、2力を合成するといい、合成された力 F を合力という。

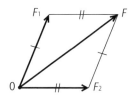

2．力の分解と成分

力 F の働いている平面上に、互いに垂直な座標軸 x と y をとり、それぞれの方向に力 F を分解したとき、力 F_x、F_y を、それぞれ力 F の x 成分、y 成分という。

この場合、F_x、F_y の大きさは、次式で求められる。

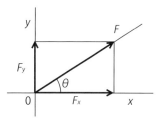

$$F_x = F \cos \theta$$
$$F_y = F \sin \theta$$

3．力のつり合い

1つの物体にいくつかの力が働いている場合で、それらの合力が0であるときは、それらの力はつり合っている。

それはまた、すべての力の x 成分の和が 0 で、y 成分の和も 0 のときにつり合うことを意味する。

4. 力のモーメント

物体を回転させる作用を、力のモーメントという。回転力、トルクなどともいう。

力のモーメントは、てこの原理と同様、力が作用する点が回転軸から離れれば離れるほど大きくなる。

また、作用する力の方向が垂直のときに、力のモーメントは最大となる。

力のモーメント $M = F \cdot l$ [N·m]

F：力の大きさ [N]

l：距離 [m]

力のモーメントがつり合っている場合には、回転は起こらないよ。力のモーメントがつり合うとは、働いている力のモーメントの和が 0 になることだ。

ポイントを丸暗記！

1 **力がつり合う条件は、合力の和＝ 0 である。**

力がつり合う条件は、すべての力の x 成分の和＝ 0、かつ、y 成分の和＝ 0 である。

2 **力のモーメントは、力が作用する点が回転軸から離れれば離れるほど大きくなる。**

力のモーメントは、力の大きさ×距離で求められる。

荷重と応力

ここが Point!

応力ひずみ図の各点の意味を覚えよう。

基礎知識を押さえよう！

1．荷重の種類

　外部から物体（材料）に作用する力を荷重または外力という。荷重には、以下の種類がある。

引張荷重	引き伸ばす力
圧縮荷重	押し縮める力
せん断荷重	はさみ切る力
曲げ荷重	曲げる力
ねじり荷重	ねじる力

2．応力

　物体に荷重が働くと、物体の内部にそれに抵抗する力が生じる。単位面積当たりのこの力を応力という。

$$応力 = \frac{荷重}{断面積}$$

　引張荷重によって生じる引張応力と、圧縮荷重によって生じる圧縮応力は、ともに垂直応力という。また、ねじり荷重によって生じるねじり応力は、せん断荷重によって生じるせん断応力と同じである。

　$1 \, m^2$ 当たりに働く $1 \, N$（ニュートン）の応力を $1 \, Pa$（パスカル）という。一般には、その 10^6 倍の MPa（メガパスカル）が用いられる。

　$1 \, Pa = 1 \, N/m^2$

　$1 \, MPa = 1 \, N/mm^2$

3. 応力－ひずみ線図

物体に荷重が加わると変形する。変形量のもとの長さに対する比をひずみという。

$$ひずみ \ \varepsilon = \frac{l_1 - l}{l}$$

- l ：もとの長さ
- l_1：変形後の長さ

試料に引張荷重を加えて破壊するまで引張り、応力とひずみを線図にしたものが応力－ひずみ線図である。

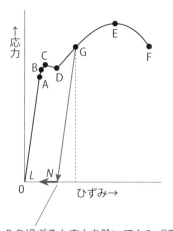

A 比例限度 ：応力とひずみが比例する限界

B 弾性限度 ：荷重を取り除くと伸びがもとに戻る限界

C 上降伏点 $\Big\}$：C～D間では応力は増加せず、
D 下降伏点 　　ひずみだけが増加

E 限界強さ ：最大荷重時の応力

F 破断点 ：試料が引きちぎれる点

Bを過ぎると応力を除いてもひずみが残る。Gで荷重を取り除くと応力は0に、ひずみはNになるが、ひずみはその後徐々に減少し、最終的に永久ひずみLが残る。

4. 許容応力と安全率

許容応力とは、外力を加えても変形が元に戻りうる範囲の最大応力をいう。

また、安全率とは、材料（物体）の限界強さから見た許容応力の割合をいい、次式で表される。

$$安全率 \ S = \frac{限界強さ \ M}{許容応力 \ m}$$

したがって、許容応力は、設定した安全率で限界強さを除することによっ
て求められる。

$$許容応力\ m = \frac{限界強さ\ M}{安全率\ S}$$

ポイントを丸暗記！

1 **荷重に対して物体内部に生じる単位面積当たりの抵抗力を応力という。**

応力は $\dfrac{荷重}{断面積}$ で求められ、単位は一般に MPa を用いる。

2 **変形量のもとの長さに対する比をひずみという。**

ひずみを求める式は、$\varepsilon = \dfrac{l_1 - l}{l}$ である。

3 **安全率は、限界強さを許容応力で除したものである。**

許容応力は、限界強さを安全率で除したものである。

こんな選択肢に注意！

~~干降伏点~~から荷重を増加させると、破壊される。

限界強さから荷重を増加させると、破壊される。

運動・仕事

基礎知識を押さえよう！

1. 速度と加速度

速度は、単位時間当たりに物体が移動した距離で求められる。

$$速度 v = \frac{距離}{時間} \ [\text{m/s}]$$

また、時間に対する速度の変化の割合を加速度という。

$$加速度 \alpha = \frac{速度の変化}{時間} \ [\text{m/s}^2]$$

物体が重力だけを受けて、初速度 0 で落下する運動を自由落下という。自由落下の加速度は一定で、9.8 m/s^2 である。これを重力加速度といい、g で表す。

$$自由落下速度 v = gt \ [\text{m/s}]$$

g：重力加速度（9.8 m/s^2）

t：時間［s］

2. 最大摩擦力

物体が摩擦のある平面上をすべり出す直前には、最大摩擦力が働く。最大摩擦力 F の大きさは、垂直抗力 N の大きさに比例する。

$$最大摩擦力 F = \mu N \ [\text{N}]$$

このとき、μ は摩擦係数といい、単位をもたない定数である。また、垂直抗力とは、物体が接触している面から、面と垂直な方向に働く力の大きさをいい、物体に働く重力の大きさとつり合っている。

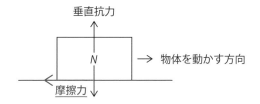

3．摩擦角

　物体をのせた板を傾けていって、ある角度で物体がすべりだしたとき、その角度を摩擦角という。

　物体に働く重力を W とすると、すべりだすときの最大摩擦力 F の大きさは $W \sin\phi$、垂直抗力 N の大きさは $W \cos\phi$ となる。それらを最大摩擦力の式に代入すると、

　　$W \sin\phi = \mu \cdot W \cos\phi$

　よって、$\mu = \dfrac{W \sin\phi}{W \cos\phi} = \tan\phi$ となり、摩擦係数は $\tan\phi$ で表される。

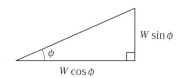

4．仕事量と仕事率

　物体に加えた力 F と、その力が働いて物体が動いた距離 S の積を仕事量といい、一般には J（ジュール）という単位で表される。

　　仕事量 $W = F \times S$ [J]

　また、単位時間当たりに行った仕事量を仕事率（動力）といい、一般には W（ワット）という単位で表される。

　　仕事率 $P = \dfrac{W}{t}$ [W]

> 仕事をする能力をエネルギーといい、位置エネルギーと運動エネルギーがある。位置エネルギーと運動エネルギーの和は一定で、これをエネルギー保存の法則というよ。

速度は、<u>距離÷時間</u>で求められる。

自由落下速度は、<u>重力加速度×時間</u>で求められる。

 最大摩擦力は、<u>摩擦係数×垂直抗力</u>で求められる。

摩擦係数は、<u>tan φ</u>で表される。

 仕事量は、物体に加えた<u>力</u>×物体が動いた距離で求められる。

仕事率は、<u>仕事量÷時間</u>で求められる。

 こんな選択肢に注意！

~~仕事率~~は、物体に加えた力とその方向に動いた距離との積である。

<u>仕事量</u>は、物体に加えた力とその方向に動いた距離との積である。

機械材料

基礎知識を押さえよう！

1．金属の性質

　金属は、常温で固体であり、展性や延性に富み、加工しやすい。加熱すると膨張し、可鋳性（溶解して成形できる性質）、可鍛性（加熱してハンマ等で叩いて成形できる性質）に富み、電気の良導体である。

比重＝重い	・最も重いもの…白金（21.5） ・最も軽いもの…マグネシウム（1.74）
融点＝高い	・最も高いもの…タングステン（3,400℃） ・最も低いもの…すず（231.9℃）
熱・電気の伝導性	・銀＞銅＞金＞アルミニウム＞亜鉛＞ニッケル＞鉄

2．合金

　母体金属に他の金属または非金属材料を添加・混合させたもので、一般に、元の金属よりも強くて硬くなる。また、化学的に安定し、熱や電気の伝導率は小さくなる。

鉄鋼	鉄＋炭素
ステンレス	鉄＋クロム＋ニッケル
黄銅	銅＋亜鉛
青銅（砲金）	銅＋すず

3. 熱処理

　材料を加熱・冷却して、所要の性能を与える操作をいう。主に鉄鋼材料に用いられる。

処理	方法	目的
焼入れ	高温加熱し、<u>急</u>冷却する。	<u>硬度・強さ</u>を増す。
焼戻し	焼入れしたものを再加熱し、<u>徐々に冷却</u>する。	<u>ねばり</u>を持たせる。
焼なまし	高温加熱し、<u>一定時間</u>保ってから徐々に冷却する。	内部ひずみを除去して安定した組織にする。
焼ならし	加熱後、大気中で<u>自然冷却</u>する。	組織を<u>均一化</u>し、安定させる。

ポイントを丸暗記！

鉄鋼は、鉄と<u>炭素</u>の合金である。

炭素量が<u>多い</u>ほど硬さは増す。

黄銅は、銅と<u>亜鉛</u>の合金である。

青銅（砲金）は、銅と<u>すず</u>の合金である。

焼入れは、高温加熱して<u>急</u>冷し、<u>硬さ</u>を増すために行う。

焼き戻しは、焼入れしたものを再加熱して<u>徐々に冷却</u>し、<u>ねばり</u>を増すために行う。

練習問題にチャレンジ！

問 題 ▶解答と解説は p.150～152

問題 01

ある気体に加える圧力を 5 倍に、絶対温度を 2 倍にしたとき、この気体の体積は何倍になるか。

1 $\dfrac{1}{2}$ 倍

2 $\dfrac{1}{5}$ 倍

3 $\dfrac{5}{2}$ 倍

4 $\dfrac{2}{5}$ 倍

▷ Lesson 01

問題 02

配管の水圧試験に用いられる原理として、正しいものは次のうちどれか。

1 アルキメデスの原理
2 パスカルの原理
3 トリチェリーの定理
4 ボイル・シャルルの法則

▷ Lesson 02

下図のようなピストンと密閉された容器に水が入っている。図に示す数値でつり合うとき、A_1 の断面積として、正しいものは次のうちどれか。

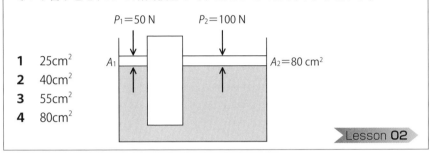

$P_1 = 50\,\text{N}$　　　　$P_2 = 100\,\text{N}$

1　25cm^2
2　40cm^2
3　55cm^2
4　80cm^2

A_1　　　　　　　　$A_2 = 80\,\text{cm}^2$

Lesson 02

下図のような管路で、B 部分の管径は A 部分の $\dfrac{1}{2}$ である。B を流れる流速の、A を流れる流速に対する倍率として、正しいものは次のうちどれか。

1　$\dfrac{1}{2}$ 倍

2　4 倍

3　2 倍

4　1 倍

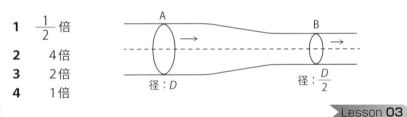

径：D　　　　　　　径：$\dfrac{D}{2}$

Lesson 03

ポンプに関する用語として、誤っているものは次のうちどれか。

1　ポンプ効率とは、軸動力を水動力で除したものを百分率で表したものである。
2　全揚程とは、実揚程に管路損失を加えたものである。
3　キャビテーションとは、ポンプの吸込み作用により吸込み部分が沸騰状態となり、気泡が生じる現象である。
4　サージングとは、ポンプの吐出圧力と吐出量が周期的に変動する現象である。

Lesson 04

問題 06

　下図のように、ある物体を 2 つの力 F_1、F_2 で 2 方向に引っ張っている。2つの力の合力 F の大きさとして、正しいものは次のうちどれか。

　ただし、F_1=40N、F_2=30N とする。

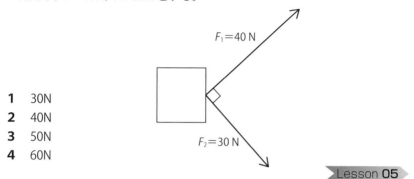

$F_1=40\,N$

$F_2=30\,N$

1　30N
2　40N
3　50N
4　60N

Lesson 05

問題 07

　下図のように、スパナを用いてナットを締め付けた。このときのトルクの値として、正しいものは次のうちどれか。

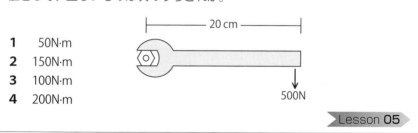

20 cm

500N

1　　50N·m
2　150N·m
3　100N·m
4　200N·m

Lesson 05

下図のように継ぎ合わせた 2 枚の鋼板を互いに引っ張った場合、リベットの断面 A − A' に生じる応力として、正しいものは次のうちどれか。

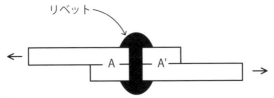

リベット

A — A'

1 ねじり応力
2 引張応力
3 圧縮応力
4 せん断応力

Lesson 06

軟鋼の引張試験を実施したときの応力とひずみの関係について、誤っているものは次のうちどれか。

1 荷重を加えていき弾性限度までは、荷重を取り去ることでひずみはなくなる。
2 下降伏点から荷重を増加させると、破壊される。
3 上降伏点から下降伏点までは、荷重に対する応力が減少する。
4 荷重を徐々に加えていき比例限度までは、フックの法則が成立する。

Lesson 06

問題 10

ボールを静止状態から自由落下させた。このボールの7秒後の速度は、次のうちどれか。

ただし、空気抵抗は考慮しないものとする。

1　68.6 m/s
2　22.3 m/s
3　34.3 m/s
4　48.6 m/s

Lesson 07

問題 11

重量 900N の物体が水平な床に置かれている。この物体を動かそうとするとき、必要な最小の力として、正しいものは次のうちどれか。

ただし、摩擦係数は 0.6 とする。

1　　150N
2　　540N
3　1,080N
4　1,500N

Lesson 07

問題 12

合金の説明について、誤っているものは次のうちどれか。

1　黄銅は銅とチタンの合金である。
2　炭素鋼は鉄と炭素の合金である。
3　青銅は銅とすずの合金である。
4　ステンレス鋼は炭素鋼とクロムとニッケルの合金である。

Lesson 08

問題 01 **正解** 4

　ボイル・シャルルの法則により、気体の体積は、圧力に反比例し、絶対温度に比例する。圧力を 5 倍に、絶対温度を 2 倍にしたとき、気体の体積は、$\frac{2}{5}$ 倍になる。

▷ 間違えた人は、Lesson01 を復習しよう。

問題 02 **正解** 2

　配管の水圧試験は、「密閉容器中で静止した流体の一部に圧力が加わると、容器の形状にかかわらず、流体のすべての部分に同じ強さの圧力が伝わる。」というパスカルの原理に基づいている。

▷ 間違えた人は、Lesson02 を復習しよう。

問題 03 **正解** 2

　パスカルの原理により、断面積 A_1 と A_2 には、同じ強さの圧力がかかっているから、$\frac{50}{A_1} = \frac{100}{80}$。したがって、$A_1 = 50 \times \frac{80}{100} = 40 \mathrm{cm}^2$ である。

▷ 間違えた人は、Lesson02 を復習しよう。

問題 04 **正解** 2

　管が大きくても小さくても、つながっていれば、流れる流量は同じである。これを連続の法則という。A の断面積は、$\frac{1}{4}D^2\pi$、B の断面積は、$\frac{1}{16}D^2\pi$ だから、連続の法則より、A の断面積×A の流速＝B の断面積×B の流速であり、B を流れる流速は、A を流れる流速の 4 倍である。

▷ 間違えた人は、Lesson03 を復習しよう。

問題 05 正解　1

1　×　ポンプ効率とは、水動力を軸動力で除したものを百分率で表したものである。
2　○　全揚程とは、実揚程に管内の摩擦損失等の管路損失を加えたものである。
3　○　キャビテーションとは、ポンプの吸込み作用により吸込み部分が沸騰状態となり、気泡が生じる現象で、機器損傷の原因となる。
4　○　サージングとは、ポンプの吐出圧力と吐出量が周期的に変動する現象で、はなはだしい場合には運転不能となる。

> 間違えた人は、Lesson04 を復習しよう。

問題 06 正解　3

ピタゴラスの定理により、$F^2 = 40^2 + 30^2 = 2,500$。したがって、$F = 50$N である。

> 間違えた人は、Lesson05 を復習しよう。

問題 07 正解　3

トルクとは、物体を回転させる力で、力のモーメントともいう。20cm を単位変換して 0.2m とし、トルクの値は、$500 × 0.2 = 100$N·m である。

> 間違えた人は、Lesson05 を復習しよう。

問題 08 正解　4

リベットで継ぎ合わせた 2 枚の鋼板を互いに反対方向に引っ張ったときに、リベットの断面に生じるのは、せん断応力である。

> 間違えた人は、Lesson06 を復習しよう。

問題 09 正解　2

1　○　荷重を加えていき弾性限度までは、荷重を取り去ることでひずみはなくなる。
2　×　下降伏点から荷重を増加させると、限界強さ（最大応力）に達する。
3　○　上降伏点から下降伏点までは、荷重に対する応力が減少する。
4　○　荷重を徐々に加えていき比例限度までは、フックの法則が成立する。フックの法則とは、ばねの伸びと加える荷重は、一定の値（比例限度）までは比例するというものである。

間違えた人は、Lesson06 を復習しよう。

問題 10 正解　1

重力加速度は $9.8m/s^2$ だから、$9.8 \times 7 = 68.6$m/s である。

間違えた人は、Lesson07 を復習しよう。

問題 11 正解　2

水平な床に置かれた、重量 900N の物体を動かすときに必要な最小の力（最大摩擦力）は、摩擦係数×垂直抗力で求められる。$0.6 \times 900 = 540$N である。

間違えた人は、Lesson07 を復習しよう。

問題 12 正解　1

黄銅は、銅と亜鉛の合金である。銅とチタンの合金は、チタン銅である。

間違えた人は、Lesson08 を復習しよう。

いちばんわかりやすい！
消防設備士1類〈甲種・乙種〉合格テキスト

4章
電気に関する基礎的知識

まず、これだけ覚えよう！

ここでは、まず、電流、電圧、抵抗などの、電気に関する基本的な用語の意味と、それらの単位を覚えよう。

①電流とは？

電流とは、その名の通り、電気の流れである。少し難しい言葉でいうと、電荷が移動する現象を電流という。電荷とは、プラスやマイナスの電気を帯びた何かだと考えればよい。その何かの正体は、電子、またはイオンだ。

電子は、物質を構成する原子の中にあるごく小さな粒子で、負の電荷、つまりマイナスの電気を帯びている。金属の内部には、原子から離れて自由に動き回ることができる、自由電子という電子があるので、一般に金属は電気をよく通す。

一方、水が電気を通すのは、電解質と呼ばれる物質が水に溶けて、プラスの電気を帯びた陽イオンと、マイナスの電気を帯びた陰イオンに分かれていることによる。これらのイオンが、水溶液の中を移動したり、他の物質と反応したりすることによって、電気の流れが生じる。

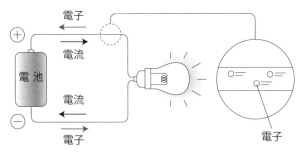

電池の＋極と－極、そして豆電球を導線でつなぐと、電流が流れ、豆電球が点灯する。このとき、導線の内部では自由電子が移動している。

前ページの図をよく見ると、電流の流れと電子が移動する向きは反対になっている。これは、電流の流れる方向が定義されたのが、電子についてまだよくわかっていない時代だったからだ。しかし、電子が負の電荷を帯びていて、電子の移動する向きとは反対に電流が流れると考えれば矛盾は生じないので、現在もそのままになっている。

　電流の大きさは、単位時間あたりに導体（電気を通す物質）の断面を通過する電荷の量で表される。電流の単位はアンペア［A］で、1秒間に1クーロン［C］の電荷が通過するときの電流の大きさが1Aとされている。

②電圧、抵抗とは？

　電圧とは、電流を流そうとする働きのことである。ある場所において電荷がもつ電気的なエネルギーを電位といい、2点間の電位の差を電位差という。電圧と電位差は同じ意味と考えてよく、導体の2点間に電圧が生じているときに、電流が流れる。

　電圧の単位はボルト［V］で、1Cの電荷が移動するのに1ジュール［J］の仕事が必要なときの2点間の電圧が1Vである。他の表現に言いかえると、1Aの電流が流れる導体の2点間で消費される電力が1ワット［W］であるときの2点間の電圧が1Vである。

> 高低差がある場所では、高い所から低い所に水が流れるよね。電気を水にたとえると、高低差が電圧で、水の流れが電流ということになる。

　電気抵抗とは、電流の流れにくさのことで、単に抵抗ともいう。電圧が一定の場合、導体の抵抗が小さいほど、大きい電流が流れる。抵抗は電圧と電流の比で表される。抵抗の単位はオーム［Ω］で、1Vの電圧をかけたときに1Aの電流が流れるときの抵抗が1Ωである。

オームの法則

ここが Point!

電気の基本であるオームの法則をしっかり覚えて、オームの法則を使った計算ができるようにしよう。

基礎知識を押さえよう！

1. オームの法則

電気回路に関する最も基本的な法則であるオームの法則は、次のように言い表すことができる。

導体を流れる電流は、電圧に比例し、抵抗に反比例する。

電圧を V (*Voltage*)、電流を I (*Intensity of electric current*)、抵抗を R (*Resistance*) とすると、この関係は次の式で表される。

$$V = IR$$

この式は、次のように変形することもできる。

$$I = \frac{V}{R} \qquad R = \frac{V}{I}$$

これらの値のうち、抵抗 R は、導体の材質、形状、温度などによってきまり、それらの条件が変わらないならば、R の値も一定である。抵抗 R が一定ならば、電流の大きさ I は、電圧 V によってきまる。つまり、ある導体を電流が流れるとき、電圧が高いほど、その高さに比例して電流が大きくなるのである。

オームの法則の式の覚え方

<table>
<tr><td></td><td>V</td></tr>
<tr><td>I</td><td>R</td></tr>
</table>

上の図を p.159 のゴ
ロ合わせで覚える。

V は電圧、
I は電流、
R は抵抗を表す。

電圧 **V** を求める式は　　$V = IR$

電流 **I** を求める式は　　$I = \dfrac{V}{R}$

抵抗 **R** を求める式は　　$R = \dfrac{V}{I}$

なるほど！ これなら覚えやすそうですね。

この3つの式を見ると明らかなように、電圧、電流、抵抗
の3つの値のうちの2つがわかっていれば、残りの1つの
値も、オームの法則によって求められるんだ。

〈例1〉　3 Ωの抵抗に 0.5A の電流が流れたときの電圧は？

　　　$V = IR$　なので、$\underline{0.5 \times 3} = \underline{1.5}$ ［V］

〈例2〉　4 Ωの抵抗に 8Vの電圧をかけたときに流れる電流は？

　　　$I = \dfrac{V}{R}$　なので、$\underline{8 \div 4} = \underline{2}$ ［A］

〈例3〉　6Vの電圧をかけると2Aの電流が流れたときの抵抗は？

　　　$R = \dfrac{V}{I}$　なので、$\underline{6 \div 2} = \underline{3}$ ［Ω］

電力を求める式も、オームの法則を当てはめることにより 3 通りに表すことができる。

電力とは、電流が単位時間当たりにする仕事のことで、単位はワット[W]である。電力は、電圧と電流の積で表される。 1 V の電圧がかかり、1A の電流が流れたときに、消費される電力が 1W である。

電力を P（Power）、電圧を V、電流を I とすると、次の式が成り立つ。

$P = VI$

この式に、オームの法則の式を当てはめると、次のように変形できる。

$$P = I^2R \qquad P = \frac{V^2}{R}$$

ポイントを丸暗記！

電流は電圧に比例し、抵抗に反比例する（オームの法則）。

抵抗 R に電圧 V を加えたときに電流 I が流れたとすると、次の関係が成り立つ。 $V = IR$

オームの法則は、3 通りの式で表すことができる。

$V = IR$ という式は、 $I = \dfrac{V}{R}$ 、 $R = \dfrac{V}{I}$ のように変形できる。

電流、電圧、抵抗の 3 つの値のうちの 2 つがわかれば、残りの 1 つの値もわかる。

電流、電圧、抵抗の 3 つの値のうちの 2 つがわかっていれば、残りの 1 つの値も、オームの法則により求めることができる。

こんな**選択肢**に**注意**！

> 5 Ωの抵抗に 0.5A の電流が流れているときの電圧は、~~10V~~ である。

電流をI、電圧をV、抵抗をRとすると、$V = IR$ なので、5 Ωの抵抗に 0.5A の電流が流れているときの電圧は、<u>2.5</u>V である。

> 10 Ωの抵抗に 5V の電圧をかけたときに流れる電流は、~~2~~A である。

電流をI、電圧をV、抵抗をRとすると、$I = \dfrac{V}{R}$ なので、10 Ωの抵抗に 5V の電圧をかけたときに流れる電流は、<u>0.5</u>A である。

まずは、上のような簡単な問題の例で、オームの法則をしっかり身に付けよう。

ゴロ合わせで覚えよう！

オームの法則の式の覚え方

勝利を支える 愛があ～る
（V）　（の下に）　（I）　（R）

➡円の上半分に V、下半分に I と R を書いた図で、オームの法則を表す 3 つの式を覚えることができる（p.157 参照）。

01

オームの法則

直流回路 ①
〈直列回路と並列回路の合成抵抗〉

Lesson 02

ここが Point!

直列回路、並列回路、それらを組み合わせた回路の合成抵抗の求め方は、試験にもよく出題されるので、しっかり覚えよう。

基礎知識を押さえよう！

1. 電気回路

　電気回路とは、電流が流れる通路で、電源や負荷などの素子が導線で結ばれ、全体として、終端のない閉じた輪のようになっているものをいう。素子とは、電気回路の中で何かの働きをする部品のことで、導線以外の部分はすべて素子と考えてよい。電源は、回路に電圧を与え、電流を流す役目をする。負荷とは、電流が流れることにより何かの仕事をし、エネルギー（電力）を消費する部分で、抵抗とも呼ばれる。

> あれっ…。抵抗とは電気抵抗、つまり、「電気の流れにくさ」を表す数値のことでしたよね？

> その通りだが、その電気抵抗をもつ素子のことも抵抗というんだ。少しややこしいけれど、そのような呼び方に慣れてほしい。数値のほうは、抵抗値ともいうよ。

　電気回路には、直流回路と交流回路があるが、交流回路は少し複雑なので、後でくわしく扱うことにして（Lesson 09 参照）、ここでは直流回路について取り上げる。直流とは、電流の向きが常に一定で変わらない電気のことで、直流電流が流れる回路が直流回路だ。最も簡単な直流回路は、次の図のようなものである。

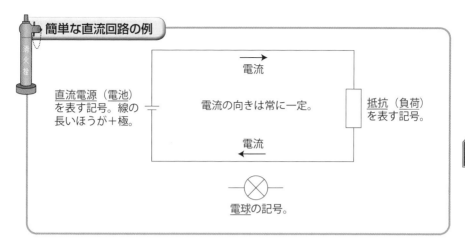

簡単な直流回路の例

直流電源（電池）を表す記号。線の長いほうが＋極。

電流

電流の向きは常に一定。

抵抗（負荷）を表す記号。

電流

電球の記号。

上図は、電源に1つの抵抗をつないだだけの、ごく単純な直列回路の例だ。ここで、p.154の、電池と豆電球が導線でつながれた図を、もう一度見てみよう。これも、実は直流回路の単純なもので、図記号で表すと上図とまったく同じものである。ただし、この場合は負荷が豆電球とわかっているので、上図にある電球の記号を使うと、より正確になる。

次に、1つの回路に2つ以上の抵抗をつなぐ場合を考えてみよう。下図のように、抵抗のつなぎ方によって、直列回路と並列回路がある。

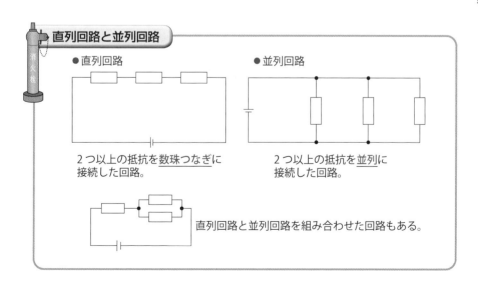

直列回路と並列回路

●直列回路

2つ以上の抵抗を数珠つなぎに接続した回路。

●並列回路

2つ以上の抵抗を並列に接続した回路。

直列回路と並列回路を組み合わせた回路もある。

02 直流回路①《直列回路と並列回路の合成抵抗》

2. 合成抵抗の求め方

　合成抵抗とは、2個以上の抵抗を1個の抵抗に置き換えた場合の抵抗をいい、下図の式で求める。

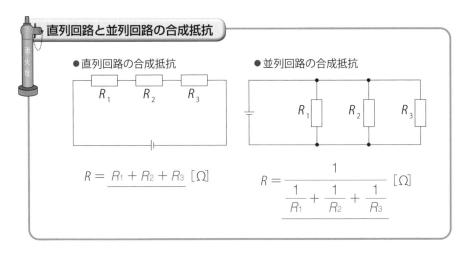

直列回路と並列回路の合成抵抗

● 直列回路の合成抵抗

$R = R_1 + R_2 + R_3 \ [\Omega]$

● 並列回路の合成抵抗

$$R = \frac{1}{\dfrac{1}{R_1} + \dfrac{1}{R_2} + \dfrac{1}{R_3}} \ [\Omega]$$

直列回路では、抵抗の数を増やすと合成抵抗が大きくなり、並列回路では、抵抗の数を増やすと合成抵抗が小さくなるんだ。

　一見複雑そうに見える回路も、すべて、直列接続と並列接続を組み合わせたものである。その場合の合成抵抗を求めるには、下図のように、直列接続の部分と並列接続の部分ごとに計算していけばよい。

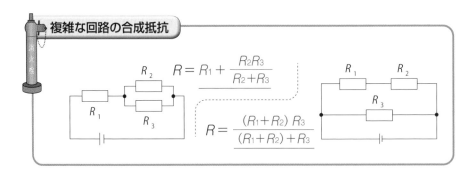

複雑な回路の合成抵抗

$$R = R_1 + \frac{R_2 R_3}{R_2 + R_3}$$

$$R = \frac{(R_1 + R_2) \, R_3}{(R_1 + R_2) + R_3}$$

ポイントを丸暗記！

 抵抗を直列に接続した場合、それぞれの抵抗値の<u>和</u>が、回路全体の合成抵抗になる。

R_1、R_2、R_3 という抵抗値をもつ抵抗を<u>直列</u>に接続した場合、回路全体の合成抵抗 R は、$R = R_1 + R_2 + R_3$ となる（p.162 の上図参照）。

 抵抗を並列に接続した場合、それぞれの抵抗値の<u>逆数の和の逆数</u>が、回路全体の合成抵抗になる。

R_1、R_2、R_3 という抵抗値をもつ抵抗を<u>並列</u>に接続した場合、回路全体の合成抵抗 R は、$R = \dfrac{1}{\dfrac{1}{R_1} + \dfrac{1}{R_2} + \dfrac{1}{R_3}}$ となる（p.162 の上図参照）。

 2 個の抵抗を並列に接続した場合、抵抗値の<u>積</u>÷抵抗値の<u>和</u>が合成抵抗になる。

2 個の抵抗を並列に接続した場合の合成抵抗 R を表す式は、次のように変形できる。

$$\frac{1}{\dfrac{1}{R_1} + \dfrac{1}{R_2}} = \frac{1}{\dfrac{R_1 + R_2}{R_1 R_2}} = \frac{R_1 R_2}{R_1 + R_2}$$

 抵抗値の「逆数の和の逆数」を求めるかわりに、抵抗値の積を抵抗値の和で割ればいいんですね。こっちのほうが計算が楽そう。

分母が和、分子が積なので、この計算法を「和分の積」というんだ。抵抗が 3 個以上の場合は、「和分の積」の式は成り立たないので注意しよう。

2Ω、3Ω、6Ωの抵抗がすべて直列に接続されている回路の合成抵抗は、それらの抵抗がすべて並列に接続されている回路の合成抵抗の2倍である。

直列接続の場合、合成抵抗は抵抗値の和なので、11Ωである。並列接続の場合、合成抵抗は抵抗値の逆数の和の逆数なので、

$$\frac{1}{\dfrac{1}{2} + \dfrac{1}{3} + \dfrac{1}{6}} = \underline{1}\,[\Omega]$$

合成抵抗は <u>1</u> Ωである。

したがって、直列接続の場合の合成抵抗は、並列接続の場合の合成抵抗の <u>11</u> 倍である。

右図の回路の合成抵抗は、8Ωである。

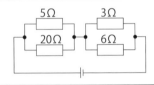

まず、互いに並列に接続されている、左側の5Ωと20Ωの抵抗の合成抵抗と、右側の3Ωと6Ωの抵抗の合成抵抗を、それぞれ求める。

$$\frac{5 \times 20}{5 + 20} = \frac{100}{25} = \underline{4}\,[\Omega] \qquad \frac{3 \times 6}{3 + 6} = \frac{18}{9} = \underline{2}\,[\Omega]$$

これらが直列に接続されているのだから、和を求めればよい。

$$\underline{4} + \underline{2} = \underline{6}\,[\Omega] \qquad 回路全体の合成抵抗は、\underline{6}\,Ωである。$$

直流回路 ②
〈オームの法則の応用〉

Lesson 03

ここが Point!

直列回路、並列回路にどのように電流が流れるかを知り、オームの法則を応用して、未知の値を求められるようになろう。

基礎知識を押さえよう！

1. 電圧の分配

前のレッスンでは、直列回路と並列回路の合成抵抗の求め方を取り上げたが、今度は、それらの回路に実際に電圧をかけたときに、どのように電流が流れるのかを知ろう。基本的には、次の2つのことを覚えればよい。

- 直列回路では、どの抵抗にも同じ大きさの電流が流れ、電圧が分配される。
- 並列回路では、どの抵抗にも同じ電圧がかかり、電流が分配される。

これだけでは何のことかわかりにくいだろうから、順番にくわしく説明していこう。まずは、直列回路からだ。

抵抗 R_1、R_2 を直列に接続した下図のような回路では、電流 I の大きさは、回路のどの部分でも一定である。

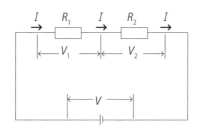

前図の回路において、それぞれの抵抗にかかる電圧 V_1、V_2 は、

$$V = IR \qquad I = \frac{V}{R} \quad (\text{オームの法則})$$

$$R = R_1 + R_2 \quad (\text{直列回路の合成抵抗})$$

を当てはめることにより、次の式で求められる。

$$V_1 = IR_1 = \frac{R_1}{R_1 + R_2} V \qquad V_2 = IR_2 = \frac{R_2}{R_1 + R_2} V$$

つまり、直列回路では、電圧は抵抗の比にしたがって分配される。このとき、次の式が成り立つ。

$$V = V_1 + V_2$$

なるほど、「電圧が分配される」とは、こういう意味だったんですね。

ここまでは理解できたかな？ 次は並列回路の場合について説明するよ。

2. 電流の分配

抵抗 R_1、R_2 を並列に接続した下図のような回路では、R_1、R_2 にかかる電圧はどちらも同じで、電源の電圧 V に等しい。

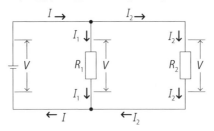

上図の回路において、それぞれの抵抗に流れる電流 I_1、I_2 は、

$$I = \frac{V}{R} \qquad V = IR \quad (\text{オームの法則})$$

$$R = \frac{R_1 R_2}{R_1 + R_2} \quad （並列回路の合成抵抗）$$

を当てはめることにより、次の式で求められる。

$$I_1 = \frac{V}{R_1} = \frac{R_2}{R_1 + R_2} I \qquad I_2 = \frac{V}{R_2} = \frac{R_1}{R_1 + R_2} I$$

　つまり、並列回路では、電流は抵抗の逆比にしたがって分配される。このとき、次の式が成り立つ。

$$I = I_1 + I_2$$

　直列接続と並列接続を組み合わせた回路の場合も、回路が直列になっている部分、並列になっている部分のそれぞれについて、これまで述べてきたような関係が成り立っていると考えればよい。

> 回路全体についても、回路の一部分についても、オームの法則は成り立つ。そのことを知っていれば、未知の値があっても、簡単な計算ですぐに求められるよ。

3. ブリッジ回路の平衡条件

　右図のように、4つの抵抗をつないだ並列回路の途中に橋をかけたような回路を、ブリッジ回路という。正確には、右図はホイートストンブリッジと名付けられている、ブリッジ回路の一種である。

　この回路において、抵抗 P、Q、R、S の値について、次の式が成り立っているとする。

$$PQ = RS$$

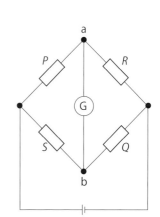

　このとき、ab 間には電流が流れず、検流計 G が示す値は 0 である。この状態をブリッジ回路の平衡状態といい、上の式を平衡条件という。

03

直流回路 ② 〈オームの法則の応用〉

ある抵抗について抵抗値がわかっていないときは、次のように、ブリッジ回路の平衡条件を利用して知ることができるんだ。

　前ページの図のブリッジ回路で、抵抗 P、Q、R、S のうち、P の抵抗値だけがわかっていないとする。そのとき、検流計 G に電流が流れていないならば、平衡条件が成り立っていることになるので、P の値は、次の式により求められる。

$$P = \frac{RS}{Q}$$

ブリッジ回路の抵抗のうちの 1 つを未知の抵抗、2 つを既知の抵抗、1 つを可変抵抗として平衡状態をつくることにより、未知の抵抗値を測定することができる。

ポイントを丸暗記！

直列回路では、回路のどの部分でも、電流の大きさは同じである。

直列回路では、どの抵抗にも同じ大きさの電流が流れ、電圧は抵抗の比にしたがって分配される。

並列回路では、回路のどの部分でも、電圧は同じである。

並列回路では、どの抵抗にも同じ電圧がかかり、電流は抵抗の逆比にしたがって分配される。

こんな選択肢に注意！

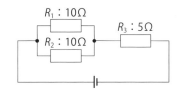

右図の回路に 100V の電圧を加え
たときに、抵抗 R_1 に流れる電流は、
~~10~~A である。

右図の回路に 100V の電圧を加えたときに、抵抗 R_1 に流れる電流は、
5A である。

○上の問題の解き方
まず、回路全体の合成抵抗を求める。R_1 と R_2 は並列接続なので、こ
の部分の合成抵抗は、$\dfrac{10 \times 10}{10 + 10} = \underline{5}$ [Ω] となる。この部分と R_3 と
は直列接続になっているので、5 + 5 = $\underline{10}$ [Ω]。これが回路全体の
合成抵抗であるから、オームの法則により、100 [V] ÷ 10 [Ω] =
$\underline{10}$[A]。回路全体に流れる電流は $\underline{10}$A である。並列接続の部分では、
電流は抵抗の逆比にしたがって分配されるが、この場合、R_1 と R_2 の
値は同じなので、電流は均等に分配される。つまり、R_1 に流れる電
流は、$\underline{10}$A の半分の $\underline{5}$A である。

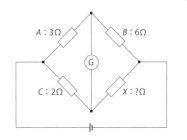

右図のブリッジ回路に電圧をかけた
ときに、検流計 G の指示が 0 になっ
たとすると、抵抗 X の値は ~~4~~ Ωであ
る。

抵抗 X の値は $\underline{4}$ Ωである。ブリッジ回路の平衡条件が成り立っている
ことから、$3X = \underline{2 \times 6} = \underline{12}$　$X = \underline{4}$ [Ω] となる。

03

直流回路 ② 《オームの法則の応用》

コンデンサーと静電容量

ここが Point!

コンデンサーを直列につないだ場合と、並列につないだ場合、それぞれの合成静電容量の求め方を覚えよう。

基礎知識を押さえよう！

1. コンデンサーの原理

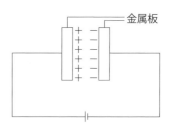
金属板

コンデンサーは、静電気（p.181参照）を利用して電荷を蓄える装置である。右図のように、2枚の金属板を少しだけ離して平行に向かい合わせ、電圧をかけると、一方の金属板にプラスの、もう一方にマイナスの電荷が蓄えられる。このような装置を、平行板コンデンサーという。

上図の回路では、コンデンサーの2つの平行板の電位差が電源（電池）の電圧と同じになると、それ以上電流は流れなくなる。つまり、コンデンサーは直流電流を通さない（交流回路におけるコンデンサーの役割については、p.189参照）。その後、電源とコンデンサーをつなぐ回路を遮断しても、コンデンサーには電荷が蓄えられたままである。

次ページの右図のようにスイッチを切り替えて、コンデンサーと抵抗だけをつなぐと、今度は、コンデンサーに蓄えられた電荷が移動して、回路に一時的に電流が流れ、コンデンサーは電荷を失う。このような性質を利用して、コンデンサーは、多くの電子機器などに使われている。

コンデンサーに電荷を蓄えることを充電、蓄えられた電荷を放出することを放電というんだ。

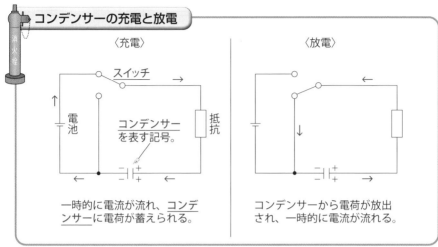

コンデンサーの充電と放電

〈充電〉

スイッチ

電池

コンデンサー
を表す記号。

抵抗

一時的に電流が流れ、コンデンサーに電荷が蓄えられる。

〈放電〉

コンデンサーから電荷が放出され、一時的に電流が流れる。

電気を蓄えられるということは、コンデンサーは電池と同じようなものですか？

コンデンサーは、蓄えた電気を一気に放出するので、電池のように長時間にわたって電源として使用することはできないんだ。

2.　静電容量

　コンデンサーに蓄えられる電荷の量は電圧に比例し、その比例定数を静電容量という。蓄えられる電荷の量を Q（*Quantity of electric charge*）、電圧を V、静電容量を C（*electric Capacity*）とすると、次の式が成り立つ。

$$Q = CV \qquad C = \frac{Q}{V}$$

　静電容量の単位はファラド［F］である。1F は、1V の電圧をかけたときに 1C の電荷が蓄えられることを意味する。ファラドは、通常用いる単位としては大きすぎるので、実際には、ファラドの 100 万分の 1 のマイクロファラド［μF］を使用することが多い。

171

3. 合成静電容量の求め方

合成静電容量は、下図の式により求める。

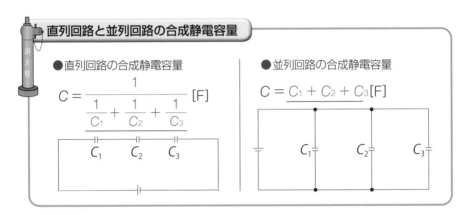

抵抗値は電気の「通しにくさ」、静電容量は電荷の「蓄えやすさ」の単位なので、値の求め方が逆になる。複数のコンデンサーを直列に接続すると合成静電容量は小さくなり、並列に接続すると合成静電容量は大きくなる。

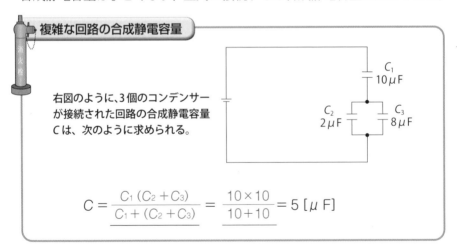

直列接続と並列接続を組み合わせた回路の合成静電容量を求める場合も、合成抵抗を求める場合と同じように、直列接続の部分と並列接続の部分ごとに計算していけばよい。

前図の場合、まず、並列接続の部分の合成静電容量は、それぞれの静電容量の和なので、C_2 の $2\mu F$ と C_3 の $8\mu F$ を足す。この部分の合成静電容量は $10\mu F$ である。この部分と C_1 とは直列接続になっているので、合成静電容量は、それぞれの静電容量の逆数の和の逆数であるが、2つの値の逆数の和の逆数は、上のように和分の積で求めることができる（p.163 参照）。

ところで、上の例では、和分の積を求める2つの値がともに $10\mu F$ で、同じ数である。このような場合は、もっと簡単な計算のし方がある。次の式が示すように、2つの同じ数の和分の積は、元の値を2で割ったものだからである。

$$\frac{X \times X}{X + X} = \frac{X^2}{2X} = \frac{X}{2}$$

したがって、静電容量が同じ2個のコンデンサーを直列につないだ場合の合成静電容量は、1個分のコンデンサーの静電容量の値の半分になる。

この計算のし方は、もちろん、抵抗値が同じ2つの抵抗を並列に接続した場合の合成抵抗を求めるときにも用いることができる。便利なのでぜひ覚えておこう。

ポイントを 暗記！

①　コンデンサーを直列に接続した場合、それぞれの静電容量の逆数の和の逆数が合成静電容量になる。

C_1、C_2、C_3 という静電容量をもつコンデンサーを直列に接続した場合、

回路全体の合成静電容量 C は、$C = \dfrac{1}{\dfrac{1}{C_1} + \dfrac{1}{C_2} + \dfrac{1}{C_3}}$ となる（p.172 の上図参照）。

コンデンサーを並列に接続した場合、それぞれの静電容量の和が、回路全体の合成静電容量になる。

C_1、C_2、C_3 という静電容量をもつコンデンサーを並列に接続した場合、回路全体の合成静電容量 C は、$C = \underline{C_1 + C_2 + C_3}$ となる（p.172 の上図参照）。

 ## こんな選択肢に注意！

静電容量 $0.2\,\mu F$ と $0.3\,\mu F$ のコンデンサーが直列に接続されている回路の合成静電容量は、~~0.5~~ μF である。

コンデンサーが直列に接続されている場合の合成静電容量は、それぞれの静電容量の逆数の和の逆数であるが、コンデンサーが 2 個の場合は、<u>和分の積</u>で求められる。

$$\frac{0.2 \times 0.3}{0.2 + 0.3} = \frac{0.06}{0.5} = 0.12\,[\mu F]$$

合成静電容量は <u>0.12</u> μF である。

静電容量 $0.2\,\mu F$ のコンデンサーが 2 個、直列に接続されている回路の合成静電容量は、~~0.4~~ μF である。

2 個のコンデンサーが直列に接続されている場合の合成静電容量は、それぞれの静電容量の<u>和分の積</u>で求められるが、2 個のコンデンサーの静電容量の値が同じなら、和分の積は 1 個分の値の半分である。したがって、この回路の合成静電容量は、<u>0.1</u> μF である。

電気材料と抵抗率

Lesson 05

ここが Point!

導体、絶縁体、半導体の違いや、抵抗率の意味とその単位など
を知ろう。

基礎知識を押さえよう！

1. 抵抗率

　物体の電気抵抗、つまり電流の流れにくさは、その物体の形状、材質、
温度によって変化する。まず、物体の形状にのみ注目すると、電気抵抗は、
物体の長さに比例し、断面積に反比例する。したがって、長さ l [m]、断
面積 S [m^2] の物体の電気抵抗 R は、次の式により求められる。

$$R = \rho \frac{l}{S} \ [\Omega]$$

　この比例係数 ρ を、抵抗率という。抵抗率は、ある物質の長さ l [m]、
断面積 S [m^2] における抵抗値に等しく、形状によらない物質固有の値で
ある（ただし、抵抗率は温度により変化する）。つまり、抵抗率を比較す
ることにより、どんな物質が電気を通しやすく、どんな物質が電気を通し
にくいのかを知ることができる。抵抗率の単位は [$\Omega \cdot$ m] である。

　上の式を変形すると、次のようになる。これが、抵抗率を求める式となる。

$$\rho = \frac{RS}{l} \ [\Omega \cdot \text{m}]$$

抵抗率の逆数を、導電率という。導電率は、物質の電気の
通しやすさを表す値だよ。

※ 導電率の単位はジーメンス毎メートル [S/m]。S は Ω^{-1} を表す単位である。

抵抗率が低く、電気を通しやすい物質を導体という。反対に、抵抗率が高く、電気をほとんど通さない物質を絶縁体という。半導体は、導体と絶縁体の中間的な性質を有する。それぞれの代表的な物質は、次のとおりである。

導体　：金属、黒鉛（グラファイト）など

絶縁体：プラスチック、エボナイト、ガラス、ゴムなど

半導体：シリコン、ゲルマニウムなど

　一般に、金属は電気をよく通す導体であるが、金属の中にも、抵抗率がきわめて低いものや、抵抗率が比較的高いものがある（下図参照）。

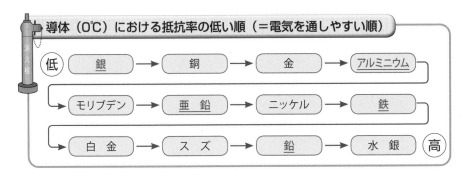

導体（0℃）における抵抗率の低い順（＝電気を通しやすい順）

低　銀 → 銅 → 金 → アルミニウム → モリブデン → 亜鉛 → ニッケル → 鉄 → 白金 → スズ → 鉛 → 水銀　高

　半導体は、熱や光、電圧などの条件により電気的性質が大きく変化し、ある条件下では導体として働き、ある条件下では絶縁体として働くという性質を有している。また、一般に、導体は、温度が高くなるほど抵抗率が高くなるのに対し、半導体は、温度が高くなるほど抵抗率が低くなる。これらの特殊な性質から、半導体はIC（集積回路）などの電子部品に広く利用されている。携帯電話やパソコンをはじめとして、今ではほとんどの電気製品に半導体が使われているといってもいい。

半導体という言葉は、非常によく耳にします。それだけ、私たちの生活に欠かせないものになっているということですね。

176

ポイントを丸暗記！

 電気抵抗は、物体の長さに比例し、断面積に反比例する。

長さ l [m]、断面積 S [m²] の物体の電気抵抗 R は、$R = \rho \dfrac{l}{S}$ [Ω] と表すことができる。この比例係数 ρ を、抵抗率という。

05
電気材料と抵抗率

 抵抗率の単位は、[Ω・m] である。

上記の $R = \rho \dfrac{l}{S}$ [Ω] という式を変形すると、$\rho = \dfrac{RS}{l}$。抵抗 R [Ω] と断面積 S [m²] の積が、長さ l [m] で割られるので、単位は [Ω・m] となる。

こんな選択肢に注意！

アルミニウムは、銀よりも電気を通し~~やすい~~。

アルミニウムは、銀よりも電気を通し<u>にくい</u>。

抵抗率の単位は、[Ω・~~m²~~] である。

抵抗率の単位は、[Ω・<u>m</u>] である。

電力と電力量／ジュールの法則

ここが Point!
ジュールの法則による熱量の求め方や、ジュール熱と電力量の関係などを覚えよう。

基礎知識を押さえよう！

1. ジュールの法則

抵抗に電流が流れると、熱が発生する。その熱をジュール熱という。抵抗 R の導体に電圧 V の電源をつなぎ、電流 I を t 秒間流したときに発生するジュール熱 Q は、次の式で表される。

$Q = VIt$ [J]

この式にオームの法則を当てはめると、次のように変形できる。

$$Q = VIt = I^2Rt = \frac{V^2}{R}\,t\ [\text{J}]$$

$Q = I^2Rt$ の部分に注目すると、「ジュール熱は、導体の抵抗 R と、電流 I の二乗と電流を流した時間 t の積で表せる」といえる。これをジュールの法則という。

ジュールの法則を発見したのは、イギリスの物理学者ジュール。上の式にもでてくる、熱量やエネルギーの単位ジュール [J] は、彼の名にちなんだものだ。

ジュール熱の発生は、電気的エネルギーが熱エネルギーに変わったことを意味する。一般に電気を使う器具はすべてジュール熱を発生させるので、長く使用していると、本体がだんだん熱くなってくる。しかし、多くの場合、その熱は利用されないので、ジュール熱の分はエネルギーの損失になってしまう。一方、電気ストーブ、電気コンロ、アイロンなどのように、ジュール熱を利用することを目的とした電気器具もある。

2. 電力量

　次に、電力量という値について考えてみる。まず、p.158にでてきた電力という値を思いだそう。電力とは、電流が単位時間当たりにする仕事（消費するエネルギー）のことで、単位はワット［W］。電力 P は、電圧 V と電流 I の積で表されるが、さらに、オームの法則を当てはめることにより、次のように表せる。

$$P = VI = I^2R = \frac{V^2}{R} \ [\mathrm{W}]$$

　電力量とは、この電力に時間を掛けた値で、電流がある一定の時間内にする仕事（消費するエネルギー）の総量を表す。単位はワット秒［W・s］、ワット時［W・h］、ジュール［J］などが用いられる。電力量 W は、電力に時間を掛けた値なので、次のように表せる。

$$W = VIt = I^2Rt = \frac{V^2}{R} \ t \ [\mathrm{W \cdot s}]$$

あっ！ 電力量を表す式は、ジュール熱を表す式とまったく同じなんですね。なぜだろう？

よく気づいたね。実は、電力量とジュール熱は同じもの。というより、電力量の中にジュール熱が含まれるといったほうがより正確だ。

　電流 I が一定であれば、I^2 の値も一定なので、電力量（ジュール熱）は抵抗 R に比例する。電圧 V が一定の場合は、V^2 の値も一定なので、電力量（ジュール熱）は抵抗 R に反比例する。

（電力量とジュール熱の関係は、次ページの図参照）

06

電力と電力量／ジュールの法則

電力量とジュール熱の関係

 抵抗に電流が流れることにより、電気的エネルギーが
すべて熱に変換された場合は、電力量とジュール熱は
一致する（この場合に、ジュールの法則が成り立つ）。

 電流が、例えばモーターを回すなどの他の仕事をし
たときは、電力量とジュール熱は一致しない。

ポイントを 暗記！

① 抵抗に電流を流したときに発生する熱量は、電流の二乗と抵抗と時間の積で表せる。

抵抗に電流を流したときに発生する熱を<u>ジュール熱</u>といい、上記の法則を
<u>ジュール</u>の法則という。

こんな選択肢に注意！

5 Ωの抵抗に 2A の電流が 10 秒間流れたときに発生する熱量は、~~100~~ J
である。

抵抗に電流を流したときに発生する熱量は、電流の<u>二乗</u>と抵抗と時間
の積で表される。5 Ωの抵抗に 2A の電流が 10 秒間流れたときに発
生する熱量は、<u>200</u>J である。

静電気とクーロンの法則

ここが Point!

静電気とは何かを知り、電荷を帯びた物質どうしの間に働く静電気力が、クーロンの法則にしたがうことを理解しよう。

基礎知識を押さえよう！

1. クーロンの法則

異なる物質（絶縁体）どうしをこすり合わせると、物質から物質に電子が移動し、電子を失ったほうの物質は正の、電子が増えたほうの物質は負の電荷を帯びる。その後で、物質と物質を離しても、電荷はそれぞれの物質の表面にとどまっている。このように、物質に電荷がとどまっている現象を、静電気という（これに対し、電流のように電荷が移動する現象を動電気という）。

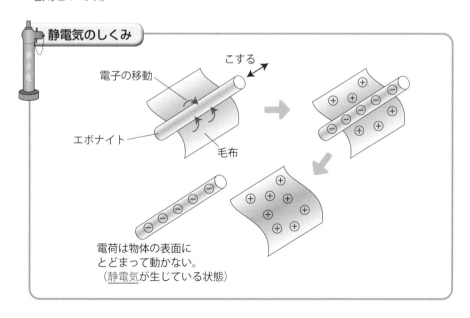

静電気のしくみ

こする
電子の移動
エボナイト
毛布

電荷は物体の表面にとどまって動かない。
（静電気が生じている状態）

ドアのノブに触れると、バチッとしびれることがあります。あれが静電気ですよね？

正確にいうと、それは、人体に蓄えられていた静電気が金属に触れたことにより放電する現象だよ。

　物質が電荷を帯びることを、帯電（たいでん）という。帯電した物質どうしの間には、互いに引き付け合う力や、反発し合う力が生じる。正の電荷と負の電荷は引き付け合い、正の電荷どうし、負の電荷どうしの間には、反発しあう力が働くからである。このような力を、静電気力、またはクーロン力という。2つの帯電体がもつ電荷の量を、それぞれ q_1［C］、q_2［C］とし、電荷間の距離を r［m］とすると、静電気力 F は、次の式で表される。

$$F = k \frac{q_1 q_2}{r^2} \text{［N］}$$

（単位：ニュートン）
※ k は比例定数で、$k = 9 \times 10^9$

　すなわち、静電気力は、電荷の積に比例し、電荷間の距離の二乗に反比例する。これをクーロンの法則という。

　この式において、正の電荷を＋、負の電荷を－で表すと、q_1、q_2 が同じ符号のとき、静電気力 F は正の値になり、q_1、q_2 の符号が異なるとき、F は負の値になることがわかる。

　すなわち、静電気力の値によって働く力が異なり、F が正の値の場合の静電気力は斥力（せきりょく）、つまり反発し合う力であり、F が負の値の場合の静電気力は引力、つまり引き付け合う力である。

このように、クーロンの法則の式によって、静電気力の大きさだけでなく、力の働く向きも表現されているんだ。

ポイントを丸暗記！

1 帯電した物質どうしの間には、互いに引き付け合う力や、反発し合う力が生じる。

そのような力を、静電気力、またはクーロン力という。

2 2つの電荷の間に働く静電気力は、電荷の積に比例し、距離の二乗に反比例する。

上記の法則をクーロンの法則という。

 こんな選択肢に注意！

2つの電荷間に働く静電気力は、電荷の和に比例し、電荷間の距離に反比例する。

2つの電荷間に働く静電気力は、電荷の積に比例し、電荷間の距離の二乗に反比例する。

ゴロ合わせで覚えよう！

クーロンの法則

クロッケー
（クーロン力）（k）

殿下の席に　ある事情
（電荷の積）　　　（r^2）

⇨クーロン力（静電気力）は2つの電荷の積に比例し、その距離の二乗に反比例する。

電気と磁気

ここが Point!
電気と磁気はお互いに影響し合う密接な関係にあることを理解し、アンペアの右ねじの法則や、フレミングの左手の法則を覚えよう。

基礎知識を押さえよう！

1. 磁界と電磁誘導

　よく知られているように、磁石にはN極とS極があり、同じ極どうしには反発し合う力が、異なる極どうしには引き付け合う力が働く。その力を磁力といい、磁力が働く空間を磁界、もしくは磁場という。磁界は、磁石だけでなく、電流によっても生じる。

　導体に電流を流すと、周囲に磁界が生じるが、その向きはきまっていて、電流の進む向きに対して右回りの磁界が生じる。一般に使用されるねじは、右に回すと締まる右ねじなので、ねじを締めるときにねじが進む方向を電流の向きとすると、磁界はねじが回る向きに生じる（アンペアの右ねじの法則）。

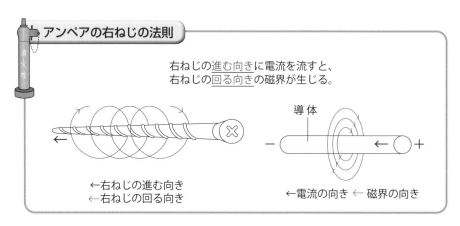

アンペアの右ねじの法則

右ねじの進む向きに電流を流すと、
右ねじの回る向きの磁界が生じる。

導体

←右ねじの進む向き
←右ねじの回る向き

←電流の向き　←磁界の向き

導線をらせん状に巻いたものを、コイルという。コイルに電流を流すと、コイルの内側では、導線の周囲に生じる磁界が同じ向きに重なるため、コイルの中心を貫く強い磁界が生じる。

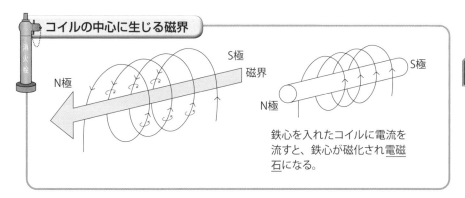

コイルの中心に生じる磁界

S極
磁界
N極

S極
N極

鉄心を入れたコイルに電流を流すと、鉄心が磁化され<u>電磁石</u>になる。

08

電気と磁気

ここまでに説明したのは、電流によって磁界が生じる現象だけれど、その逆の、つまり、磁界の変化によって導体に電流が流れる現象も起きる。それを電磁誘導というんだ。

コイルに磁石を近づけると、コイルに電圧が生じ、電流が流れる。この現象を電磁誘導といい、このときに生じる電圧を誘導起電力、流れる電流を誘導電流という。コイルから磁石を遠ざけると、逆向きの電流が流れる。

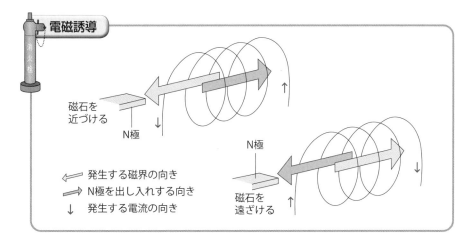

電磁誘導

磁石を
近づける
N極

N極

磁石を
遠ざける

⇐ 発生する磁界の向き
⇒ N極を出し入れする向き
↓ 発生する電流の向き

2. フレミングの左手の法則

　磁界の中の導体に電流を流すと、導体に力が働く。その力を電磁力という。このとき、磁界の向き、電流の向き、導体が受ける力の向きは、下図のような関係になる（フレミングの左手の法則）。

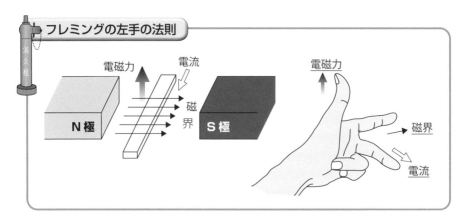

フレミングの左手の法則

電磁力　電流　磁界　N極　S極　電磁力　磁界　電流

ポイントを丸暗記！

1　電流によって生じる磁界の強さは、電流の大きさに比例する。

コイルを流れる電流によって生じる磁界の強さは、コイルの巻数と電流の大きさに比例する。

2　電磁誘導により生じる誘導起電力の大きさは、コイルの巻数と、磁束の変化する速さに比例する。

コイルに磁石を近づけたり、遠ざけたりする速さが速いほど、誘導起電力は大きくなる。

こんな選択肢に注意！

磁石をコイルの中で動かすと、誘導起電力が生じ、コイルに電流が流れる。この場合、磁石をコイルに近づけるときとコイルから遠ざけるときの電流の向きは~~同じ~~である。

磁石をコイルに近づけるときとコイルから遠ざけるときでは、電流の向きは反対になる。

フレミングの左手の法則において、親指は~~電流~~、人差し指は磁界、中指は~~電磁力~~の向きを示す。

フレミングの左手の法則において、親指は電磁力、人差し指は磁界、中指は電流の向きを示す。

p.186 のイラストを見ながら、実際にフレミングの左手の法則を確認してみよう。

ゴロ合わせで覚えよう！

フレミングの左手の法則

親の力で左うちわ。
（親指が電磁力）（左手）

二次会にも参加する流れ
（2番目の指が磁界）（3番目が電流）

フレミングの左手の法則では、親指が電磁力の向き、人差し指が磁界の向き、中指が電流の向きを表す。

交流回路

ここが Point!

直流と交流の違いや、交流回路のリアクタンス、インピーダンス、力率などの値の意味を覚えよう。

基礎知識を押さえよう！

1. 交流回路の性質

　直流とは、電流の向きが一定で変わらない電気のことであったが（p.160参照）、それに対し、交流は、一定の周期で電流の向きが交互に変化する電気である。直流では、電源（電池）が消耗しないかぎり電圧も一定で、したがって電流の大きさも一定だが、交流では、電圧も電流の大きさも周期的に変化する。1秒当たりにその周期が繰り返される回数を、周波数という。周波数の単位はヘルツ［Hz］である。

家庭のコンセントから得られる電気は交流だ。周波数は、東日本では50Hz、西日本では60Hzになっているよ。

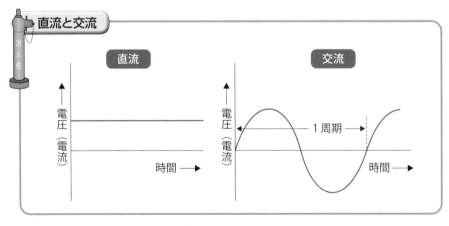

直流と交流

| 直流 | 交流 |

直流：電圧（電流）／時間→

交流：電圧（電流）／1周期／時間→

交流では、電圧や電流の大きさが変化するので、電圧と電流の積である電力の値も変化する。電力の平均値 P は、次の式で求められる。

$$P = \frac{1}{2} V_0 I_0 \qquad V_0：電圧の最大値 \quad I_0：電流の最大値$$

この式を変形すると、次のようになる。

$$P = \frac{1}{\sqrt{2}} V_0 \cdot \frac{1}{\sqrt{2}} I_0$$

つまり、交流の電力の平均値は、電圧の最大値の $\frac{1}{\sqrt{2}}$ と、電流の最大値の $\frac{1}{\sqrt{2}}$ の積で表される。$\frac{1}{\sqrt{2}} V_0$ を、交流電圧の実効値、$\frac{1}{\sqrt{2}} I_0$ を、交流電流の実効値という。

実効値は、同じ電圧、電流の直流に置き換えたときに電力の値が等しくなるように定められた値である。言いかえると、実効値を用いることにより、交流でも、直流の場合と同じ計算（$P = VI$）により電力を求めることができる。

> 交流の電圧、電流の値は、通常は実効値で表される。家庭用の電源の電圧は、通常は100Vとされているが、この値も実効値で、最大値はその$\sqrt{2}$倍の、約141Vなんだ。

2. リアクタンスとインピーダンス

交流回路においては、コンデンサーの働きも、直流回路とは大きく異なる。交流回路では、電流の向きが交互に入れ替わるので、コンデンサーは充電と放電を繰り返し、回路には常に電流が流れていることになる。つまり、コンデンサーは直流電流を通さないが（p.170 参照）、交流電流は通す。本当は、電流がコンデンサーを通り抜けるわけではないのだが、結果としては、電流が通り抜けたのと同じことが起きるのである。

また、交流回路では、コイルやコンデンサーも、抵抗と同じように電流を流れにくくする働きをもつ。その働きをリアクタンスといい、コイルによるリアクタンスを誘導リアクタンス、コンデンサーによるリアクタンスを容量リアクタンスという。リアクタンスの単位は、抵抗の単位と同じオーム［Ω］である。

09
交流回路

直流回路では、電気の流れにくさをきめるのは抵抗だけだが、交流回路では、抵抗とリアクタンスによって電気の流れにくさがきまる。その値を、インピーダンスという。インピーダンスの単位もオーム［Ω］である。

　インピーダンス Z と、電圧 V、電流 I（ともに実効値）の間には、次のような関係が成り立つ。

$$Z = \frac{V}{I} \qquad I = \frac{V}{Z}$$

この式はどこかで見たことがある…。Z を抵抗 R に置きかえると、オームの法則の式と同じですね！

その通り！ つまり、交流回路では、インピーダンス、電圧、電流の関係について、オームの法則が成り立つんだ。

　抵抗、コイル、コンデンサーを直列につないだ右図のような交流回路を、RLC 直列回路という。この回路の合成インピーダンス Z は、次の式で求められる。

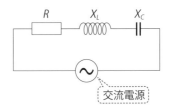

交流電源

$$Z = \sqrt{R^2 + (X_L - X_c)^2}$$

R ：抵抗
X_L ：コイルの誘導リアクタンス
X_c ：コンデンサーの容量リアクタンス

　抵抗とコイルのみを直列につないだ RL 直列回路の場合は、上の式の X_c に 0 を、抵抗とコンデンサーのみを直列につないだ RC 直列回路の場合は X_L に 0 を代入すればよい。それぞれの合成インピーダンス Z を求める式は次のようになる。

$$Z = \sqrt{R^2 + X_L{}^2} \quad \cdots \text{RL 直列回路の場合}$$

$$Z = \sqrt{R^2 + X_c{}^2} \quad \cdots \text{RC 直列回路の場合}$$

　これらの回路においても、もちろん、合成インピーダンス Z と電圧、電流の関係について、オームの法則が成り立つ。

3. 電流と電圧の位相

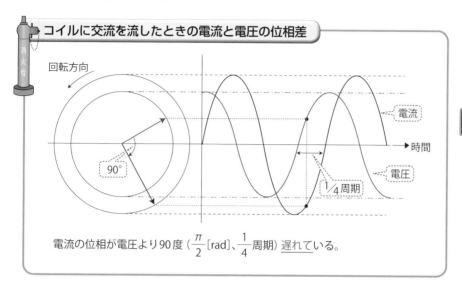

コイルに交流を流したときの電流と電圧の位相差

電流の位相が電圧より90度（$\frac{\pi}{2}$[rad]、$\frac{1}{4}$周期）遅れている。

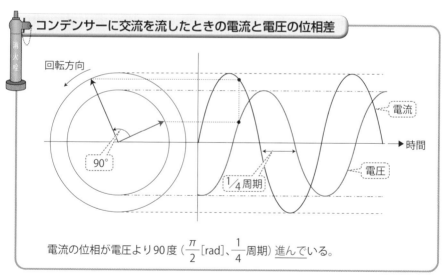

コンデンサーに交流を流したときの電流と電圧の位相差

電流の位相が電圧より90度（$\frac{\pi}{2}$[rad]、$\frac{1}{4}$周期）進んでいる。

交流回路において、負荷を誘導リアクタンスとした場合（つまり、回路にコイルを接続した場合）、電流の位相は、電圧より90度（$\frac{\pi}{2}$[rad]、$\frac{1}{4}$周期）遅れる。

09
交流回路

交流回路において、負荷を容量リアクタンスとした場合（つまり、回路にコンデンサーを接続した場合）、電流の位相は、電圧より90度進む。

4. 力率

　誘導リアクタンスや容量リアクタンスがある、つまり、コイルやコンデンサーが接続されている交流回路では、一般に電流と電圧の位相差があるため、回路に流れる見かけ上の電力（皮相電力）と、実際に消費され、仕事をする電力（有効電力）の値が異なる。位相差が θ のとき、皮相電力 S と有効電力 P は、次のように表される。

　　$S = VI \quad P = VI \cos \theta$

　この式を変形すると、次のようになる。

　　$\cos \theta = \dfrac{P}{S}$

　この $\cos \theta$ を力率という。力率は、有効電力と皮相電力の比である。力率は、次のようにインピーダンス Z と抵抗 R から求めることもできる。

　　$\cos \theta = \dfrac{R}{Z}$

　力率 $\cos \theta$ は0から1までの値をとるが、位相差 θ が小さいほど力率は大きくなる。

モーターのような誘導性負荷がある回路では、力率を改善するためにコンデンサーを接続するんだ。

ポイントを丸暗記！

 交流回路の電圧、電流の実効値は、最大値の $\frac{1}{\sqrt{2}}$ である。

交流の電圧、電流の値は、通常は実効値で表される。実効値を用いることにより、直流の場合と同じように、電圧と電流の積により電力の値を求められる。

 交流回路において、コイルやコンデンサーは、電流を流れにくくする働きをもつ。その働きをリアクタンスという。

コイルによるリアクタンスを誘導リアクタンス、コンデンサーによるリアクタンスを容量リアクタンスという。リアクタンスの単位は、オーム［Ω］である。

 交流回路の合成インピーダンスは、抵抗の二乗とリアクタンスの二乗の和の平方根で求められる。

回路につなぐ負荷が抵抗 R と誘導リアクタンス X_L の場合、合成インピーダンス Z は $Z=\sqrt{R^2+X_L^2}$ で表せる。

誘導リアクタンスと容量リアクタンスは互いに打ち消し合うので、負荷が抵抗と誘導リアクタンスと容量リアクタンスの３つの場合は、$Z=\sqrt{R^2+(X_L-X_C)^2}$ となるんだ。

 ## こんな選択肢に注意！

交流回路で、電圧の実効値が 200V の場合、電圧の最大値は約 ~~141~~V である。

電圧の実効値は、最大値の $\frac{1}{\sqrt{2}}$ なので、最大値は約 283V である。

09

交流回路

抵抗とコイルを直列に接続した交流回路で、抵抗が 6 Ω、コイルの誘導リアクタンスが 8 Ω の場合、合成インピーダンスは ~~14~~ Ω である。

合成インピーダンスは、抵抗の二乗とリアクタンスの二乗の和の平方根であるから、$Z = \sqrt{6^2 + 8^2} = \sqrt{100} = \underline{10}$ [Ω] である。

---

4 Ω の抵抗、誘導リアクタンス 8 Ω のコイル、容量リアクタンス 5 Ω のコンデンサーを直列に接続した回路に交流 100V の電圧をかけた場合、流れる電流は ~~10~~A である（電圧、電流の値はいずれも実効値とする）。

まず、この回路のインピーダンスを求める。RLC 直列回路なので、合成インピーダンスは、$Z = \sqrt{4^2 + (8 - 5)^2} = \sqrt{25} = 5$ [Ω] である。オームの法則により電流の値を求めると、$I = \dfrac{100}{5} = \underline{20}$ [A] となる。

交流の場合、オームの法則の抵抗 R をインピーダンス Z に置き換えると、オームの法則により電圧や電流が求められるんでしたね。

ゴロ合わせで覚えよう！

交流回路の電流と電圧の位相差

こういう仕事を今日中に !?
（交流）　　　　　（90 度）

要領よく流して、サクサク進めよう
（容量リアクタンス）（電流）　　（進む）

➡ コンデンサーに交流を流した場合（負荷を容量リアクタンスとした場合）、電流の位相は電圧より 90 度進む。

電気計測

Lesson 10

ここが Point!

指示電気計器の種類や用途、使用する際の回路への接続のし方、測定範囲を拡大する方法などを覚えよう。

基礎知識を押さえよう！

1. 電気計測

　電気計測の目的は、電圧、電流、電力などの電気に関する数値を正確に測定することで、指示電気計器は、それらの値を測定するための器具である。指示電気計器には、直流のみに用いられるもの、交流のみに用いられるもの、直流・交流の両方に使用できるものがある。また、動作原理によってさまざまな種類に分かれる（次ページの表参照）。

　指示電気計器を用途によって分類すると、電圧計、電流計、抵抗計などに分かれるが、実際に使用される器具には、いくつかの用途を兼ね備えているものが多い。

　指示電気計器として最もよく知られているものは、**テスター**（アナログテスター）とも呼ばれる回路計で、ダイヤルスイッチを操作することにより、内部の計測回路を切り替えることができ、1つの計器で直流の電圧、電流、抵抗、交流の電圧などが測定できる。

現在は、測定値を液晶画面に数字で表示する、デジタルマルチメーターという計器も普及しているよ。多用途で小型のものもあり、とても便利なんだ。

アナログ式の計器の場合は、指針が示した値を目盛りで読み取るんですね。

指示電気計器の種類

	種類	記号	動作原理等	主な用途
直流回路用	可動コイル形		永久磁石の磁束と可動コイルに流れる電流により生じる電磁力を利用。電流に対する感度が最も高い。	電圧計・電流計・抵抗計
	可動コイル比率計形		可動コイル間の電磁作用の比により測定。	絶縁抵抗計
交流回路用	整流形		可動コイル形に交流を直流に変換する整流器を組み合わせたものが多く、交流用では電流感度が最も高い。	電圧計・電流計
	誘導形		交番磁束とこれによる誘導電流の電磁力により測定。	電圧計・電流計・電力計・電力量計
	振動片形		交流により振動片を励磁し、その共振作用を利用して測定。	周波数計
	可動鉄片形		可動コイルの磁界内に置いた鉄片に働く電磁力により測定。	電圧計・電流計・抵抗計
交直流両用	電流力計形		固定コイルと可動コイルの間に働く電磁力を利用。	電圧計・電流計・電力計
	静電形		2つの金属板に働く静電気力を利用。	高電圧の電圧計
	熱電形		熱電対に生じる熱起電力を利用。	高周波の電圧計・電流計

電圧計・電流計の接続

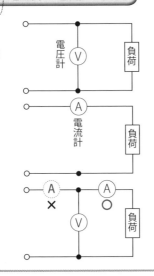

負荷にかかる電圧を測定する場合、電圧計は負荷と<u>並列</u>に接続する（電圧計に負荷と同じ大きさの電圧がかかる）。

負荷に流れる電流を測定する場合、電流計は負荷と<u>直列</u>に接続する（電流計に負荷と同じ大きさの電流が流れる）。

<u>電流計は電圧計よりも負荷側に接続する</u>（○の位置では、電流計に負荷と同じ大きさの電流が流れる。×の位置では、電圧計に分配される電流も計測されてしまう）。

2. 倍率器と分流器

　抵抗を電圧計と直列に接続することにより、電圧計の測定範囲を拡大できる。その抵抗を倍率器という。

　最大目盛り 10V、内部抵抗 100 Ω の電圧計と直列に 200 Ω の抵抗を接続すると、最大 30V まで計測できる（右図）。この回路に 30V の電圧がかかっているとき、実際に電圧計にかかる電圧は 3 分の 1 の 10V なので、電圧計は 10V を示す。その値を 3 倍すれば求める電圧がわかる。

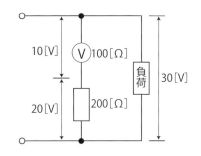

$$\frac{100}{100+200} \times 30 = 10\,[\text{V}] \quad \Rightarrow 電圧計には、この値が示される。$$

　電圧計の内部抵抗を r、倍率器の抵抗を R とすると、電圧計の最大目盛りの $1 + \dfrac{R}{r}$ 倍まで計測できるようになる。電圧計の測定範囲を m 倍に拡大したい場合は、倍率器の抵抗を $(m-1)\,r\,[\Omega]$ にすればよい。

　抵抗を電流計と並列に接続することにより、電流計の測定範囲を拡大できる。その抵抗を分流器という。

　最大目盛り 10A、内部抵抗 2 Ω の電流計と並列に 1 Ω の抵抗を接続すると、最大 30A まで計測できる（右図）。この回路に 30A の電流が流れているとき、実際に電流計に流れる電流は 3 分の 1 の 10A なので、電流計は 10A を示す。その値を 3 倍すれば、求める電流の値がわかる。

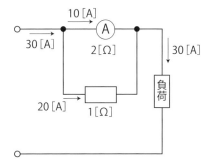

$$\frac{1}{2+1} \times 30 = 10\,[\text{A}] \quad \Rightarrow 電流計にはこの値が示される。$$

　電流計の内部抵抗を r、分流器の抵抗を R とすると、電流計の最大目盛

りの $1 + \dfrac{r}{R}$ 倍まで計測できるようになる。電流計の測定範囲を m 倍に拡大したい場合は、分流器の抵抗を $\dfrac{r}{m-1}$ [Ω] にすればよい。

ポイントを丸暗記！

直流回路に使用できる指示電気計器には、可動コイル形、電流力計形、静電形、熱電形などがある。

上記の指示電気計器のうち、可動コイル形は直流回路のみに使用できる。電流力計形、静電形、熱電形は、交直流両用である。

交流回路に使用できる指示電気計器には、整流形、誘導形、振動片形、可動鉄片形などがある。

上記の指示電気計器は、交流回路のみに使用できる。このほか、交直流両用の電流力計形、静電形、熱電形も交流回路に使用できる。

電圧計は、負荷と並列に接続する。

負荷にかかる電圧を測定する場合、電圧計は負荷と並列に接続する。そうすることにより、電圧計に負荷と同じ電圧がかかる。

4　電流計は、負荷と直列に接続する。

負荷にかかる電流を測定する場合、電流計は負荷と直列に接続する。そうすることにより、電流計に負荷と同じ大きさの電流が流れる。

直列回路では、どの抵抗にも同じ大きさの電流が流れ、並列回路では、どの抵抗にも同じ電圧がかかるのでしたね。

ここでつまずいた人は、p.165 に戻って復習しよう。

 こんな選択肢に注意！

交流回路に使用できる指示電気計器の種類には、~~可動コイル形~~、電流力計形、静電形、熱電形、整流形、誘導形などがある。

上記のうち、可動コイル形の指示電気計器は、直流回路にしか使用できない。電流力計形、静電形、熱電形は交直流両用、整流形、誘導形は交流回路用なので、交流回路に使用できる。

電圧を計測するときは、電圧計を負荷と~~直列~~に接続する。

電圧計は、負荷と並列に接続する。

電圧計の測定範囲を拡大したいときは、抵抗を電圧計と~~並列~~に接続する。その抵抗を、~~分流器~~という。

電圧計の測定範囲を拡大したいときは、抵抗を電圧計と直列に接続する。その抵抗を、倍率器という。

電気機器

ここが Point!

変圧器のしくみを理解し、変圧器の電圧や電流の大きさと、コイルの巻線の巻数との関係を覚えよう。

基礎知識を押さえよう！

1. 変圧器

電気機器にはさまざまなものがあるが、ここでは、試験でもよく出題されている変圧器と電池について取り上げる。

変圧器は、電磁誘導（p.185 参照）の作用を利用して交流の電圧を変換させる装置で、トランスともいう。

変圧器の基本的な構造は非常に簡単で、下図のように、1 次巻線、2 次巻線とよばれる 2 つのコイルを鉄心に巻きつけたものである。1 次巻線に交流電圧を加えると、鉄心に磁束が生じ、電磁誘導によって 2 次巻線に起電力が生じる。

変圧器の基本構造

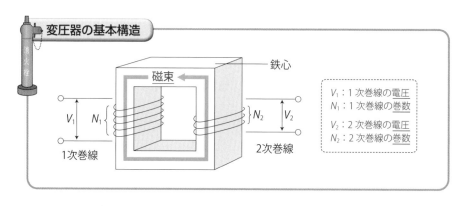

V_1：1 次巻線の電圧
N_1：1 次巻線の巻数

V_2：2 次巻線の電圧
N_2：2 次巻線の巻数

鉄心 ・ 磁束 ・ V_1 ・ N_1 ・ 1次巻線 ・ N_2 ・ V_2 ・ 2次巻線

変圧器で電圧を変換できるのは交流だけで、直流の電圧は
変換できないよ。

　理想的な変圧器では、1次側に加える電圧 V_1 と 2 次側に生じる電圧 V_2
の比（変圧比）は、1 次巻線の巻数 N_1 と 2 次巻線の巻数 N_2 の比に等しい。

$$\frac{V_1}{V_2} = \frac{N_1}{N_2}$$

一方、電流の大きさはコイルの巻数に反比例する。

$$\frac{N_1}{N_2} = \frac{I_2}{I_1} \qquad I_1：1 次側の電流 \quad I_2：2 次側の電流$$

一番身近な場所で観察できる変圧器は、電柱の上に固定さ
れている柱上変圧器。6600V の高圧電圧を、家庭や事業
所などで使われる 100V、200V に変換しているんだ。

電柱の上に、ドラム缶のような形のものが固定されている
ことがありますね。あれは変圧器だったのか！

2. 電池

　電池とは、物質の化学反応、または物理反応によって放出されるエネル
ギーを、電気的エネルギーに変換する装置である。電池にはさまざまな種
類があるが、代表的なものは、化学反応を利用して電流を取り出す化学電
池で、その中に一次電池と二次電池がある。一次電池とは、乾電池のよう
に一度放電したら使えなくなるもの、二次電池とは、充電して繰り返し使
えるもので、蓄電池ともいう。

　電池の容量の単位はアンペア時［Ah］である。1Ah とは、1A の電流が
1 時間流れたときに移動する電荷の量で、3600 クーロン［C］に等しい。

1 **変圧器の変圧比は、1次巻線の巻数と2次巻線の巻数の比に等しい。**

変圧器は、巻線比を変えることによって、昇圧、降圧のどちらにも用いることができる。

2 **変圧器には、巻線の冷却と絶縁を目的として、油を入れたものがある。**

変圧器に油を入れる目的は、巻線の冷却と絶縁である。防災等の観点から、油を入れないタイプの変圧器もある。

 こんな選択肢に注意！

変圧器の1次巻線の巻数が500、2次巻線の巻数が1500、1次側の電流の大きさが12Aのとき、2次側の電流の大きさは ~~36A~~ である。

電流の大きさはコイルの巻数に反比例するので、2次側の電流の大きさは 4A である。

変圧器には、~~錆を防止する~~ために油を入れてある。

変圧器に油を入れる主な目的は、絶縁と冷却である。

練習問題にチャレンジ！

問　題　▶解答と解説は p.207 〜 210

問題 01

　10 Ωの抵抗に 2V の電圧をかけたときに流れる電流の値として、正しいものは次のうちのどれか。

1　　0.2A
2　　2A
3　　5A
4　　20A

Lesson 01

問題 02

　下図の回路の合成抵抗が 15 Ωであるときの抵抗 R の値として、正しいものは次のうちのどれか。

1　　5 Ω
2　　6 Ω
3　　9 Ω
4　　10 Ω

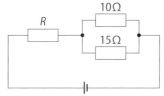

Lesson 02

問題 03

　下図の回路において、抵抗 R_1 にかかる電圧が 10V のときに、抵抗 R_2 にかかる電圧の値として、正しいものは次のうちのどれか。

1　　5V
2　　10V
3　　15V
4　　20V

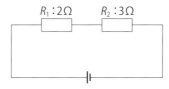

Lesson 03

問題 04

下図の回路に電圧をかけて電流を流したところ、検流計 G には電流が流れなかったとする。この場合、抵抗 X の値として、正しいものは次のうちのどれか。

1　　3.2 Ω
2　　12 Ω
3　　20 Ω
4　　32 Ω

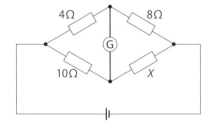

Lesson 03

問題 05

静電容量 10 μF のコンデンサーが 2 個、直列に接続されている回路の合成静電容量の値として、正しいものは次のうちのどれか。

1　　1 μF
2　　5 μF
3　　10 μF
4　　20 μF

Lesson 04

問題 06

電気抵抗と抵抗率に関する記述として、誤っているものは次のうちのどれか。

1　　金の抵抗率は、銀、銅よりも低い。
2　　導電率は抵抗率の逆数である。
3　　抵抗率の単位は、Ω・m である。
4　　電気抵抗は、物体の長さに比例し、断面積に反比例する。

Lesson 05

問題 07

　5 Ωの抵抗に 0.1A の電流が 5 秒間流れたときに発生する熱量の値として、正しいものは次のうちのどれか。

1　　0.25J
2　　1J
3　　2.5J
4　　10J

Lesson 06

問題 08

　クーロンの法則の説明として、正しいものは次のうちのどれか。

1　　2 つの電荷間に働く静電気力は、電荷の量の和に比例する。
2　　2 つの電荷間に働く静電気力は、電荷の量の積に比例する。
3　　2 つの電荷間に働く静電気力は、電荷間の距離に比例する。
4　　2 つの電荷間に働く静電気力は、電荷間の距離の二乗に比例する。

Lesson 07

問題 09

　コイルの中で磁石を動かしたときに生じる現象として、誤っているものは次のうちのどれか。

1　　磁石を動かすとコイルに電流が流れるが、磁石を止めると電流は流れなくなる。
2　　磁石を動かす速さにかかわらず、コイルに流れる電流の大きさは一定である。
3　　磁石をコイルに入れるときとコイルから出すときでは、コイルに流れる電流の向きが反対になる。
4　　磁石を固定してコイルを動かした場合も、コイルに電流が流れる。

Lesson 08

問題 10

　8 Ωの抵抗、誘導リアクタンス 12 Ωのコイル、容量リアクタンス 6 Ωの
コンデンサーを直列に接続した回路に交流 100V の電圧をかけたときに流れ
る電流の値として、正しいものは次のうちのどれか（電圧、電流の値はいず
れも実効値とする）。

1　5A　　　**2**　6A　　　**3**　10A　　　**4**　12A

> Lesson 09

問題 11

　交流回路において、負荷を誘導リアクタンスとした場合に関する記述で、
正しいものは次のうちのどれか。

1　電流の位相は、電圧より 90 度進む。
2　電流の位相は、電圧より 90 度遅れる。
3　電流の位相は、電圧より 180 度進む。
4　電流の位相は、電圧より 180 度遅れる。

> Lesson 09

問題 12

　交流回路のみに使用できる指示電気計器は、次のうちのどれか。

1　可動コイル形
2　電流力計形
3　熱電形
4　誘導形

> Lesson 10

問題 13

　電流計の測定範囲を拡大する方法についての説明として、正しいものは次
のうちのどれか。

1　電流計と直列に抵抗を接続する。その抵抗を倍率器という。
2　電流計と並列に抵抗を接続する。その抵抗を倍率器という。

3　電流計と直列に抵抗を接続する。その抵抗を分流器という。

4　電流計と並列に抵抗を接続する。その抵抗を分流器という。

問題 14

　1次巻線と2次巻線の巻数比が5:1の理想的な変圧器に関する記述として、正しいものは次のうちのどれか。

1　2次側の電圧は、1次側の5倍になる。

2　2次側の電流は、1次側の5倍になる。

3　2次側の電力は、1次側の5倍になる。

4　2次側の電力は、1次側の5分の1になる。

Lesson 11

解答と解説　▶問題は p.203 ～ 207

問題 01　正解　1

　オームの法則により、電流をI、電圧をV、抵抗をRとすると、$V=IR$。この式を変形すると、$I=\dfrac{V}{R}$ となり、電圧の値を抵抗値で割ることにより、電流の値が求められる。

　したがって、2〔V〕÷ 10〔Ω〕＝ 0.2〔A〕が正解となる。

　　間違えた人は、Lesson01 を復習しよう。

問題 02　正解　3

　まず、10 Ωと 15 Ωの抵抗が並列に接続されている部分の合成抵抗を求める。2個の抵抗の並列接続なので、合成抵抗は「和分の積」で求めることができる。

$$\dfrac{10\times15}{10+15}=\dfrac{150}{25}=6〔Ω〕$$

　この部分の合成抵抗は 6 Ωである。この部分と抵抗 R とは直列接続なので、6Ωと R の和が 15 Ω。したがって、R は 9 Ωである。

　　間違えた人は、Lesson02 を復習しよう。

問題 03 正解　3

まず、抵抗 R_1 に流れる電流の値を求める。オームの法則により、$I = \dfrac{V}{R}$ であるから、

$\quad$ 10 [V] ÷ 2 [Ω] = 5 [A]

抵抗 R_1 に流れる電流の大きさは 5A である。抵抗 R_1 と抵抗 R_2 は直列に接続されているので、抵抗 R_2 に流れる電流も同じ 5A である。これで、抵抗 R_2 にかかる電圧を求めることができる。オームの法則により、$V = IR$ であるから、

$\quad$ 5 [A] × 3 [Ω] = <u>15</u> [V]

抵抗 R_2 にかかる電圧は、<u>15</u> V である。

> 間違えた人は、Lesson03 を復習しよう。

問題 04 正解　3

問題文の条件により、ブリッジ回路の平衡条件が成り立っているので、

$\quad$ $4X = 8 \times 10 = 80$　$X = \underline{20}$ [Ω] となる。

> 間違えた人は、Lesson03 を復習しよう。

問題 05 正解　2

コンデンサーが直列に接続されている場合の合成静電容量は、それぞれのコンデンサーの静電容量の<u>逆数の和の逆数</u>であるが、コンデンサーが 2 個の場合は、それぞれの静電容量の<u>和分の積</u>で求めることができる。したがって、

$\quad$ $\dfrac{10 \times 10}{10 + 10} = \underline{5}$ [μF] が正解となる。

なお、この場合のように、2 個のコンデンサーの静電容量が同じ値のとき、和分の積は、$\dfrac{X^2}{2X} = \dfrac{X}{2}$ となるので、単に 10 [μF] を 2 で割って正解を求めることもできる。

> 間違えた人は、Lesson04 を復習しよう。

問題 06 正解　1

1　×　金の抵抗率は、銀、銅よりも<u>高い</u>。
2　○　導電率は抵抗率の<u>逆数</u>である。
3　○　抵抗率の単位は、<u>Ω・m</u> である。
4　○　電気抵抗は、物体の長さに<u>比例</u>し、断面積に<u>反比例</u>する。

▶ 間違えた人は、Lesson05 を復習しよう。

問題 07 正解　1

　抵抗に電流を流したときに発生する熱量は、電流の<u>二乗</u>と抵抗と時間の積で表される。5 Ωの抵抗に 0.1A の電流が 5 秒間流れたときに発生する熱量は、$0.1 \times 0.1 \times 5 \times 5 = \underline{0.25}$ [J] である。

▶ 間違えた人は、Lesson06 を復習しよう。

問題 08 正解　2

　2 つの電荷間に働く静電気力は、電荷の量の<u>積</u>に比例し、電荷間の距離の二乗に<u>反比例</u>する（クーロンの法則）。

▶ 間違えた人は、Lesson07 を復習しよう。

問題 09 正解　2

1　○　磁石を<u>動かす</u>とコイルに電流が流れるが、磁石を<u>止める</u>と電流は流れなくなる。
2　×　電磁誘導により生じる誘導起電力の大きさは、コイルの<u>巻数</u>と、磁束の変化する<u>速さ</u>に比例する。したがって、磁石を速く動かすほど、コイルに流れる電流は大きくなる。
3　○　磁石をコイルに入れるときとコイルから出すときでは、コイルに流れる電流の向きが<u>反対</u>になる。
4　○　磁石を固定してコイルを動かした場合も、コイルに<u>電流</u>が流れる。

▶ 間違えた人は、Lesson08 を復習しよう。

問題 10 正解 3

　まず、この回路のインピーダンスを求める。RLC 直列回路なので、合成インピーダンスは、$Z = \sqrt{8^2 + (12 - 6)^2} = \sqrt{100} = \underline{10}$ [Ω] である。続いて、オームの法則により電流の値を求めると、$I = \dfrac{100}{10} = \underline{10}$ [A] となる。

　　　　　　　　　　　　　間違えた人は、Lesson09 を復習しよう。

問題 11 正解 2

　交流回路において、負荷を誘導リアクタンスとした場合（つまり、回路にコイルを接続した場合）、電流の位相は、電圧より $\underline{90}$ 度（$\dfrac{\pi}{2}$ [rad]、$\dfrac{1}{4}$ 周期）遅れる。

　　　　　　　　　　　　　間違えた人は、Lesson09 を復習しよう。

問題 12 正解 4

1　×　可動コイル形の指示電気計器は、直流回路のみに使用できる。
2　×　電流力計形の指示電気計器は、交直流両用である。
3　×　熱電形の指示電気計器は、交直流両用である。
4　○　誘導形の指示電気計器は、交流回路のみに使用できる。

　　　　　　　　　　　　　間違えた人は、Lesson10 を復習しよう。

問題 13 正解 4

　電流計の測定範囲を拡大したいときは、電流計と並列に抵抗を接続する。その抵抗を分流器という。

　　　　　　　　　　　　　間違えた人は、Lesson10 を復習しよう。

問題 14 正解 2

　1 次巻線と 2 次巻線の巻数比が 5：1 の変圧器における 2 次側の電流は、1 次側の 5 倍になる。なお、電力は変圧器によって変化しない。

　　　　　　　　　　　　　間違えた人は、Lesson11 を復習しよう。

210

5章
消防用設備等の構造・機能・工事・整備〈機械に関する部分〉

まず、これだけ覚えよう！

この章では、第1類消防設備士の業務の対象になる消火設備の構造、機能等を扱う。まずは、それぞれの消火設備がどんなものなのか、おおよそのイメージをつかんでおこう。

①水系消火設備の概要と共通点

　第1類消防設備士の工事整備対象設備である、屋内消火栓設備、屋外消火栓設備、スプリンクラー設備、水噴霧消火設備に、第2類消防設備士の工事整備対象設備である泡消火設備を加えて、水系消火設備と呼ぶことがある。その呼び名のとおり、これらの消火設備は、いずれも、水または消火薬剤の水溶液により消火を行うものである。

　次ページの図に示すように、水系消火設備は、その基本的な構成においては共通する部分が多い。水系消火設備には、消火に使う水を供給する水源が必要であることはいうまでもないが、その水を防火対象物の各部分へ運ぶためには、配管を設置し、配管内の水に圧力をかけなければならない。そのために必要なのが、ポンプ等の加圧送水装置である。また、配管の途中には、流路を開閉したり、流量を調整したり、逆流を防止したりするために、弁（バルブ）を設ける必要がある。管を接続する継手も必要となる。これらの装置や設備、器具等は、いずれも水系消火設備に共通するものである。

②それぞれの消火設備の違い

　水系消火設備に含まれるそれぞれの消火設備の違いは、消火に使う水の利用の仕方である。

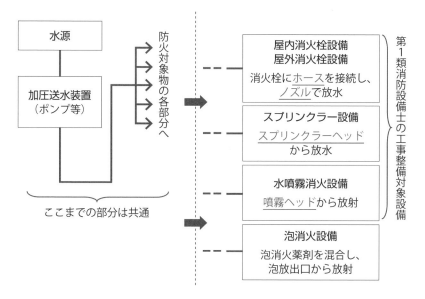

〈水系消火設備の基本的なしくみ〉

屋内消火栓設備、屋外消火栓設備は、防火対象物の各部分（屋外消火栓設備では防火対象物の周囲）に設置された消火栓にホースを接続し（または、あらかじめ接続されているホースを使用し）、消火を行う人が、火災が発生している場所の付近までホースを延ばしていき、ホースの先端に取り付けられたノズルを操作して放水する。

スプリンクラー設備は、火災が発生すると、防火対象物の天井等に設置されたスプリンクラーヘッドから自動的に放水される。

水噴霧消火設備は、スプリンクラー設備に似ているが、スプリンクラーヘッドの代わりに噴霧ヘッドが設置され、水を霧状に放射する点が異なる。

この章では、Lesson 01 から Lesson 04 を「共通事項」とし、水系消火設備全般に共通する装置や設備、器具等についてまず説明してから、Lesson 05 以降では、それぞれの消火設備について説明していく。

水系消火設備の共通事項 ①

ここが Point!

加圧送水装置（ポンプ）は特に重要。ポンプに必要とされる性能等をしっかり覚えよう。

基礎知識を押さえよう！

1. 水源

　水系消火設備に使用される水源には、地下水槽、地上水槽、高架水槽、圧力水槽等の人工水源と、海、河川、湖沼、池等の自然水利がある。人工水源の場合、貯水量にはおのずと限界があるが、設置する消火設備の必要水量を常時確保できるようにしなければならない。自然水利を利用する場合は、枯渇、増水などの自然現象に注意を払う必要がある。

　貯水槽等に蓄えられる水量のうち、実際に消火設備の機器等に支障なく使用できる範囲の水量を、有効水量という。

〈床上水槽または高架水槽の場合〉

• 貯水槽の送水管の上端上部（送水管の内径 D に 1.65 を乗じて得た値の位置）から貯水面までの間を有効水量とする（次ページ上の図参照）。

• 水源を他の設備と兼用する場合は、消火設備用吐出管の上端上部（送水管の内径 D に 1.65 を乗じて得た値の位置）から一般給水用吐出管の下端下部の間を有効水量とする。

〈床下水槽の場合〉

• フート弁のシート面の上部（吸水管の内径 D に 1.65 を乗じて得た値の位置）から貯水面までの間を有効水量とする（次ページ下の図参照）。

• 水源を他の設備と兼用する場合は、消火設備ポンプのフート弁の上部に他のポンプのフート弁を設け、消火設備ポンプのフート弁（シート面）から吸水管の内径 D に 1.65 を乗じて得た値以上の位置から他のポンプのフート弁（ストレーナーの底部）までの間を有効水量とする。

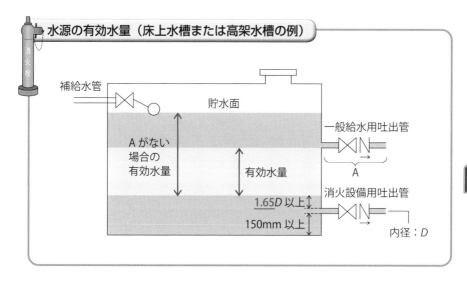

水源の有効水量（床上水槽または高架水槽の例）

補給水管

貯水面

A がない
場合の
有効水量

有効水量

一般給水用吐出管

A

消火設備用吐出管

1.65D 以上

150mm 以上

内径：D

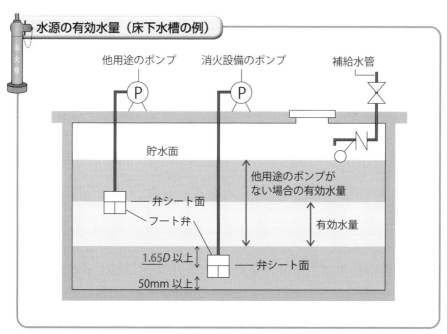

水源の有効水量（床下水槽の例）

他用途のポンプ

消火設備のポンプ

補給水管

貯水面

他用途のポンプが
ない場合の有効水量

有効水量

弁シート面

フート弁

1.65D 以上

弁シート面

50mm 以上

01

水系消火設備の共通事項 ①

2. 加圧送水装置の種類

　水系消火設備で用いられる加圧送水装置は、水源から供給される水に圧力を加えて防火対象物の各部分に送水し、消火設備を一定時間使用するために必要な吐出量を供給するための設備である。加圧送水装置には、高架水槽方式、圧力水槽方式、ポンプ方式の3種類があるが、一般に最も広く使用されているのは、ポンプ方式のものである。

　本書では、本試験でも出題例の多いポンプ方式の加圧送水装置を中心に扱うが、他の2種類についても、ここで簡単に説明しておく。

高架水槽方式：消火する箇所よりも高い位置に貯水槽を設け、その落差（位置水頭）を利用して加圧送水する装置。

圧力水槽方式：密閉された圧力容器内の空気を圧縮し、その圧力によって送水を行う装置。

3. 加圧送水装置（ポンプ方式）の概要

　ポンプ方式の加圧送水装置は、羽根車の回転により得られる遠心力を利用して水に圧力を加え、送水を行う装置である。ポンプの動力としては、電動機を用いることとされている※。

　ポンプには、作動原理や構造によりさまざまな種類があるが、一般に、加圧送水装置に用いられるのは遠心ポンプである。遠心ポンプには、ボリュート式ポンプとタービン式ポンプがある。

ボリュート式ポンプ：渦巻き型のケーシングの内部で羽根車が回転することにより水に遠心力を与え、その遠心力を利用して揚水を行う。低揚程だが、構造が簡単で振動や騒音が少なく、大量の水を送水するのに適している。渦巻ポンプともいう。

タービン式ポンプ：ボリュート式ポンプの羽根車の外周に、羽根車の回転方向と逆向きの案内羽根を設けたもので、効率よく高圧が得られる。複数のポンプを直列に配置した多段タービンポンプとすることで、さらに高圧を得ることができる。ディフューザポンプともいう。

※ 特定施設水道連結型スプリンクラー設備（p.256参照）に加圧送水装置を設ける場合は、ポンプの動力を内燃機関とすることができる。

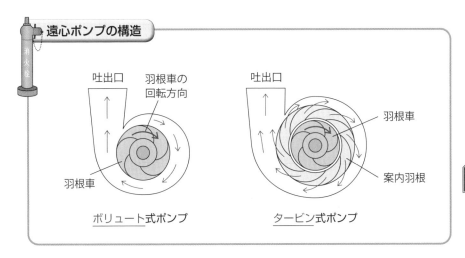

4. ポンプの性能を示す指標

　加圧送水装置に用いるポンプは、防火対象物に設置する消火設備がその能力を発揮するために十分な性能を有していなければならない。ポンプの性能を示す指標には、以下のようなものがある。

吐出量：ポンプが一定時間に吐出する液体の量。流量、容量ともいう。単位はリットル毎分［L／min］。

揚程：ポンプが液体をくみ上げられる高さ。単位はメートル［m］。

実揚程：ポンプが実際に液体をくみ上げる高さ。落差ともいう。

全揚程：ポンプが液体に付与するエネルギーを、高さ（水頭）に換算した値。加圧送水装置のポンプの全揚程は、以下の式で求められる。

> 全揚程 H ＝ 配管等摩擦損失水頭＋落差＋放水圧力等換算水頭

ポンプ効率：ポンプに供給された動力がどの程度水の動力に変換されたかを表す指標。水動力と軸動力の比で表される。

> ポンプ効率 $\eta = \dfrac{Nw}{P}$ 　　　Nw：水動力［kW］　　P：軸動力［kW］
>
> 　水動力はポンプが水に与える動力。軸動力は電動機がポンプを回転させるために必要な動力。

5. 揚程曲線

　ポンプの吐出量と全揚程の関係をグラフで示すと、下図のような右下がりの曲線になる。このグラフを、ポンプの揚程曲線という。加圧送水装置に用いられるポンプについては、流量の増加による性能低下を抑える方向で（すなわち、揚程曲線の傾きをなだらかにする方向で）、以下のような規定が定められている。

- ポンプに表示されている吐出量（定格吐出量）における揚程曲線上の全揚程は、ポンプに表示されている全揚程（定格全揚程）の100%以上110%以下（特定施設水道連結型スプリンクラー設備にあっては、100%以上125%以下）であること。
- 定格吐出量の150%の吐出量における揚程曲線上の全揚程は、定格吐出量における揚程曲線上の全揚程の65%以上であること。
- 締切全揚程（吐出量を0とした場合における全揚程）は、定格吐出量における揚程曲線上の全揚程の140%以下であること。

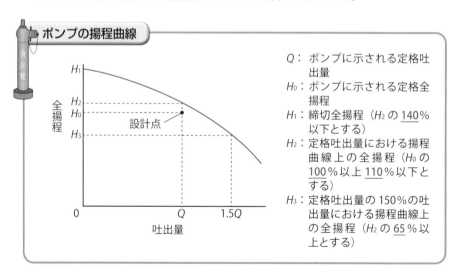

ポンプの揚程曲線

Q：ポンプに示される定格吐出量

H_0：ポンプに示される定格全揚程

H_1：締切全揚程（H_2の140%以下とする）

H_2：定格吐出量における揚程曲線上の全揚程（H_0の100%以上110%以下とする）

H_3：定格吐出量の150%の吐出量における揚程曲線上の全揚程（H_2の65%以上とする）

6. ポンプの耐圧力

　ポンプ本体は、最高吐出圧力※の 1.5 倍の圧力を 3 分間加えた場合において、漏水、著しい変形等を生じないものであることとされている。

※ 締切全揚程に最高押込圧力を加えた圧力（特定施設水道連結型スプリンクラー設備に用いるものにあっては定格全揚程）。

7. ポンプの軸動力

　ポンプの軸動力については、以下のように定められている。

・ポンプの軸動力は、定格吐出量において電動機定格出力を超えないこと。

・ポンプの軸動力は、定格吐出量の 150％の吐出量において電動機定格出力の 110％を超えないこと。

01

水系消火設備の共通事項 ①

ポイントを 丸 暗記！

1 **ポンプの全揚程とは、ポンプが液体に付与するエネルギーを、高さ（水頭）に換算した値である。**

加圧送水装置のポンプの全揚程は、配管等による摩擦損失水頭、落差（実揚程）、放水圧力等換算水頭を足し合わせた値である。

2 **定格吐出量の 150％の吐出量における全揚程は、定格吐出量における全揚程の 65％以上とする。**

締切全揚程（吐出量を 0 とした場合における全揚程）は、定格吐出量における全揚程の 140％以下とする。

水系消火設備の共通事項 ②

基礎知識を押さえよう！

1. 加圧送水装置（ポンプ式）の附属装置

（1）呼水装置

　ポンプは、内部が常に水で満たされていないと空回りしてしまい、送水することができない。したがって、水源の水位がポンプよりも低い位置にある場合は、給水管の水が水槽に戻らないようにフート弁（逆止弁の一種）を設けるとともに、ポンプ内を常時充水するために水を補給する装置が必要となる。そのために設けられるのが、呼水装置である。

　呼水装置は、呼水槽、溢水用排水管、排水管（止水弁を含む）、呼水管（逆止弁及び止水弁を含む）、減水警報装置の発信部及び呼水槽に水を自動的に補給するための装置により構成される（次ページの図参照）。

　呼水装置については、以下のような規定がある。

- 呼水装置には、専用の呼水槽を設ける。
- 呼水槽の有効水量は 100L 以上とすること。ただし、フート弁の呼び径が 150 以下の場合は 50L 以上とすることができる。
- 呼水装置の配管口径は、補給水管にあっては呼び 15 以上、溢水用配水管にあっては呼び 50 以上、呼水管にあっては呼び 40 以上とする。
- 呼水槽には、減水警報装置及び呼水槽へ水を自動的に補給するための装置を設ける。
- 減水警報装置の発信部は、フロートスイッチまたは電極とし、呼水槽の貯水量が有効水量の 2 分の 1 となる前に、音響により警報を発するための信号を発信するものとする。

- 呼水槽に水を自動的に補給する装置は、呼水槽が減水した場合に、水道、高架水槽等からボールタップ等により自動的に水を補給するものとする。

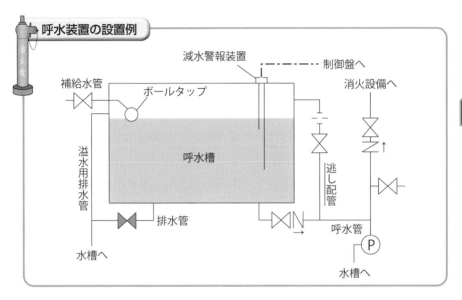

呼水装置の設置例

減水警報装置　　　制御盤へ

補給水管　　　ボールタップ　　　消火設備へ

溢水用排水管　　　呼水槽　　　逃し配管

排水管

水槽へ　　　呼水管

水槽へ　　P

（2）水温上昇防止用逃し配管

　加圧送水装置の締切運転時（吐出量を0にした状態で運転すること）には、ポンプの羽根車の回転により水温が上昇し、ポンプの機能障害を引き起こすおそれがあるので、水温上昇防止用の逃し配管を設けることとされている（上図参照）。逃し配管については、以下のように定められている。

- 逃し配管は、ポンプ吐出側逆止弁の一次側で、呼水管の逆止弁のポンプ側となる部分に接続し、ポンプの運転中に常時呼水槽等に放水するものとする。
- 逃し配管の口径は、呼び15以上とする。
- 逃し配管には、オリフィス及び止水弁を設ける。
- 逃し配管には、ポンプの締切運転を連続して行った場合も、ポンプ内部の水温が30℃以上上昇しないようにするために必要な量の水（加圧送水装置の揚水量の3～5％程度）が流れるようにする。
- ポンプ本体に逃し機構を有する場合は、逃し配管を設けなくてよい。

（3）性能試験装置

　ポンプの定格負荷運転が実際に行われるのは、火災が発生して消火設備が作動し、放水が行われるときであり、それ以外の場合に行われることはほぼない。しかし、ポンプの性能試験を行う際には、定格負荷運転時の性能についても確認する必要がある。そのために設けられるのが、ポンプの性能試験装置である。性能試験装置については、以下のように定められている。

- 加圧送水装置には、定格負荷運転時のポンプの性能を試験するための配管設備を設ける。
- 配管は、ポンプの吐出側の逆止弁の一次側に接続し、ポンプの負荷を調整するための流量調整弁、流量計等を設ける。
- 流量計の流入側及び流出側には、整流のために流量計の性能に応じた長さの直管部を設ける。
- 流量計は差圧式のものとし、定格吐出量を測定できるものとする。
- 配管の口径は、ポンプの定格吐出量を十分に流すことができるものとする。
- ポンプ性能試験装置の二次側配管は、水槽に還流するなど、有効に排水できるものとする。

　ポンプの性能試験は、以下の手順で行う。

① ポンプを起動させる。

② ポンプ、電動機、その他の機器等の運転状況を確認する。

③ ポンプの吐出側の止水弁を閉止して締切運転を行い、締切運転時の吐出揚程[※1]、電圧値及び電流値が適正であることを確認する。

④ 試験用配管の流量調整弁を徐々に開いて、定格負荷運転となるように調整する。定格負荷運転時の吐出揚程[※2]、電圧値及び電流値が適正であることを確認する。

※1 定格吐出量における揚程曲線上の全揚程の140％以下（p.218 参照）。
※2 ポンプに表示されている定格全揚程の100％以上110％以下（p.218 参照）。

(4) 圧力計・連成計

ポンプの吐出側には圧力計、吸込側には連成計を設ける。

圧力を測定する計器には、圧力計、真空計、連成計の3種類があり、圧力計は正圧（大気圧以上の圧力）、真空計は負圧（大気圧以下の圧力）のみを測定できる。連成計は、正圧、負圧のどちらも測定できる。

加圧送水装置のポンプの吸込側は、運転中は負圧となるが、ポンプ停止時には水源水槽もしくは呼水装置等との落差により加圧されるので、真空計では故障のおそれがあることから、連成計を設けることとされている。

2. 電動機の所要動力等

ポンプを駆動する電動機の所要動力（出力）は、以下の式で求められる。

$$
\text{所要動力 } P = \frac{0.163 + Q \times H}{\eta} \times \alpha \ [\text{kW}]
$$

Q：吐出量 $[\text{m}^3/\text{min}]$　　H：全揚程 $[\text{m}]$　　η：ポンプ効率

α：伝達係数

このほか、電動機については以下のような規定がある。

- 電動機は、確実に作動するもので、十分な耐久性を有し、取扱い操作、点検及び部品の取替えが容易にできるものであること。
- 電動機の部品は的確に取り付けられ、容易に緩みが生じないように措置が講じられていること。
- 電動機は、ポンプを定格負荷の状態で始動し、運転した場合において異常が生じないものであること。
- 電動機は、定格出力で連続運転した場合及び定格出力の110%の出力で1時間運転した場合において、機能に異常が生じないものであること（特定施設水道連結型スプリンクラー設備に用いるものを除く）。

〈ポンプの軸動力に関する規定〉（参考）

- ポンプの軸動力は、定格吐出量において電動機定格出力を超えないこと。
- ポンプの軸動力は、定格吐出量の150%の吐出量において電動機定格出力の110%を超えないこと。

3. ポンプの異常

ポンプの運転中に異常な振動や騒音をもたらす現象として、以下のものが挙げられる。

キャビテーション：ポンプの吸込側では、圧力の低下により水中に気泡が発生する。圧力が加わると気泡は消滅するが、そのときに、局所的に強い衝撃圧が発生し、振動や騒音が生じる。

ウォーターハンマ：配管内の流体の流速が急激に変化したときに、部分的に圧力が著しく上昇し、圧力波となって管路内を伝わる現象。ポンプの急停止や、弁の急な開閉を行ったときなどに生じ、圧力波の衝撃により配管や弁類等が破壊されるおそれがある。水撃作用ともいう。

サージング：一定の条件下で、ポンプの吐出量、管内の圧力等が周期的に変動する現象。ポンプを低流量域で運転するときに生じ、激しい振動をもたらす。

サージングが生じるとポンプの運転が不安定になるので、流量や回転数を適当に変えるなどしてサージングを防止する必要がある。

ゴロ合わせで覚えよう！

ポンプの異常（キャビテーション）

超バブリー！
（気泡）

お弁当にキャビアという
（キャビテーション）

衝撃の事実
（衝撃圧）

⮕ キャビテーションは、ポンプ内の圧力低下により水中に気泡が発生する現象で、気泡が消滅するときに局所的に強い衝撃圧が発生し、振動や騒音が生じる。

ポイントを暗記！

1 水源の水位がポンプよりも<u>低い</u>位置にある場合は、呼水装置を設ける必要がある。

呼水装置は、ポンプが空回りしないように、ポンプ内を常時充水しておくための装置である。水源の水位がポンプよりも<u>高い</u>位置にある場合は、呼水装置を設ける必要はない。

2 逃し配管は、ポンプ吐出側逆止弁の<u>一次</u>側で、呼水管の逆止弁の<u>ポンプ</u>側となる部分に接続する。

水温上昇防止用の逃し配管は、ポンプ吐出側逆止弁の<u>一次</u>側で、呼水管の逆止弁の<u>ポンプ</u>側となる部分に接続し、ポンプの運転中に常時呼水槽等に放水するものとする。

3 性能試験装置の配管は、ポンプの吐出側の逆止弁の<u>一次</u>側に接続する。

性能試験装置の配管は、ポンプの吐出側の逆止弁の<u>一次</u>側に接続し、ポンプの負荷を調整するための<u>流量調整弁</u>、<u>流量計</u>等を設ける。

こんな選択肢に注意！

ポンプの吐出側には~~連成計~~、吸込側には~~圧力計~~を設ける。

ポンプの吐出側には<u>圧力計</u>、吸込側には<u>連成計</u>を設ける。

02

水系消火設備の共通事項 ②

水系消火設備の共通事項 ③

ここが Point!

水系消火設備に使用する配管の材質や、配管の寸法の表し方、
管継手、弁（バルブ）類の種類を覚えよう。

基礎知識を押さえよう！

1. 配管

（1）配管の材質

水系消火設備に使用する配管については、以下のように定められている。

- 配管は、原則として専用のものとする※。

※ 屋内消火栓設備の配管は、屋内消火栓設備の起動装置を操作することにより、直ち
に他の消火設備の用途に供する配管への送水を遮断することができるなど、屋内消
火栓設備の性能に支障を生じない場合は、配管を他の設備と共用することができる
（連結送水管と兼用されることが多い）。

- 配管の材質は、下表に掲げるもの、もしくはこれらと同等以上の強度、
  耐食性及び耐熱性を有する金属製の管、または、気密性、強度、耐食性、
  耐候性及び耐熱性を有するものとして消防庁長官が定める基準に適合す
  る合成樹脂製の管とする。

規格番号	規格名称
JIS G 3442	水配管用亜鉛めっき鋼管 SGPW：Steel Gas Pipe Water
JIS G 3448	一般配管用ステンレス鋼鋼管
JIS G 3452	配管用炭素鋼鋼管 SGP：Steel Gas Pipe
JIS G 3454	圧力配管用炭素鋼鋼管 STPG：Steel Tube Piping General
JIS G 3459	配管用ステンレス鋼鋼管 SUS-TP：Steel Use Stainless Tube Pipe

- 配管の管径は、水力計算により算出された配管の呼び径とする。
- 配管の耐圧力は、配管に給水する加圧送水装置の締切圧力の 1.5 倍以上の水圧に耐えるものとする。

(2) 配管の呼び径とスケジュール番号

　配管の呼び径とは、配管の外径に対応する呼称で、JIS（日本産業規格）により、A 呼称（ミリメートル系）と B 呼称（インチ系）が定められている。一例を挙げると、外径 60.5mm の配管は、A 呼称では「50A」「呼び 50」、B 呼称では「2 インチ」というように呼ばれる。この例からもわかるように、呼び径を表す数値は、実際の寸法とは必ずしも一致していない。

　スケジュール番号は、配管の肉厚（呼び厚さ）に対応する規格で、一定の外径に対して、配管にかかる圧力と配管の許容応力の比を一定段階ごとに分類し、「Sch40」「Sch80」のように表される。一例を挙げると、呼び径 50A、Sch40 の配管の肉厚は 3.9mm、Sch80 の場合は 5.5mm となる。

外径が異なる配管でも、スケジュール番号が同じなら同一条件で使用できるように分類されているんだ。

同じ管径なら、スケジュール番号が大きいほど肉厚が厚く、高圧に耐えられるんですね。

2. 管継手

　管継手は、配管どうしを接続するもので、その接続方法によりさまざまな種類がある。

①フランジ継手

　配管にボルト穴が空いた輪（フランジ）を通し、フランジどうしをボルト締めで接合するもので、主に口径の大きい配管の接合に用いられる。取り外しが容易なので、機器の交換や管の補修、増設等が行いやすい。管とフランジの接合は、ねじ式または溶接式による。

03

水系消火設備の共通事項 ③

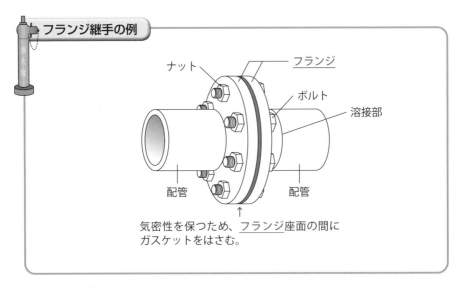

フランジ継手の例

ナット

フランジ

ボルト

溶接部

配管

配管

気密性を保つため、フランジ座面の間に
ガスケットをはさむ。

②突合せ溶接式継手

耐久性、気密性にすぐれる信頼性の高い継手で、主に呼び 65A 以上の配管に使用される。完全な溶接が要求されるので、有資格者に正しい手順で施工させる必要がある（溶接の方法等については p.233 以降を参照）。

③ねじ込み式継手

管の先端と継手の接続部分にねじが切ってあり、おねじをめねじにねじ込んで接続する。強度は溶接に劣る。口径の大きい管ではねじの締め付けが困難になるため、呼び 50 以下の配管に使用することが望ましい。

管継手には、単に配管をつなぎ合わせて延長するもののほかに、配管の流路を曲げるもの、配管を分岐するもの、口径の異なる管を接続するもの、配管と弁、配管とその他の機器類を接続するものなどがある。

上記のほかに、継手に弾性があり、地震やポンプの振動等による変位を吸収して、配管の損傷を防ぐ可とう管継手（フレキシブルジョイント）、温度変化等による配管の伸縮を吸収して、配管の損傷を防ぐ伸縮継手（ベローズチューブ）などがある。

●管継手の用途と種類

用途	継手の種類
直管部の接続	ソケット、ユニオン、フランジ
配管を屈曲させる	エルボ、ベンド
配管を分岐させる	チーズ（ティー）、クロス
口径の異なる管の接続	径違いソケット（レジューサー）、径違いエルボ、径違いチーズ、ブッシュ（ブッシング）
配管の末端をふさぐ	プラグ、キャップ
フランジ付きの機器に接続	フランジ
地震やポンプの振動による破損を防ぐ	可とう管継手（フレキシブルジョイント）
管の膨張による変形を防ぐ	伸縮継手（ベローズチューブ）

03

水系消火設備の共通事項 ③

管継手の種類については、鑑別問題でも出題されることがある。p.355〜356の写真を見て、継手の形と名称を覚えよう。

3. 弁（バルブ）類

　弁（バルブ）類は、配管の途中に取り付けられ、流路の開閉や、流量、圧力の調整等を行うもので、以下のような種類がある。

（1）仕切弁

　仕切弁は、ハンドルを回すことにより弁体（ディスク）を上下させて流路の開閉を行う弁で、止水弁、開閉弁、制御弁、ゲートバルブとも呼ばれる。弁棒（ステム）の上下とともに弁体が上下する外ねじ式と、弁棒は上下せず弁体だけが上下する内ねじ式があるが、一般に、弁の開閉状態が容易に確認できる外ねじ式が用いられる。

　仕切弁は、流路の開閉のみに使用されるもので、中間開度による流量の調整には適さない。仕切弁には開閉方向を表示することとされている。

　仕切弁は、全開時には弁体が流路に残らないので、圧力損失が比較的少ないことも特徴である。

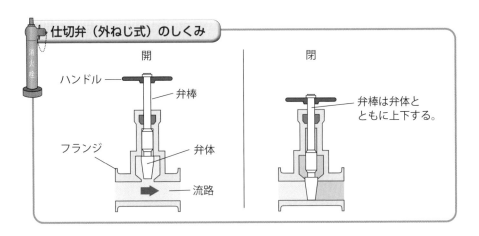

仕切弁（外ねじ式）のしくみ

開　　　　　　　　　　　　閉

ハンドル

弁棒

フランジ

弁体

流路

弁棒は弁体とともに上下する。

（2）玉形弁

　玉形弁は、全開、全閉状態のほか、中間開度での流量の調整にも適している。ただし、バルブ内で流路の方向転換があるので、圧力損失が比較的大きい。グローブバルブともいう。

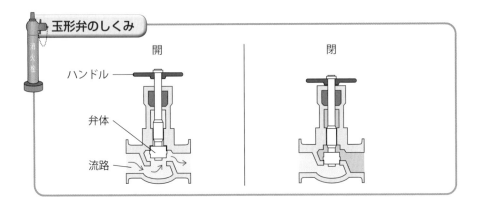

玉形弁のしくみ

開　　　　　　　　　　　　閉

ハンドル

弁体

流路

（3）逆止弁

　逆止弁は、流水の逆流を防止するための弁で、チェッキバルブともいう。流水が逆方向に流れようとすると、その圧力により弁体が閉じるしくみになっており、その機構には、リフト型、スイング型などがある。水源がポンプよりも低い位置にあるときに設けるフート弁も、逆止弁の一種である。

　逆止弁には、流れ方向を表示することとされている。

ポイントを暗記！

 配管の管径は、水力計算により算出された配管の呼び径とする。

呼び径とは、配管の外径に対応する呼称で、JIS（日本産業規格）により、A呼称（ミリメートル系）とB呼称（インチ系）が定められている。

 スケジュール番号は、配管の肉厚に対応する規格である。

スケジュール番号は、一定の外径に対して、配管にかかる圧力と配管の許容応力の比を一定段階ごとに分類したもので、配管の肉厚に対応している。外径が異なる配管でも、スケジュール番号が同じなら同一条件で使用できる。

 仕切弁には開閉方向を、逆止弁には流れ方向を表示する。

仕切弁は流路の開閉を行う弁、逆止弁は流水の逆流を防止するための弁である。

こんな選択肢に注意！

配管の耐圧力は、配管に給水する加圧送水装置の全揚程の 1.5 倍以上の水圧に耐えるものとする。

配管の耐圧力は、配管に給水する加圧送水装置の締切圧力の 1.5 倍以上の水圧に耐えるものとする。

03

水系消火設備の共通事項 ③

水系消火設備の共通事項 ④

ここが Point!
溶接の原理や溶接に関連する用語、溶接の品質低下につながる欠陥の種類を覚えよう。

基礎知識を押さえよう！

1. 溶接継手の特徴

　溶接とは、金属の接合部を高熱で溶かして継ぎ合わせることをいう。金属の接合法には、ボルトやリベットを用いる方法もあるが、それらと比較すると、溶接継手には以下のような特徴がある。

〈溶接継手の長所〉

• 継手の強度が高い。

• 水密性、気密性にすぐれている。

• 材料の軽量化が図れる。

• 工程が少なく、短時間で接合できる。

〈溶接継手の欠点〉

• 材質が部分的に変化する。

• 変形（歪み）が生じるおそれがある。

• 残留応力が残る。

• 作業者の技量により強度が大きく左右される。

• 品質管理が難しい。

• 分解ができない。

> ボルトやリベットを用いる接合は機械的接合法、溶接は冶金的接合法に分類される。金属の接合法としては、このほかに接着剤接合法がある。

2. 溶接の方法

　溶接にはさまざまな方法があるが、配管の溶接に広く用いられるのはアーク溶接で、被覆アーク溶接、半自動アーク溶接、TIG溶接（タングステン‐不活性ガス溶接）などがある。

　管継手に使用される溶接継手の形状には、突合せ溶接形と差込み溶接形があるが、ここでは、主に呼び65A以上の配管に使用される、突合せ溶接形について説明する。

　突合せ溶接とは、文字どおり、2つの母材（溶接しようとする材料のこと）を突き合せるように配置して溶接する方法である。その際に、単に母材どうしをぴったり突き合せるのでなく、下図のように、母材を突き合せたときに溝状のくぼみができるように加工しておくと施工しやすく、溶接部の溶け込みもよくなり、強度を高めることができる。このような溝を開先といい、開先を設けて溶接する方法を、開先溶接（完全溶け込み溶接）という。

突合せ溶接（開先溶接）の方法と各部の名称

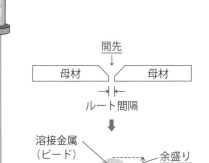

開先：溶接を行う母材間に設ける溝。グルーブともいう。さまざまな形状があり、開先加工とルート間隔の確保が突合せ溶接の品質を左右する。

溶接金属：溶着金属と溶融母材とが溶融凝固したもの。

溶着金属：溶接中に付加される金属材料である溶加材から溶接部に移行した金属。

ビード：継手に沿って行う1回のパス（溶接操作）によってできる溶接金属。

ボンド：溶接金属と母材の境界の部分。

余盛り：表面から盛り上がった部分の溶着金属。

3. アーク溶接の原理

　アーク溶接とは、２つの電極間に生じるアーク放電という現象を利用した溶接である。ここでは、アーク溶接の一種である被覆アーク溶接について説明する。

　被覆アーク溶接では、溶接の対象となる母材と溶接棒の間に電流を流し、アークを発生させる。溶接棒は、金属の心線に被覆材を塗布したもので、アークの熱により母材と溶接棒が溶融され、溶接が行われる。被覆材は、アークを安定させるとともに、被覆材から発生するガスや、被覆材から生成されるスラグと呼ばれる非金属物質により溶接金属を大気から保護し、酸化や窒化を防ぐ役割をもつ。

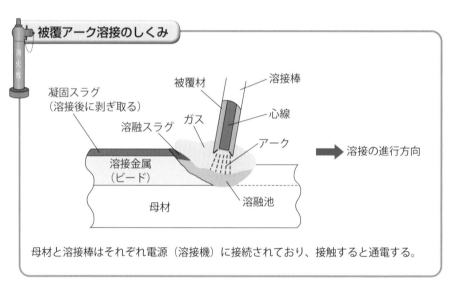

被覆アーク溶接のしくみ

凝固スラグ
（溶接後に剥ぎ取る）

溶融スラグ

ガス

被覆材

溶接棒

心線

アーク

溶接金属
（ビード）

母材

溶融池

➡ 溶接の進行方向

母材と溶接棒はそれぞれ電源（溶接機）に接続されており、接触すると通電する。

アークは、母材と溶接棒をいったん接触させ、通電させた後で、引き離した瞬間に発生するんだ。

4. 溶接の欠陥

　溶接は信頼性の高い接合法であるが、溶接の工程で不具合が生じると、必要な強度が得られず、品質が低下する。以下は、アーク溶接で生じる主な欠陥の例である。

〈表面に現れる欠陥〉

アンダーカット：溶接の止端（母材の面とビードの表面が交わる点）に沿って溝ができること。電流が大きすぎるときや、溶接の速度が速すぎるときに生じる。

オーバーラップ：溶着金属が母材の表面にあふれ出て、母材と溶融しないまま重なったもの。電流が小さすぎるときや、溶接の速度が遅すぎるときに生じる。

ピット：ビードの表面にできる小さいくぼみ。ブローホール（下記参照）がビードの表面に放出されたときに固まったもの。

クレータ：ビードの終端にできるくぼみ。クレータの部分に生じる割れをクレータ割れという。

〈内部にできる欠陥〉

ブローホール：溶融金属の中にできる空洞。溶融金属に吸収されたガスが、表面に浮き上がる前に凝固することにより生じる。

スラグ巻込み：溶融スラグが浮上せずに、溶着金属または母材との融合部に残ること。

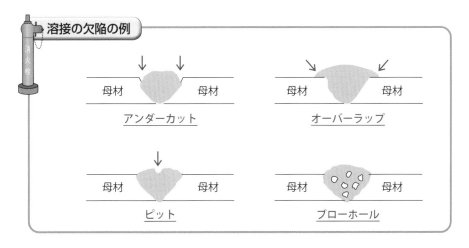

溶接の欠陥の例

| アンダーカット | オーバーラップ |
| ピット | ブローホール |

母材　母材　母材　母材　母材　母材　母材　母材

04

水系消火設備の共通事項④

溶接継手は、継手の強度が高く、水密性、気密性にすぐれている。

一方、溶接継手の欠点は、溶接する材料の材質が部分的に変化すること、変形（歪み）が生じるおそれがあること、残留応力が残ることなどである。

 アンダーカットとは、溶接の止端に沿って溝ができることをいう。

アンダーカットは、電流が大きすぎるときや、溶接の速度が速すぎるときに生じる。

 オーバーラップとは、溶着金属が母材の表面にあふれ出て、母材と溶融しないまま重なった状態をいう。

オーバーラップは、電流が小さすぎるときや、溶接の速度が遅すぎるときに生じる。

 重要用語を覚えよう！

 残留応力

物体が外力を受けると、それに応じて、物体の内部には、外力に抵抗して物体を元の形状に保とうとする力が生じる。その力を応力といい、外力を除いた後も物体中に残る応力を残留応力という。

屋内消火栓設備の構造・機能等

ここがPoint!

屋内消火栓設備は、消火栓の種類により、設置できる防火対象物や求められる性能が異なる。

基礎知識を押さえよう！

1. 屋内消火栓設備の構成

　屋内消火栓設備は、水源、加圧送水装置、呼水装置、起動装置、屋内消火栓（ホース接続口及び開閉弁）、配管・配線、屋内消火栓箱、消防用ホース、ノズル等により構成される。火災発生時には、加圧送水装置を起動させ、屋内消火栓箱に収納された消防用ホースを延長して、開閉弁を開放することにより消火作業を行う。

2. 屋内消火栓の種類

　屋内消火栓には、1号消火栓、易操作性1号消火栓、2号消火栓、広範囲型2号消火栓があり、それらの中から、防火対象物の用途に適応したものが設置される。

（1）1号消火栓

　1号消火栓は、古くから用いられている消火栓で、消火栓箱に折りたたんで収納されているホースを全部取り出し、引き延ばしてから放水を行うものである。構造上、ホースの先端に取り付けられたノズルを操作して消火を行う者と、開閉弁を操作する者が必要なので、操作には2人以上の人員を要する。また、適切に使用するためには、訓練等により操作に習熟する必要がある。

（2）易操作性1号消火栓

　1号消火栓の操作性を向上させ、1人でも操作できるようにしたもの。既存の1号消火栓を易操作性1号消火栓に改修することも認められている。

(3) 2号消火栓

2号消火栓は、1人で操作でき、かつ、消防用ホースをすべて延長しなくても正常に放水することができる消火栓で、病院、社会福祉施設等の防火安全対策の充実を図るために導入されたものである。これらの施設は、夜間は勤務する人員が少なく、女性だけの勤務になることもあるので、水量を低減させるなどして、1人でも容易に操作できるよう工夫されている。

1号消火栓が消火能力に重きを置いているのに対して、2号消火栓は操作性をより重視したものですね。

(4) 広範囲型2号消火栓

2号消火栓は、1号消火栓よりも放水性能が劣るため、防火対象物の階の各部分からホース接続口までの水平距離が15m以下になるように設置しなければならない（p.93参照）。広範囲型2号消火栓は、従来の2号消火栓よりも広範囲に放水できるようにしたもので、1号消火栓と同様に、防火対象物の階の各部分からホース接続口までの水平距離を25m以下とすることができる。ただし、1号消火栓にくらべて放水量が少なくなるので、工場、倉庫には設置することができない。

●屋内消火栓設備に求められる放水圧力と放水量

消火栓の種別	放水圧力※	放水量※
1号消火栓	0.17MPa 以上 0.7MPa 以下	130L /min 以上
易操作性1号消火栓		
2号消火栓	0.25MPa 以上 0.7MPa 以下	60L /min 以上
広範囲型2号消火栓	0.17MPa 以上 0.7MPa 以下	80L /min 以上

※ 放水圧力、放水量は、いずれもノズル先端における値で、いずれの階においても、その階のすべての屋内消火栓（設置個数が2を超えるときは、2個の屋内消火栓）を同時に使用した場合にこの値以上となるようにしなければならない。

3. ポンプの全揚程

屋内消火栓設備の加圧送水装置に用いられるポンプの全揚程は、以下の式で求められる値以上とする。

〈1号消火栓・易操作性1号消火栓・広範囲型2号消火栓〉

全揚程 $H = h_1 + h_2 + h_3 + 17$ ［m］

〈2号消火栓〉

全揚程 $H = h_1 + h_2 + h_3 + 25$ ［m］

h_1：消防用ホース摩擦損失水頭　　　h_2：配管摩擦損失水頭

h_3：落差

上の式のうち、17mまたは25mという値は、ノズル放水圧力等換算水頭、つまり、ノズルの先端において必要とされる放水圧力（前ページの表により、0.17MPaまたは0.25MPa）を水頭に換算したものである。

> 圧力を水頭に換算する場合、概算では、0.1MPa = 10mになる。数値を100倍にするだけで単位を変換できるので、計算しやすくて便利だ。

4. ポンプ吐出量

ポンプの吐出量は、屋内消火栓の設置個数が最も多い階の設置個数（設置個数が2を超えるときは2とする）に応じて、下表のように算出される。損失分を見込んでいるため、消火栓1個当たりの数値は、ノズルの先端における放水量（前ページの表参照）よりもやや大きくなっている。

●**屋内消火栓設備に求められるポンプ吐出量**

消火栓の種別	ポンプ吐出量
1号消火栓	150L /min ×消火栓設置個数[※]以上
易操作性1号消火栓	
2号消火栓	70L /min ×消火栓設置個数[※]以上
広範囲型2号消火栓	90L /min × 消火栓設置個数[※]以上

※ 消火栓設置個数は、屋内消火栓の設置個数が最も多い階の設置個数（設置個数が2を超えるときは2）。

05

屋内消火栓設備の構造・機能等

5. 水源の水量

屋内消火栓設備の水源の水量は、屋内消火栓の設置個数が最も多い階の設置個数（設置個数が2を超えるときは2）に、下記の値を乗じて得た量以上の量になるように設ける。

- 1号消火栓、易操作性1号消火栓を設置する場合：2.6m^3
- 2号消火栓を設置する場合：1.2m^3
- 広範囲型2号消火栓を設置する場合：1.6m^3

水源の水量は、使用するするそれぞれの消火栓（最大2個まで）の放水量（p.238の表参照）を20分間維持できるよう定められている。したがって、消火栓1個当たりの水源水量は、以下の式で求められる（1号消火栓の場合）。

$$130 \ [\mathrm{L/min}] \times 20 \ [\mathrm{min}] = 2{,}600 \ [\mathrm{L}] = 2.6 \ [\mathrm{m^3}]$$

水源水量の基準になる値を忘れてしまったときは、この式から水量を求めることもできますね。

6. 起動装置

加圧送水装置の起動装置は、直接操作、遠隔操作（または遠隔起動方式）のどちらも可能なものでなければならない。

直接操作とは、電動機の制御盤に設けられたスイッチにより、ポンプを直接起動することをいう。

遠隔操作とは、屋内消火栓箱の内部またはその直近の箇所に設けられた操作部により起動する方式で、自動火災報知設備のP型発信機を用いるものが一般的である。

遠隔起動方式は、開閉弁の開放、消防用ホースの延長操作等と連動して起動するもので、2号消火栓、広範囲型2号消火栓、易操作性1号消火栓に用いられる。

なお、加圧送水装置の停止は、直接操作によってのみ行えるようにしなければならない。

7. 配管

　配管の管径は、水力計算※により算出された配管の呼び径とする。主配管のうち、加圧送水装置からの立上り管については、以下のものとする。

- 1号消火栓、易操作性1号消火栓を設置する場合：呼び径50mm以上
- 2号消火栓を設置する場合：呼び径32mm以上
- 広範囲型2号消火栓を設置する場合：呼び径40mm以上

※ 消防庁告示「配管の摩擦損失計算の基準」による。

8. 屋内消火栓箱

　屋内消火栓箱は、消防用ホース、ノズル、開閉弁、加圧送水装置の起動装置等を収納する箱である。箱の各部分は不燃材料で造られ、箱の表面には「消火栓」と表示することとされている。

　開閉弁は、床面からの高さが1.5m以下の位置に設ける（天井設置型の2号消火栓等を設置する場合は、自動式の開閉弁を天井に設ける）。

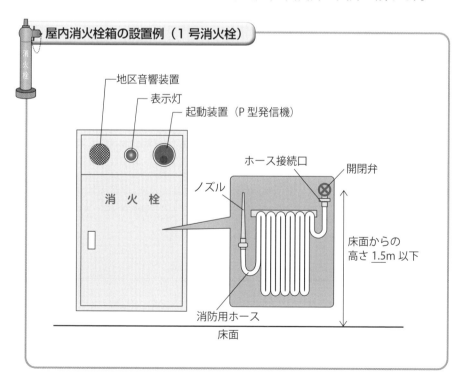

屋内消火栓箱の設置例（1号消火栓）

地区音響装置
表示灯
起動装置（P型発信機）
ホース接続口
開閉弁
ノズル
消火栓
床面からの高さ1.5m以下
消防用ホース
床面

9. 消防用ホース

消防用ホースには、平ホースと保形ホースがある。平ホースは、筒状に織った布（ジャケット）の内側に内張り（ライニング）を施したもので、1号消火栓（易操作性1号消火栓を除く）に使用される。通常は、平たい帯状に折りたたまれた状態で消火栓箱に格納されており、消火の際は、ホースを全部引き延ばしてから開閉弁を開けて放水するので、操作には2人以上の人員を要する。

保形ホースは、剛性の高い素材が使用されているため折り癖がつきにくく、ホースの断面が常時円形に保たれるものである。易操作性1号消火栓、2号消火栓、広範囲型2号消火栓に使用される。操作性がよく、ホースを全部引き延ばさなくても放水できるので、1人でも操作が可能である。

消防用ホースの長さは、屋内消火栓設備のホース接続口からの水平距離が25m、（広範囲型を除く2号消火栓の場合は15m）の範囲内の当該階の各部分に有効に放水することができる長さとする。一般に、1号消火栓（易操作性1号消火栓を除く）には、呼称40で長さ15mの消防用ホースが2本使用されることが多い。

10. ノズル

ノズル部分は、ホース結合金具、ブレーパイプ、ノズルからなり、ノズルには、棒状に放水するものと、棒状と噴霧に切り替えられるものがある。2号消火栓、易操作性1号消火栓のノズルには、容易に開閉できる装置を設ける必要がある（放水の開始、停止が1人でできるようにするため）。ノズルの口径は、1号消火栓では約13mm以上、2号消火栓では約8mm相当、広範囲型2号消火栓では約10mm相当で、放水射程、放水量等が加圧送水装置の性能に合うものとする。

11. 表示灯

屋内消火栓箱の上部には、取付け面と15度以上の角度となる方向に沿って10m離れたところから容易に識別できる赤色の灯火（消火栓の位置を知らせる表示灯）を設けることとされている[※]。

また、屋内消火栓箱の内部またはその直近の箇所に、加圧送水装置の始

動を明示する赤色の表示灯を設けることとされているが、上記の規定により設けた赤色の灯火を点滅させることにより加圧送水装置の始動を表示できる場合は、後者の表示灯を設けないことができる。

※ 天井設置型の場合は、屋内消火栓箱の直近の箇所に、取付け位置から 10m 離れたところで、かつ、床面からの高さが 1.5m の位置から容易に識別できる赤色の灯火を設ける。

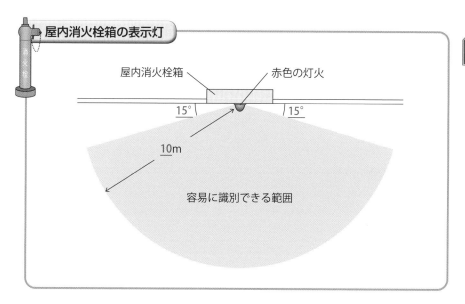

屋内消火栓箱の表示灯

屋内消火栓箱　　　　赤色の灯火

15°　15°

10m

容易に識別できる範囲

12. ノズルの放水量試験

　屋内消火栓設備の総合点検では、電源を非常電源に切り替えた状態で任意の屋内消火栓※により放水試験を行い、放水圧力と放水量を確認する。

　棒状放水ノズルの場合は、次ページの図のように、ピトー管を用いて放水圧力の測定を行う（放水圧力の適正値は p.238 の表参照）。ピトー管により測定できないもの、または噴霧ノズル放水の測定は、ホース結合金具とノズルの間に圧力計を取り付けた管路媒介金具を結合して放水し、放水圧力を測定する。棒状・噴霧併用ノズルの場合は、棒状放水状態で測定する。

※ 放水試験を行う消火栓は、加圧送水装置から直近のものと最遠のものにすることが望ましい。

放水量は、実際に測定するのではなく、測定した放水圧力の値を用いて、以下の式により算出する。

$$Q = KD^2 \sqrt{10P}$$

Q：放水量 [L /min]　　K：定数（1号消火栓の場合は 0.653）

D：ノズル径 [mm]　　P：放水圧力 [MPa]

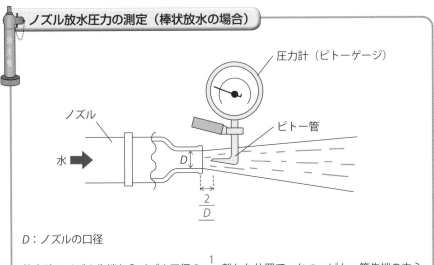

ノズル放水圧力の測定（棒状放水の場合）

圧力計（ピトーゲージ）

ノズル

水

ピトー管

$\dfrac{2}{D}$

D：ノズルの口径

放水時のノズル先端からノズル口径の $\dfrac{1}{2}$ 離れた位置で、かつ、ピトー管先端の中心線と放水流が一致する位置にピトー管の先端がくるようにして、圧力計の指示値を読む。

ノズルの放水圧力、放水量の試験要領は、屋外消火栓設備、補助散水栓についても共通のものだ。

　なお、上記の放水量 Q を求める式から、1号消火栓の場合、ノズルの口径を約 13mm 以上（p.242 参照）にしなければならない理由を、次ページのように計算して確かめることができる。

$$Q = KD^2 \sqrt{10P}$$

1号消火栓の場合、定数 K は 0.653、放水圧力 P は 0.17MPa 以上、放水量 Q は 130L /min 以上と定められているので、それらの値を上記の式に代入すると、

$$130 = 0.653 \times D^2 \times \sqrt{10 \times 0.17} \qquad \sqrt{1.7} \fallingdotseq 1.3$$

$$D^2 \fallingdotseq 153.1 \qquad D \fallingdotseq 12.4$$

ポイントを丸暗記!

 1号消火栓を使用する屋内消火栓設備は、ノズルの先端における放水圧力を 0.17MPa 以上とする。

いずれの階においても、その階のすべての屋内消火栓（設置個数が2を超えるときは2個）を同時に使用した場合に、それぞれのノズルの先端において、放水圧力が 0.17MPa 以上、放水量が 130L /min 以上の性能のものとする。

 1号消火栓を使用する屋内消火栓設備のポンプの吐出量は、消火栓設置個数× 150L /min 以上とする。

ポンプ吐出量は、屋内消火栓の設置個数が最も多い階の設置個数（設置個数が2を超えるときは2）に 150L /min を乗じて得た量以上の量とする。

 1号消火栓を使用する屋内消火栓設備の水源の水量は、消火栓設置個数× 2.6m^3 以上とする。

水源の水量は、屋内消火栓の設置個数が最も多い階の設置個数（設置個数が2を超えるときは2）に、2.6m^3 を乗じて得た量以上の量になるように設ける。

屋外消火栓設備の構造・機能等

ここが Point!

屋外消火栓設備の構成は、屋内消火栓設備とほぼ同じであるが、放水量は屋内消火栓設備より大きい。

基礎知識を押さえよう！

1. 屋外消火栓設備の構成

屋外消火栓設備は、水源、加圧送水装置、起動装置、屋外消火栓、配管・配線、屋外消火栓箱、消防用ホース、ノズル、非常電源等により構成される。原則として屋外に設置し、建築物の1階及び2階部分の火災の消火を目的とする。

屋外消火栓設備は、屋内消火栓設備と共通する部分がほとんどなので、以下の項では、屋内消火栓設備と異なる部分についてのみ説明する。

2. 屋外消火栓の種類

（1）地上式消火栓

消火栓本体が地上に設置されるもので、ホース接続口が1つの単口形と、ホース接続口が2つある双口形がある。

（2）地下式消火栓

消火栓本体が地下に設置されるもので、地上式と同様に、単口形と双口形がある。ホース接続口は、地盤面からの深さが0.3m以内の位置に設けることとされている。なお、地上式、地下式ともに、消防用ホース、ノズル、開栓器等の器具は、消火栓の近くに設置される屋外消火栓箱（ホース格納箱）に格納される。

（3）器具格納式消火栓

　屋外消火栓箱の中に、消防用ホース、ノズル、開閉弁、ホース接続口等をすべて備えた消火栓で、屋内消火栓設備の1号消火栓と同形である。

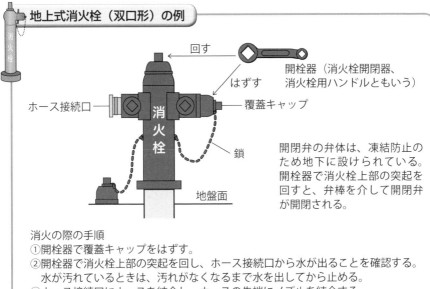

地上式消火栓（双口形）の例

回す

はずす

開栓器（消火栓開閉器、消火栓用ハンドルともいう）

ホース接続口

覆蓋キャップ

消火栓

鎖

地盤面

開閉弁の弁体は、凍結防止のため地下に設けられている。開栓器で消火栓上部の突起を回すと、弁棒を介して開閉弁が開閉される。

消火の際の手順
①開栓器で覆蓋キャップをはずす。
②開栓器で消火栓上部の突起を回し、ホース接続口から水が出ることを確認する。水が汚れているときは、汚れがなくなるまで水を出してから止める。
③ホース接続口にホースを結合し、ホースの先端にノズルを結合する。
④開栓器で消火栓上部の突起を回し、放水を行う。

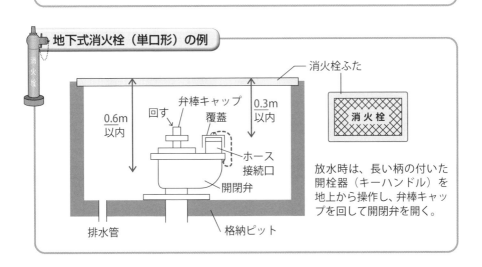

地下式消火栓（単口形）の例

消火栓ふた

弁棒キャップ

0.3m以内

0.6m以内

回す

覆蓋

ホース接続口

開閉弁

消火栓

排水管

格納ピット

放水時は、長い柄の付いた開栓器（キーハンドル）を地上から操作し、弁棒キャップを回して開閉弁を開く。

06

屋外消火栓設備の構造・機能等

247

3. 加圧送水装置（ポンプ）の性能等

- 屋外消火栓設備は、すべての屋外消火栓（設置個数が 2 を超えるときは 2 個）を同時に使用した場合に、それぞれのノズルの先端において、放水圧力が 0.25MPa 以上 0.6MPa 以下で、かつ、放水量が 350L /min 以上の性能のものとする。
- ポンプの吐出量は、屋外消火栓の設置個数（設置個数が 2 を超えるときは 2）に 400L /min を乗じて得た量以上の量とする。
- 水源の水量は、屋外消火栓の設置個数（設置個数が 2 を超えるときは 2）に 7m^3 を乗じて得た量以上の量となるように設ける。
- ポンプの全揚程は、以下の式で求められる値以上とする。

全揚程 $H = h_1 + h_2 + h_3 + 25$ [m]

h_1：消防用ホース摩擦損失水頭　　　h_2：配管摩擦損失水頭

h_3：落差

---

4. その他の規定

- 屋外消火栓の開閉弁は、地盤面からの高さ 1.5m 以下の位置または地盤面からの深さ 0.6m 以内の位置に設ける。
- 地盤面下に設けられる屋外消火栓のホース接続口は、地盤面からの深さが 0.3m 以内の位置に設ける。
- 屋外消火栓設備の放水用器具を格納する箱（屋外消火栓箱）は、屋外消火栓からの歩行距離 5m 以内の箇所に設ける。ただし、屋外消火栓に面する建築物の外壁の見やすい箇所に設ける場合はこの限りでない。
- 屋外消火栓箱の表面には、「ホース格納箱」と表示する。
- 屋外消火栓には、その直近の見やすい箇所に「消火栓」と表示した標識を設ける。
- ホースは、呼称 50 または 65 で長さ 20 mのものを設置する（防護範囲が半径 40m なので、通常は、呼称 65 で長さ 20m のものを 2 本設置する）。
- ノズルの口径は、約 19mm 以上とする。
- 屋外消火栓箱の内部またはその直近の箇所に、加圧送水装置の始動を明示する赤色の表示灯を設ける（消火栓の位置を示す表示灯は不要）。

ポイントを **丸** 暗記！

① 屋外消火栓設備は、ノズルの先端における放水圧力を 0.25MPa 以上とする。

すべての屋外消火栓（設置個数が 2 を超えるときは 2 個）を同時に使用した場合に、それぞれのノズルの先端において、放水圧力が 0.25MPa 以上 0.6MPa 以下で、かつ、放水量が 350L /min 以上の性能のものとする。

② 屋外消火栓設備の水源の水量は、消火栓設置個数× 7m³ 以上とする。

水源の水量は、屋外消火栓の設置個数（設置個数が 2 を超えるときは 2）に 7m³ を乗じて得た量以上の量となるように設ける。

③ 屋外消火栓の開閉弁は、地盤面からの高さ 1.5m 以下、または地盤面からの深さ 0.6m 以内に設ける。

地盤面下に設けられる屋外消火栓のホース接続口は、地盤面からの深さ 0.3m 以内の位置に設ける。

 こんな**選択肢に注意！**

屋外消火栓箱の表面には、「~~消火栓~~」と表示する。

屋外消火栓箱の表面には、「ホース格納箱」と表示する。

06

屋外消火栓設備の構造・機能等

スプリンクラー設備の構造・機能等 ①

ここが Point!
スプリンクラーヘッドの種類と、それぞれのスプリンクラーヘッドを使用する設備の特徴を覚えよう。

基礎知識を押さえよう！

1. スプリンクラー設備の概要

　スプリンクラー設備には、閉鎖型スプリンクラーヘッドを用いるもの、開放型スプリンクラーヘッドを用いるもの、放水型スプリンクラーヘッドを用いるものがあり、そのほかに、小規模社会福祉施設等に設置される特定施設水道連結型スプリンクラー設備がある。

　スプリンクラー設備の構成及び機能は、使用するスプリンクラーヘッドの種類により大きく異なるので、以下の項では、まず、スプリンクラーヘッドの種類について説明し、続いて、それぞれのスプリンクラーヘッドを使用する設備について説明する。

2. スプリンクラーヘッドの種類
（1）閉鎖型スプリンクラーヘッド

　閉鎖型スプリンクラーヘッドは、最も広く用いられているスプリンクラーヘッドで、平常時は放水口が感熱体により閉じられているので、閉鎖型と呼ばれる。火災が発生すると、感熱体が熱により破壊または変形され、放水口が開放されて、自動的に放水が開始されるしくみである。感熱体には、ヒュージブルリンクまたはグラスバルブが用いられる。

ヒュージブルリンク：鉛等の易融性金属により融着され、または合成樹脂等の易融性物質により組み立てられた感熱体。

グラスバルブ：ガラス球の中に液体等を封入した感熱体。火災発生時は、内部の液体等の熱膨張によりガラス球が破壊される。

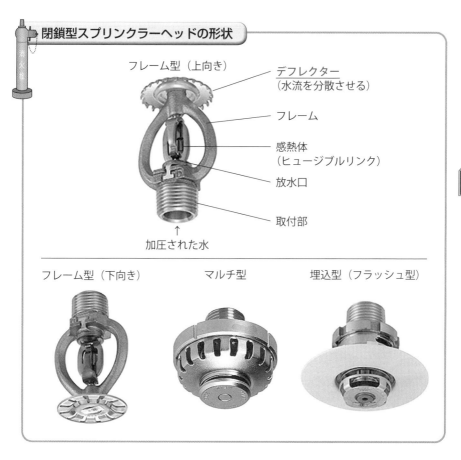

閉鎖型スプリンクラーヘッドの形状

フレーム型（上向き）

デフレクター
（水流を分散させる）

フレーム

感熱体
（ヒュージブルリンク）

放水口

取付部

↑
加圧された水

フレーム型（下向き）　　　マルチ型　　　埋込型（フラッシュ型）

07
スプリンクラー設備の構造・機能等①

　閉鎖型スプリンクラーヘッドには、一般の建築物に用いられる標準型ヘッドのほかに、ホテルの客室、病院の病室などに設置される小区画型ヘッド[※]、壁面に設置される側壁型ヘッドがある。

　標準型ヘッド、小区画型ヘッドは、加圧された水を、ヘッドの軸心を中心とした円上に均一に分散する。側壁型ヘッドは、加圧された水を、ヘッドの軸心を中心とした半円上に均一に分散する。

　小区画型ヘッドのうち、特定施設水道連結型スプリンクラー設備に使用されるものを、水道連結型ヘッドという。

※ 法令上は、小区画型ヘッドも標準型ヘッドに区分されている。

（2）開放型スプリンクラーヘッド

　開放型スプリンクラーヘッドは、閉鎖型スプリンクラーヘッドの感熱体に相当する部分がなく、放水口が常に開放されているものである。火災発生時には、自動火災報知設備の感知器と連動して自動的に（または手動により）一斉開放弁が開き、一つの放水区域にあるすべてのヘッドから同時に放水される。主に劇場等の舞台部に用いられる。

（3）放水型スプリンクラーヘッド

　閉鎖型スプリンクラーヘッドでは火災の感知や消火が困難な高天井部分に適用されるスプリンクラーヘッドで、これらの部分で発生した火災を、大量の放水により消火することを目的とする。放水範囲が固定されている固定式ヘッドと、放水部を制御することにより放水範囲を変えられる可動式ヘッドがある。

3. 閉鎖型スプリンクラーヘッドを用いる設備

　閉鎖型スプリンクラーヘッドを用いるスプリンクラー設備は、水源、加圧送水装置、呼水装置、起動装置、流水検知装置、配管、配線、スプリンクラーヘッド、補助散水栓、送水口、非常電源等により構成される。

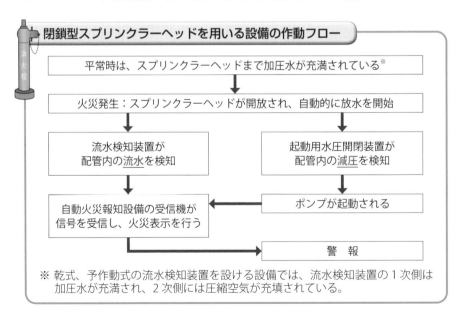

閉鎖型スプリンクラーヘッドを用いる設備の作動フロー

平常時は、スプリンクラーヘッドまで加圧水が充満されている※

火災発生：スプリンクラーヘッドが開放され、自動的に放水を開始

| 流水検知装置が
配管内の流水を検知 | 起動用水圧開閉装置が
配管内の減圧を検知 |

ポンプが起動される

自動火災報知設備の受信機が
信号を受信し、火災表示を行う

警　報

※ 乾式、予作動式の流水検知装置を設ける設備では、流水検知装置の1次側は加圧水が充満され、2次側には圧縮空気が充填されている。

　流水検知装置は、配管内の流水現象を自動的に検知して作動し、信号または警報を発する装置で、湿式・乾式・予作動式の3種類がある。

（1）湿式流水検知装置が設けられる設備（自動式）

　閉鎖型スプリンクラーヘッドを用いる設備として最も一般的なもので、ポンプから流水検知装置までの間（流水検知装置の一次側）、流水検知装置からスプリンクラーヘッドまでの間（流水検知装置の二次側）には、ともに、配管内に常時加圧水が充満されている。スプリンクラーヘッドまで加圧水が充満しているので、ヘッドの開放と同時に放水が開始される。

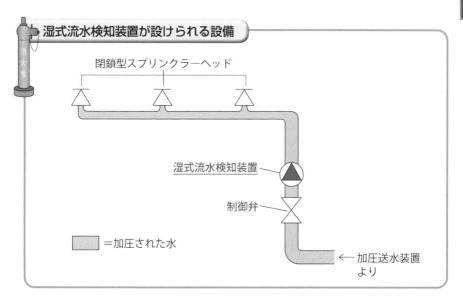

（2）乾式流水検知装置が設けられる設備（自動式）

　配管内の凍結のおそれがある寒冷地などに設置されるもので、流水検知装置の一次側には加圧水が、二次側には加圧水の代わりに圧縮空気が充満されている。二次側配管内の圧力を適正に保つために、エアコンプレッサー等の加圧装置を必要とする。

　試験、放水等による配管内の残水を完全に排水できるように、二次側配管には先上がりの勾配を設ける。また、スプリンクラーヘッドは、デフレクターが取付け部より上方になるように、上向き型のものを使用する（凍結するおそれのない場所を除く）。

07
スプリンクラー設備の構造・機能等①

湿式と異なり、加圧水はスプリンクラーヘッドまで充満されていないので、ヘッドの開放から放水が行われるまでに時間差が生じるが、ヘッドの開放後1分以内に確実に放水できるようにしなければならない。

　なお、共同住宅用スプリンクラー設備においては、小区画型ヘッドの開放から放水に至るまでの時間的な遅れが生じないよう、流水検知装置を湿式のものにしなければならない（乾式、予作動式は不可）。

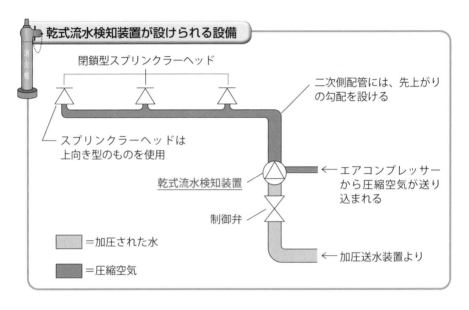

乾式流水検知装置が設けられる設備

閉鎖型スプリンクラーヘッド

二次側配管には、先上がりの勾配を設ける

スプリンクラーヘッドは上向き型のものを使用

乾式流水検知装置

エアコンプレッサーから圧縮空気が送り込まれる

制御弁

加圧送水装置より

■＝加圧された水
■＝圧縮空気

（3）予作動式流水検知装置が設けられる設備（自動式・手動式）

　スプリンクラーヘッドが誤作動により開放され、放水が行われた場合に、水損による著しい被害がもたらされるおそれがある、コンピュータ室やデパートの高級呉服売場などに設置されるもので、スプリンクラーヘッドが開放されても、火災感知装置（自動火災報知設備の感知器）が作動しないかぎり放水が行われないしくみになっている。それ以外の基本的な構造は、乾式と同様である。

　予作動式では、火災感知装置がスプリンクラーヘッドの開放よりも速く作動するようにしなければならない。また、火災感知装置が作動しなかった場合の備えとして、手動式の開放装置が必要である。

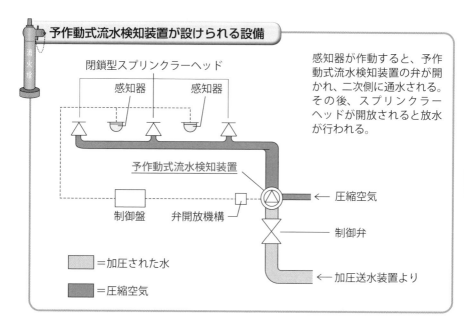

4. 開放型スプリンクラーヘッドを用いる設備

　開放型スプリンクラーヘッドを用いるスプリンクラー設備の構成は、閉鎖型スプリンクラーヘッドを用いる設備とほぼ同じであるが、スプリンクラーヘッドが常時開放されていることと、放水区域ごとに一斉開放弁が設置される点が異なる。

　一斉開放弁の二次側の配管内は、平常時は大気圧となっている。一斉開放弁が、火災感知装置（自動火災報知設備の感知器）の作動により自動的に開放されるか、手動により開放されると、一つの放水区域にあるすべてのスプリンクラーヘッドから同時に放水が行われる。

　開放型スプリンクラーヘッドを用いるスプリンクラー設備は、劇場の舞台部など、火災が発生すると延焼が急激に拡大するおそれがある場所に適した設備である。放水区域の数は、一つの舞台部または居室につき4以下とし、2以上の放水区域を設けるときは、火災を有効に消火できるように隣接する放水区域が相互に重複するようにする（火災時に有効に放水することができるものについては、居室の放水区域の数を5以上にすることができる）。

5. 放水型スプリンクラーヘッドを用いる設備

　大規模で高天井な室内展示場、屋内野球場その他の大空間を有する部分に設置されるもので、火災感知装置により火災を感知すると、放水区域に設置されているすべてのスプリンクラーヘッドから一斉に放水される（放水区域の選択及び放水操作は、手動でも行える）。

6. 特定施設水道連結型スプリンクラー設備

　配管が水道の用に供する水管に連結され、水道水を水源とする簡易なスプリンクラー設備で、基本的に、加圧送水装置、流水検知装置、送水口、非常電源等を設けなくてよいこととされている。

　火災発生時に自力で避難することが困難な人が入所する社会福祉施設にスプリンクラー設備の設置が義務づけられた際に、設置者の負担軽減等の観点から、小規模な施設に対して設置が認められたものである。

ポイントを丸暗記！

1 乾式流水検知装置を設けるスプリンクラー設備の二次側配管には、先上がりの勾配を設ける。

試験、放水等による配管内の残水を完全に排水できるように、二次側配管には先上がりの勾配を設け、スプリンクラーヘッドは上向き型のものを使用する（凍結するおそれのない場所を除く）。

2 乾式流水検知装置を設けるスプリンクラー設備は、ヘッドの開放後1分以内に放水できるようにする。

加圧水がスプリンクラーヘッドまで充満されていないので、ヘッドの開放から放水が行われるまでに時間差が生じるが、ヘッドの開放後1分以内に確実に放水できるようにしなければならない。

Lesson 08

スプリンクラー設備の構造・機能等 ②

ここが Point!

スプリンクラーヘッドの種類ごとに定められた、ヘッドの取付けに関する規定を覚えよう。

基礎知識を押さえよう！

1. 閉鎖型スプリンクラーヘッド（標準型・小区画型）の取付け

- 標準型ヘッドは、天井または小屋裏に設ける。
- 小区画型ヘッドは、天井の室内に面する部分に設ける。
- スプリンクラーヘッドは、ヘッドの取付け面から 0.4m 以上突き出したはり等によって区画された部分ごとに設ける。ただし、はり等の相互間の中心距離が 1.8m 以下である場合はこの限りでない（小区画型ヘッドを除く）。
- 給排気用ダクト、棚等でその幅または奥行が 1.2m を超えるものがある場合は、ダクト等の下面にもスプリンクラーヘッドを設ける。
- ヘッドの軸心が取付け面に対して直角になるように設置する。
- デフレクターとヘッドの取付け面との距離は、0.3m 以下とする。
- デフレクターから下方 0.45m（易燃性の可燃物を収納する部分に設けられる場合は 0.9m）以内で、かつ、水平方向 0.3m 以内には、何も設けたり置いたりしてはならない。
- 開口部に設けるスプリンクラーヘッドは、開口部の上枠より 0.15m 以内の高さの壁面に設ける。
- 小区画型ヘッドは、上記の規定のほか、一つのスプリンクラーヘッドにより防護される部分の面積が 13m^2 以下となるように設ける。
- 小区画型ヘッドは、放水した水が、床面から天井面下 0.5m までの壁面を有効に濡らすように設置する。

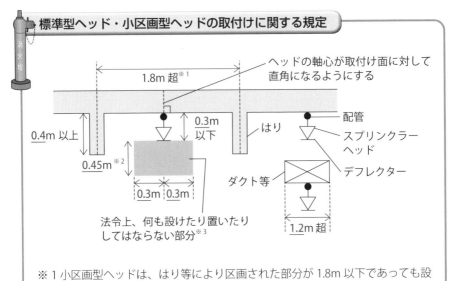

標準型ヘッド・小区画型ヘッドの取付けに関する規定

ヘッドの軸心が取付け面に対して直角になるようにする

1.8m 超※1

0.3m 以下

0.4m 以上

0.45m※2

0.3m 0.3m

法令上、何も設けたり置いたりしてはならない部分※3

配管
スプリンクラーヘッド
デフレクター
ダクト等
はり

1.2m 超

※1 小区画型ヘッドは、はり等により区画された部分が 1.8m 以下であっても設置しなければならない。
※2 易燃性の可燃物を収納する部分に設けられる場合は 0.9m。
※3 小区画型ヘッドは、壁面を有効に濡らすように設置しなければならないので、水平方向に 0.3m を超える部分についても障害となるものがないことが求められる。

防火対象物の各部分からスプリンクラーヘッドまでの距離については、p.108 の表を見よう。

2 閉鎖型スプリンクラーヘッド（側壁型）の取付け

- 側壁型ヘッドは、防火対象物の壁の室内に面する部分に設ける。
- 床面の各部分が、一つのスプリンクラーヘッドにより防護される床面の部分（スプリンクラーヘッドを取り付ける面の水平方向の両側にそれぞれ 1.8m 以内、かつ、前方 3.6m 以内となる範囲を水平投影した床面の部分をいう）に包含されるように設ける。
- ヘッドの取付け面から 0.15m 以内となるように設ける。
- デフレクターは、天井面から 0.15m 以内となるように設ける。
- デフレクターから下方 0.45m 以内で、かつ、水平方向 0.45m 以内には、何も設けたり置いたりしてはならない。

3 開放型スプリンクラーヘッドの取付け

- 開放型スプリンクラーヘッドは、舞台部の天井または小屋裏で室内に面する部分及びすのこまたは渡りの下面の部分に設ける。
- すのこまたは渡りの上部の部分に可燃物が設けられていない場合は、天井または小屋裏の室内に面する部分には、スプリンクラーヘッドを設けないことができる。
- ヘッドの軸心が取付け面に対して直角になるように設置する。
- デフレクターから下方 0.45m（易燃性の可燃物を収納する部分に設けられる場合は 0.9m）以内で、かつ、水平方向 0.3m 以内には、何も設けたり置いたりしてはならない。

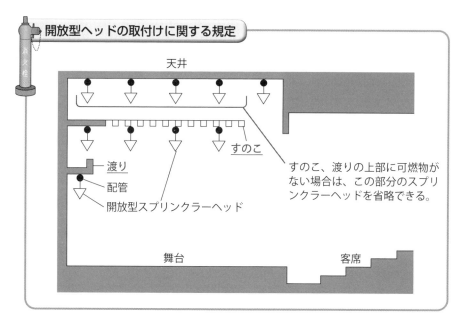

開放型ヘッドの取付けに関する規定

天井

すのこ

渡り

配管

開放型スプリンクラーヘッド

すのこ、渡りの上部に可燃物がない場合は、この部分のスプリンクラーヘッドを省略できる。

舞台

客席

4 放水型スプリンクラーヘッドの取付け

- 放水型スプリンクラーヘッドは、ヘッドの性能に応じて、高天井の部分の火災を有効に消火することができるように設ける。
- 放水型スプリンクラーヘッドは、放水区域の床面積 $1m^2$ につき 5L /min（指定可燃物を貯蔵し、または取り扱う部分に設けるものは 10L /min）として計算した水量が放水されるように設ける。

08
スプリンクラー設備の構造・機能等②

5 ラック式倉庫へのスプリンクラーヘッドの取付け

　ラック式倉庫とは、棚またはこれに類するもの（以下、「ラック等」とする）を設け、昇降機により収納物の搬送を行う装置を備えた倉庫をいう。ラック式倉庫は、収納物や収納容器、梱包材等の種類や数量に応じて、等級Ⅰ〜Ⅳに区分されている。

　ラック式倉庫で火災が発生した場合、熱気流が一気に上昇し、燃焼が急速に拡大するおそれがあるので、スプリンクラーヘッドを立体的に設置する必要がある。

　ラック式倉庫へのスプリンクラーヘッドの設置については、以下のように定められている。

- ラック式倉庫に設けるスプリンクラーヘッドは、閉鎖型スプリンクラーヘッドのうち、標準型ヘッド（有効散水半径が 2.3 で、ヘッドの呼びが 20 のものに限る）とする。

〈ラック等を設けた部分に設けるスプリンクラーヘッド〉

- ラック等を設けた部分の各部分から一つのスプリンクラーヘッドまでの水平距離が 2.5m 以下となるように設ける。
- ラック式倉庫の等級に応じて、それぞれ、以下の高さにつき 1 個以上設ける。

等級Ⅰ、Ⅱ及びⅢ：4m

等級Ⅳ：6m

- ラック等を設けた部分に設けるスプリンクラーヘッドには、他のスプリンクラーヘッドから散水された水がかかるのを防止するための措置を講ずる。
- ラック等を設けた部分には、ラック式倉庫の等級に応じて、下記の高さごとに、難燃材料で造られた水平遮へい板を設ける。ただし、等級がⅢまたはⅣであり、かつ、消防庁長官が定めるところによりスプリンクラーヘッドが設けられている場合はこの限りでない。

等級Ⅰ：4m 以内

等級Ⅱ及びⅢ：8m 以内

等級Ⅳ：12m 以内

〈ラック等を設けた部分以外の部分に設けるスプリンクラーヘッド〉

• 天井または小屋裏に、その各部分から一つのスプリンクラーヘッドまでの水平距離が2.1m以下となるように設ける。ただし、以下の部分にはスプリンクラーヘッドを設けないことができる。

①階段、浴室、便所その他これらに類する場所

②通信機器室、電子計算機器室その他これらに類する室

③発電機、変圧器その他これらに類する電気設備が設置されている場所

08

スプリンクラー設備の構造・機能等②

ポイントを丸暗記！

標準型ヘッドは、取付け面から0.4m以上突き出したはり等により区画された部分ごとに設ける。

標準型ヘッド（小区画型ヘッドを含む）は、取付け面から0.4m以上突き出したはり等により区画された部分ごとに設ける。ただし、はり等の相互間の中心距離が1.8m以下の場合はこの限りでない（小区画型ヘッドを除く）。

標準型ヘッドのデフレクターとヘッドの取付け面との距離は、0.3m以下とする。

標準型ヘッド（小区画型ヘッドを含む）のデフレクターと取付け面との距離は、0.3m以下とする。側壁型ヘッドは、ヘッドの取付け面から0.15m以内となるように設ける。

デフレクターの下方0.45m以内で、かつ、水平方向0.3m以内の部分には、何も置いてはならない。

標準型ヘッド（小区画型ヘッドを含む）のデフレクターから下方0.45m（易燃性の可燃物を収納する部分は0.9m）以内で、かつ、水平方向0.3m以内の部分には、何も設けたり置いたりしてはならない。

スプリンクラー設備の構造・機能等 ③

ここが Point!
スプリンクラー設備を構成するさまざまな装置の役割を理解し、それらに関する規定を覚えよう。

基礎知識を押さえよう！

1. 閉鎖型スプリンクラーヘッドの標示温度

閉鎖型スプリンクラーヘッドは、取り付ける場所の正常時における最高周囲温度に応じて、下表で定める標示温度を有するものを設けることとされている。標示温度とは、ヘッドが作動する温度としてあらかじめヘッドに表示された温度をいう。

●閉鎖型スプリンクラーヘッドの標示温度

取り付ける場所の最高周囲温度	標示温度
39℃未満	79℃未満
39℃以上 64℃未満	79℃以上 121℃未満
64℃以上 106℃未満	121℃以上 162℃未満
106℃以上	162℃以上

2. 自動警報装置

自動警報装置は、スプリンクラーヘッドの開放（または補助散水栓の開閉弁の開放）により警報を発し、監視室等に火災の発生を知らせるとともに表示を行うもので、発信部と受信部からなる。発信部には、流水検知装置または圧力検知装置を用い、各階（ラック式倉庫にあっては配管の系統）または放水区域ごとに設けることとされている。受信部は、表示装置と音響警報装置からなる。一般に、自動火災報知設備の受信機が受信部として使用される。

　なお、特定施設水道連結型スプリンクラー設備には自動警報装置を、自動火災報知設備により警報が発せられる場合は音響警報装置を、それぞれ設けないことができる。

3. 起動装置

　閉鎖型スプリンクラーヘッドを用いる設備には、自動火災報知設備の感知器の作動または流水検知装置もしくは起動用水圧開閉装置の作動と連動して、自動的に加圧送水装置を起動することができる起動装置を設ける。一般に、起動用水圧開閉装置が多く用いられる。

　起動用水圧開閉装置は、スプリンクラーヘッドの開放による配管内の減圧を検知してポンプを起動する装置である。ヘッドの開放により放水が開始されてからポンプが運転されるまでの間も規定の放水量を確保しなければならないので、圧力スイッチの作動点をなるべく高くする必要がある。

　開放型スプリンクラーヘッドを用いる設備に設ける起動装置には、自動式のものと手動式のものがある。

4. 制御弁

　流水検知装置の一次側に設ける弁で、火災時にスプリンクラーが作動し、鎮火した際に、放水を停止するときに使用されるほか、点検や機器の修理・交換の際にも用いられる。制御弁については、以下のような規定がある。
・制御弁は、開放型スプリンクラーヘッドを用いるスプリンクラー設備（特定施設水道連結型スプリンクラー設備を除く）にあっては放水区域ごとに、閉鎖型スプリンクラーヘッドを用いるスプリンクラー設備（特定施設水道連結型スプリンクラー設備を除く）にあっては防火対象物の階ごとに（ラック式倉庫にあっては配管の系統ごとに）、床面からの高さが 0.8m 以上 1.5m 以下の箇所に、特定施設水道連結型スプリンクラー設備にあっては防火対象物またはその部分ごとに設ける。
・制御弁には、みだりに閉止できない措置を講じる。
・直近の見やすい箇所に、スプリンクラー設備の制御弁である旨を表示した標識を設ける。

09

スプリンクラー設備の構造・機能等 ③

5. 一斉開放弁・手動式開放弁

　開放型スプリンクラーヘッドを用いるスプリンクラー設備の一斉開放弁、手動式開放弁（手動起動弁）は、以下の規定により設ける。

- 放水区域ごとに設ける。
- 一斉開放弁または手動式開放弁にかかる圧力は、それぞれの弁の**最高使用圧力**以下とする。
- 一斉開放弁の起動操作部または手動式開放弁は、開放型スプリンクラーヘッドの存する階で、火災のとき容易に接近することができ、かつ、床面からの高さが 0.8m 以上 1.5m 以下の箇所に設ける。
- 一斉開放弁または手動式開放弁の二次側配管の部分には、放水区域に放水することなく弁の作動を試験するための装置を設ける。
- 手動式開放弁は、弁の開放操作に必要な力が 150N 以下のものとする。

6. 末端試験弁

　閉鎖型スプリンクラーヘッドを用いるスプリンクラー設備の配管の末端には、流水検知装置または圧力検知装置の作動を試験するための弁（末端試験弁）を設ける（特定施設水道連結型スプリンクラー設備で、放水圧力及び放水量を測定することができるものを除く）。

- 末端試験弁は、流水検知装置または圧力検知装置の設けられる配管の系統ごとに 1 個ずつ、放水圧力が最も低くなると予想される配管の部分に設ける。
- 末端試験弁の一次側には圧力計を、二次側にはスプリンクラーヘッドと同等の放水性能を有するオリフィス等の試験用放水口を取り付ける。
- 末端試験弁には、直近の見やすい箇所に末端試験弁である旨を表示した標識を設ける。

7. 送水口

　スプリンクラー設備には、非常電源を附置し、かつ、消防ポンプ自動車が容易に接近することができる位置に双口形の**送水口**を附置することとされている（特定施設水道連結型スプリンクラー設備を除く）。送水口は、スプリンクラー設備専用のものとする（連結送水管の送水口とは異なる）。

- 送水口の結合金具は、差込式またはねじ式のものとし、差込式のものは呼称65の差込式受け口に、ねじ式のものは呼称65のしめ輪のめねじに適合するものとする。
- 送水口の結合金具は、地盤面からの高さが0.5m以上1m以下で、かつ、送水に支障のない位置に設ける。
- 送水口は、当該スプリンクラー設備の加圧送水装置から流水検知装置もしくは圧力検知装置または一斉開放弁もしくは手動式開放弁までの配管に、専用の配管をもって接続する。
- 送水口にはその直近の見やすい箇所に**スプリンクラー用送水口**である旨及びその**送水圧力範囲**を表示した標識を設ける。

> 送水口は、スプリンクラー設備の水源を使い切っても鎮火しないときに、消防ポンプ自動車のホースを接続して、スプリンクラーヘッドからの放水を継続させるためのものだ。

8. 補助散水栓

補助散水栓は、スプリンクラー設備の設置を要する防火対象物において、法令上、スプリンクラーヘッドの設置を要しないとされている部分（p.107参照）を有効に補完するために設置するもので、設置基準は、屋内消火栓設備の2号消火栓に準ずる。補助散水栓箱には、その表面に「消火用散水栓」と表示することとされている。

9. ドレンチャー設備

防火対象物の開口部（10階以下の部分にある開口部にあっては、延焼のおそれのある部分にあるものに限る）には、その上枠に、上枠の長さ2.5m以下ごとに1個のスプリンクラーヘッドを設けることとされている。ただし、防火対象物の10階以下の部分にある開口部で、防火戸またはドレンチャー設備が設けられているものについては、スプリンクラーヘッドを設置しないことができる。

09
スプリンクラー設備の構造・機能等③

① 自動火災報知設備により警報が発せられる場合は、音響警報装置を設けないことができる。

スプリンクラー設備に設ける自動警報装置の受信部は、表示装置と音響警報装置からなる。自動火災報知設備により警報が発せられる場合は、音響警報装置を設けないことができる。

② 末端試験弁は、放水圧力が最も低くなる部分に設ける。

閉鎖型スプリンクラーヘッドを用いるスプリンクラー設備に設ける末端試験弁は、流水検知装置または圧力検知装置の設けられる配管の系統ごとに1個ずつ、放水圧力が最も低くなると予想される配管の部分に設ける。

③ スプリンクラー設備には、消防ポンプ自動車が容易に接近することができる位置に送水口を附置する。

送水口には、その直近の見やすい箇所にスプリンクラー用送水口である旨及びその送水圧力範囲を表示した標識を設ける。

 重要用語を覚えよう！

 ドレンチャー設備

建築物の開口部に設置し、ドレンチャーヘッドから幕状に放水することにより、近隣で起きた火災の火炎や輻射熱を防ぎ、延焼を防止するための設備。主に文化財や立体駐車場などに設置されるが、防火対象物の10階以下の部分の開口部に設置するスプリンクラーヘッドを省略し、ドレンチャー設備を設置する場合もある。

スプリンクラー設備の構造・機能等 ④

ここが Point!

スプリンクラー設備に求められる性能と、必要とされる水源の水量を覚えよう。

基礎知識を押さえよう！

1. スプリンクラーヘッドの放水性能

スプリンクラーヘッドは、いずれの階においても、後述する水源水量の算出に用いられるヘッドの個数（p.269～270 の表参照）を同時に使用した場合に、各ヘッドにおける放水圧力及び放水量を、下表の数値以上となるようにする。ただし、ヘッドにおける放水圧力が 1MPa を超えないようにするための措置を講じなければならない。

●スプリンクラーヘッドの放水性能

ヘッドの種別		放水圧力	放水量
閉鎖型スプリンクラーヘッド	標準型ヘッド	0.1MPa 以上	<u>80L /min 以上</u> ラック式倉庫は 114L /min 以上
	小区画型ヘッド※		<u>50L /min 以上</u>
	側壁型ヘッド		<u>80L /min 以上</u>
開放型スプリンクラーヘッド※			<u>80L /min 以上</u>
放水型スプリンクラーヘッド		スプリンクラーヘッドの性能に応じて、放水区域に有効に放水することができるものとして消防庁長官が定める性能とする。	

※ 特定施設水道連結型スプリンクラー設備に設置する場合は規定が異なる。

2. ポンプの全揚程

スプリンクラー設備の加圧送水装置に用いられるポンプの全揚程は、以下の式で求められる値以上とする。

全揚程 $H = h_1 + h_2 + 10$ [m]

h_1：配管摩擦損失水頭　　h_2：落差

10m：ヘッド等放水圧力等換算水頭

---

3. ポンプの吐出量

スプリンクラー設備の加圧送水装置に用いられるポンプの吐出量は、下記の値以上とする。

水源水量の算出に用いられるヘッドの個数[※1] × 90L /min [※2※3※4]

※1 p.269〜270 の表参照
※2 ラック式倉庫に設置する場合は 130L / min
※3 小区画型ヘッドを用いる場合は 60L / min 以上
※4 特定施設水道連結型スプリンクラー設備において小区画型ヘッドを用いる場合は緩和規定あり。

---

4. スプリンクラー設備の水源の水量

（1）閉鎖型スプリンクラーヘッドのうち標準型ヘッドを用いる場合

水源の水量は、スプリンクラーヘッドの設置個数が次ページの表に定める個数以上であるときはその表に定める個数に、設置個数が表に定める個数に満たないときはその設置個数に 1.6m^3[※]を乗じた量以上の量とする。

※ ラック式倉庫のうち、等級がⅢまたはⅣで水平遮へい板が設けられているものについては 2.28m^3、その他のものについては 3.42m^3。

（2）閉鎖型スプリンクラーヘッドのうち小区画型ヘッドを用いる場合

水源の水量は、スプリンクラーヘッドの設置個数が次ページの表に定める個数以上であるときはその表に定める個数に、設置個数が表に定める個数に満たないときはその設置個数に 1.0m^3 を乗じた量以上の量とする（特定施設水道連結型スプリンクラー設備については異なる規定が設けられているが、ここでは省略）。

（3）閉鎖型スプリンクラーヘッドのうち側壁型ヘッドを用いる場合

　水源の水量は、スプリンクラーヘッドの設置個数が次ページの表に定める個数以上であるときはその表に定める個数に、設置個数が表に定める個数に満たないときはその設置個数に 1.6m^3 を乗じた量以上の量とする。

> スプリンクラー設備に必要な水源の水量を求める問題が出たら、以下の表に掲げられたヘッドの個数（ヘッドの設置個数がそれよりも少ない場合はその個数）に 1.6m^3（小区画型ヘッドの場合は 1.0m^3）を掛ければよい。

10

スプリンクラー設備の構造・機能等④

●水源水量の算出の基準となるヘッドの個数（標準型ヘッド）

防火対象物の区分		ヘッドの個数[1]
百貨店（百貨店の用に供される部分を含む複合用途防火対象物を含む）		15（12）[2]
地下街・準地下街		15（12）[2]
ラック式倉庫	等級 I・II・III	30（24）[3]
	等級 IV	20（16）[3]
指定数量の 1,000 倍以上の指定可燃物を貯蔵し、または取り扱うもの		20（16）[3]
上記以外	地階を除く階数が 10 以下	10（8）[2]
	地階を除く階数が 11 以上	15（12）[2]

※1 乾式または予作動式の流水検知装置を設けるスプリンクラー設備の場合は、この欄に定める個数に 1.5 を乗じて得た個数とする。
※2 カッコ内は、高感度型ヘッドを設置する場合。
※3 カッコ内は、標準型ヘッドのうち感度種別が一種のものを設置する場合。

●水源水量の算出の基準となるヘッドの個数（小区画型ヘッド）

防火対象物の区分	ヘッドの個数
消防法施行令第 12 条第 1 項第 1 号及び第 9 号に掲げる防火対象物※またはその部分で、基準面積が 1,000m^2 未満のもの	4
地階を除く階数が 10 以下の防火対象物（上欄のものを除く）	8
地階を除く階数が 11 以上の防火対象物	12

※ p.99 〜 100 の表のうち、⑥⑦⑧⑩がこれに該当する。

●水源水量の算出の基準となるヘッドの個数（側壁型ヘッド）

防火対象物の区分	ヘッドの個数※
地階を除く階数が 10 以下の防火対象物	<u>8</u>
地階を除く階数が 11 以上の防火対象物	<u>12</u>

※ 乾式または予作動式の流水検知装置を設けるスプリンクラー設備の場合は、この欄に定める個数に 1.5 を乗じて得た個数とする。

（4）開放型スプリンクラーヘッドを用いる場合

　水源の水量は、下表に定める個数に 1.6m^3 を乗じた量以上の量とする（特定施設水道連結型スプリンクラー設備に関する規定は省略）。

●水源水量の算出の基準となるヘッドの個数（開放型ヘッド）

防火対象物の区分	ヘッドの個数
消防法施行令第 12 条第 1 項第 1 号及び第 9 号に掲げる防火対象物※1 またはその部分で、基準面積が 1,000m^2 未満のもの	<u>4</u>※2
消防法施行令第 12 条第 1 項第 1 号及び第 9 号に掲げる防火対象物※1（基準面積が 1,000m^2 未満のものを除く）で、地階を除く階数が 10 以下のもの	最大の放水区域に設置されるスプリンクラーヘッドの個数に <u>1.6</u> を乗じた数
舞台部が 10 階以下の階に存する防火対象物	
舞台部が 11 階以上の階に存する防火対象物	スプリンクラーヘッドの設置個数が<u>最も多い階</u>の設置個数

※1 p.99 ～ 100 の表のうち、⑥⑦⑧⑩がこれに該当する。
※2 スプリンクラーヘッドの設置個数が 4 に満たないときは、その設置個数。

（5）放水型スプリンクラーヘッドを用いる場合

　水源の水量は、固定式ヘッドを用いるものは、面積が最大となる放水区域に設けられたすべての固定式ヘッドを同時にそれらのヘッドの 1 分間当たりの放水量で 20 分間放水することができる量以上の量とする。可動式ヘッドを用いるものは、可動式ヘッドの 1 分間当たりの放水量が最大となる場合における放水量で 20 分間放水することができる量以上の量とする。

ポイントを 暗記！

① 標準型ヘッドの放水性能は、放水圧力 <u>0.1</u>MPa 以上、放水量 <u>80</u>L /min としなければならない。

スプリンクラーヘッドのうち、標準型ヘッド（小区画型及びラック式倉庫に設置する場合を除く）は、放水圧力を <u>0.1</u>MPa 以上 <u>1</u>MPa 以下とし、放水量を <u>80</u>L /min としなければならない。

② スプリンクラー設備のポンプの吐出量は、水源水量の算出に用いられるヘッドの個数× <u>90</u>L /min 以上。

スプリンクラー設備のポンプの吐出量は、水源水量の算出に用いられるヘッドの個数× <u>90</u>L /min 以上（小区画型ヘッドを用いる設備は 60L /min 以上、ラック式倉庫に設けるものは 130L /min 以上）とする。

③ 標準型ヘッドを用いるスプリンクラー設備の水源水量は、基準の設置個数に <u>1.6</u>m³ を乗じた量以上。

標準型ヘッド（小区画型を除く）を用いるスプリンクラー設備の水源水量は、基準となる設置個数（p.269 〜 270 の表参照）に <u>1.6</u>m³（小区画型ヘッドを用いる設備の場合は <u>1.0</u>m³）を乗じた量以上とする。

こんな選択肢に注意！

地階を除く階数が 10 以下の百貨店に標準型ヘッド（高感度型を除く）を 100 個設置しなければならない場合、その設備に必要とされる水源水量は、基準となるヘッドの設置個数 ~~10~~ に 1.6m³ を乗じた ~~16~~m³ となる。

地階を除く階数が 10 以下の百貨店に標準型ヘッド（高感度型を除く）を 100 個設置しなければならない場合、その設備に必要とされる水源水量は、基準となるヘッドの設置個数 <u>15</u> に 1.6m³ を乗じた <u>24</u>m³ となる。

10

スプリンクラー設備の構造・機能等

④

水噴霧消火設備の構造・機能等／その他の設備

ここが Point!

水噴霧消火設備とスプリンクラー設備の共通点と違いを理解しよう。

基礎知識を押さえよう！

1. 水噴霧消火設備の構成

水噴霧消火設備は、防火対象物の道路の用に供される部分、駐車の用に供される部分、指定可燃物を貯蔵し、または取り扱う場所等に設置されるもので、水源、加圧送水装置、一斉開放弁、配管・配線、噴霧ヘッド、火災感知装置、起動装置、排水設備、非常電源等により構成される。

水噴霧消火設備は、開放型スプリンクラー設備に類似した設備であるが、異なるのは、噴霧ヘッドにより水を噴霧状に放射する点である。霧状になった水は、表面積が大きくなる分だけ冷却効果が大きく、水蒸気による窒息効果も期待できるので、すぐれた消火能力を有する。また、棒状の水による消火が適さない電気火災にも使用することができる。

一方、水を霧状に噴霧するためには高い放射圧力※が必要で、放射量※も大きくなるので、消火に使われた水を有効に排水するための排水設備が必要になる（排水設備の設置基準については、p.113、114参照）。

水噴霧設備は、開放型ヘッドを用いるスプリンクラー設備と同様に、一つの放射区域※に設置された噴霧ヘッドを同時に放射させるために一斉開放弁を用いる。放射区域は、防護対象物が存する階ごとに設ける。

※ 屋内消火栓設備、屋外消火栓設備、スプリンクラー設備では、「放水」「放水圧力」「放水量」「放水区域」という用語が用いられるが、水噴霧消火設備では、それらの用語が、「放射」「放射圧力」「放射量」「放射区域」となる。

2. 噴霧ヘッドの設置基準と水源の水量

　噴霧ヘッドは、水の直線流または螺旋回流を衝突させ、拡散させることによって水を噴霧状にする装置である。噴霧ヘッドの設置基準については、以下のように定められている。

（1）指定可燃物を貯蔵し、または取り扱う防火対象物に設置する場合

- 防護対象物のすべての表面を噴霧ヘッドの有効防護空間（ヘッドから放射する水噴霧により有効に消火することができる空間をいう）内に包含するように設ける。
- 防火対象物またはその部分の区分に応じ、床面積 $1m^2$ につき 10L /min の割合で計算した水量を、標準放射量（設置されたそれぞれのヘッドの設計圧力により放射する水量）で放射できるように設ける。
- 水源の水量は、床面積 $1m^2$ につき 10L /min の割合で計算した量（防火対象物またはその部分の床面積が $50m^2$ を超える場合は、床面積を $50m^2$ として計算した量）で 20 分間放射することができる量以上の量としなければならない。

（2）防火対象物の道路または駐車の用に供される部分に設置する場合

- 道路の幅員または車両の駐車位置を考慮して、防護対象物を噴霧ヘッドから放射する水噴霧により有効に包含し、かつ、車両の周囲の床面の火災を有効に消火することができるように設ける。
- 床面積 $1m^2$ につき 20L /min の水量を、標準放射量で放射することができるように設ける。
- 水源の水量は、下表の水量で 20 分間放射することができる量以上の量としなければならない。

道路の用に供される部分	道路区画面積が最大となる部分の床面積 $1m^2$ につき 20L /min の割合で計算した量
駐車の用に供される部分	床面積 $1m^2$ につき 20L /min の割合で計算した量（防火対象物またはその部分の床面積が $50m^2$ を超える場合は、床面積を $50m^2$ として計算した量）

3. ストレーナーの設置

　水噴霧消火設備は、ヘッドの構造上、異物が詰まりやすいので、ポンプの吐出側にストレーナー（ろ過装置）を設ける。ストレーナーは、網目または円孔の最大径をヘッドの最小通水路の2分の1以下とし、網目または円孔の面積の合計を管断面積の4倍以上とすることが望ましい。

4. パッケージ型消火設備

　パッケージ型消火設備は、屋内消火栓設備に代えて用いることができるもので、「人の操作によりホースを延長し、ノズルから消火薬剤を放射して消火を行う消火設備であって、ノズル、ホース、リールまたはホース架、消火薬剤貯蔵容器、起動装置、加圧用ガス容器等を一つの格納箱に収納したもの」とされている。Ⅰ型とⅡ型があり、それぞれ、設置できる防火対象物の階数、延べ面積等が制限されている。

5. パッケージ型自動消火設備

　パッケージ型自動消火設備は、スプリンクラー設備に代えて用いることができるもので、「火災の発生を感知し、自動的に水または消火薬剤を圧力により放射して消火を行う固定した消火設備であって、感知部、放出口、作動装置、消火薬剤貯蔵容器、放出導管、受信装置等により構成されるもの」とされている。Ⅰ型とⅡ型があり、それぞれ、設置できる防火対象物の用途、階数、延べ面積等が制限されている。

　パッケージ型消火設備、パッケージ型自動消火設備は、法令上は「必要とされる防火安全性能を有する消防の用に供する設備等」に含まれる。

6. 連結送水管

　連結送水管は、消防隊が消火活動を行う際に使用する設備で、送水口、放水口、放水用器具格納箱等により構成される。送水口は、消防ポンプ自動車が容易に接近することができる位置に設けられ、火災発生時には、消防ポンプ自動車から送水口を通じて送水を行う。送水口は、配管を通して、

防火対象物の各階に設けられた放水口に連絡しており、消防隊が放水口に
ホースを接続して消火活動を行う。

　連結送水管は、外部からの消火活動が困難な、比較的大規模な防火対象
物に設置されるもので、下記の防火対象物が設置の対象とされる。

- 地階を除く階数が 7 以上のもの
- 地階を除く階数が 5 以上で、延べ面積が 6,000m² 以上のもの
- 延べ面積 1,000m² 以上の地下街
- 延長 50m 以上のアーケード
- 道路の用に供される部分を有するもの

　このほか、連結送水管の設置基準については、以下のような規定がある。

- 送水口は、双口形とする。
- 送水口のホース接続口は、連結送水管の立管の数以上の数を、地盤面からの高さが 0.5m 以上 1m 以下の位置に設ける。
- 送水口には、その直近の見やすい箇所に連結散水設備の送水口である旨を表示した標識を設ける[1]。
- 地階を除く階数が 11 以上の建築物の 11 階以上の部分に設ける放水口は、双口形とする。
- 地階を除く階数が 11 以上で、高さ 70m を超える建築物に設置する連結送水管には、非常電源を附置した加圧送水装置を設ける。
- 地階を除く階数が 11 以上の建築物に設置する連結送水管には、放水用器具を格納した箱を放水口に附置する[2]。

※1 連結散水設備の送水口は、スプリンクラー設備の送水口（p.264 ～ 265 参照）とは異なる。両者の外観はよく似ているが、「連結送水管送水口」「スプリンクラー専用送水口」のように表示して区別する。
※2 放水用器具を格納した箱は、一つの直通階段について階数 3 以内ごとに、一つの放水口から歩行距離 5m 以内で消防隊が有効に消火活動を行うことができる位置に設ける。

7. 連結散水設備

連結散水設備は、地階で火災が発生し、消防隊が進入することが困難な場合に、消防ポンプ自動車により送水口から送水し、地階に設置された散水ヘッドにより放水を行う設備である。下記の防火対象物が設置の対象となる（送水口を附置したスプリンクラー設備等を設置した場合を除く）。

- 地階の床面積が 700m^2 以上の防火対象物
- 延べ面積 700m^2 以上の地下街

ポイントを丸暗記！

水噴霧消火設備の放射区域は、防護対象物が存する階ごとに設ける。

水噴霧消火設備の放射区域は、防護対象物が存する階ごとに設ける。2 以上の階にまたがって放射区域を設けることはできない。

噴霧ヘッドは、床面積 1m^2 につき 10L/min（または 20L/min）の水量を放射できるように設ける。

噴霧ヘッドは、指定可燃物を貯蔵し、または取り扱う防火対象物は床面積 1m^2 につき 10L/min、道路または駐車の用に供される部分は床面積 1m^2 につき 20L/min の割合で計算した水量を、標準放射量で放射できるように設ける。

重要用語を覚えよう！

 防護対象物

消火設備により消火すべき対象物をいう。

 道路区画面積

道路の用に供される部分を、道路の長さが 10m 以上となるように区分した、それぞれの部分の面積をいう。

練習問題にチャレンジ！

問　題　▶解答と解説は p.281 ～ 284

問題 01

ポンプ方式の加圧送水装置について、正しいものは次のうちどれか。

1　ポンプの吸込側には圧力計、吐出側には連成計を設ける。
2　定格吐出量の 150％の吐出量における揚程曲線上の全揚程は、定格吐出量における揚程曲線上の全揚程の 70％以上とする。
3　水源の水位がポンプよりも高い位置にある場合は、呼水装置を設ける必要はない。
4　逃し配管は、締切運転時の圧力上昇によるポンプの機能障害を防ぐために設ける。

> Lesson 01、02

問題 02

配管のスケジュール番号に対応するものは、次のうちどれか。

1　配管の呼び径
2　配管の肉厚
3　配管の耐圧力
4　配管の断面積

> Lesson 03

問題 03

溶接に関する用語の説明として、誤っているものは次のうちどれか。

1　ビード：1回のパス（溶接操作）によってできる溶接金属
2　スラグ：被覆材から生成される非金属物質
3　ブローホール：溶融金属の内部にできる空洞
4　アンダーカット：溶接を行う母材間に設ける溝

> Lesson 04

問題 04

1号消火栓を設置する屋内消火栓設備で、所定の個数の屋内消火栓を同時に使用した場合のノズルの先端における放水圧力と放水量の値として、正しいものは次のうちどれか。

1　放水圧力 0.17MPa 以上 0.7MPa 以下　放水量 130L /min 以上
2　放水圧力 0.17MPa 以上 1MPa 以下　放水量 130L /min 以上
3　放水圧力 0.25MPa 以上 0.7MPa 以下　放水量 60L /min 以上
4　放水圧力 0.17MPa 以上 0.7MPa 以下　放水量 80L /min 以上

Lesson 05

問題 05

1号消火栓を設置する屋内消火栓設備で、消火栓の設置個数が最も多い階の設置個数が 4 個であるとき、最低限確保しなければならない水源水量の値として、正しいものは次のうちどれか。

1　2.6m^3
2　5.2m^3
3　6.4m^3
4　10.4m^3

Lesson 05

問題 06

屋外消火栓設備の設置に関する技術上の基準について、正しいものは次のうちどれか。

1　屋外消火栓の開閉弁は、地盤面からの高さ 1.5m 以下の位置または地盤面からの深さ 0.6m 以内の位置に設ける。
2　屋外消火栓のうち、地下式消火栓のホース接続口は、地盤面からの深さが 0.6m 以内の位置に設ける。
3　屋外消火栓箱の表面には、「消火栓」と表示する。
4　屋外消火栓設備の水源の水量は、消火栓設置個数（設置個数が 2 を超えるときは 2）× 2.6m^3 以上とする。

Lesson 06

問題 07

　乾式流水検知装置を設けるスプリンクラー設備について、誤っているものは次のうちどれか。

1　流水検知装置の一次側には加圧水、二次側には圧縮空気が充満されている。

2　配管は、スプリンクラーヘッドに向かって先上がりの勾配にする。

3　凍結するおそれのない場所を除き、スプリンクラーヘッドは、デフレクターが取付け部より上方になるように、上向き型のものを使用する

4　ヘッドの開放から放水開始までの所要時間を、30秒以内とする。

▷ Lesson **07**

問題 08

　閉鎖型スプリンクラーヘッドのうち、標準型ヘッド（小区画型ヘッドを除く）の取付けについて、正しいものは次のうちどれか。

1　スプリンクラーヘッドは、ヘッドの取付け面から0.6m以上突き出したはり等によって区画された部分ごとに設ける。

2　ダクト等でその幅または奥行が1.2mを超えるものがある場合は、ダクト等の下面にもスプリンクラーヘッドを設ける。

3　スプリンクラーヘッドは、ヘッドのデフレクターが取付け面に対して平行になるように設置する。

4　開口部に設けるスプリンクラーヘッドは、開口部の上枠より0.3m以内の高さの壁面に設ける。

▷ Lesson **08**

問題 09

　閉鎖型スプリンクラーヘッドの標示温度と、取付け場所の平常時における最高周囲温度の組合せとして、正しいものは次のうちどれか。

1　標示温度79℃以上121℃未満　最高周囲温度39℃以上64℃未満

2　標示温度79℃以上121℃未満　最高周囲温度64℃以上106℃未満

3　標示温度121℃以上160℃未満　最高周囲温度39℃以上64℃未満

4　標示温度160℃以上　最高周囲温度106℃以上

▷ Lesson **09**

問題 10

スプリンクラー設備（ラック式倉庫に設置するもの及び特定施設水道連結型スプリンクラー設備を除く）の制御弁について、誤っているものは次のうちどれか。

1　流水検知装置の一次側に設ける。
2　床面からの高さが 0.8m 以上 1.5m 以下の箇所に設ける。
3　開放型スプリンクラーヘッドを用いるスプリンクラー設備にあっては、放水区域ごとに設ける。
4　閉鎖型スプリンクラーヘッドを用いるスプリンクラー設備にあっては、配管の系統ごとに設ける。

Lesson 09

問題 11

スプリンクラー設備の設置義務がある以下の防火対象物に、閉鎖型スプリンクラーヘッドのうち標準型ヘッド（高感度型を除く）を用いるスプリンクラー設備を設置する場合、最低限確保しなければならない水源水量の値として、誤っているものは次のうちどれか。ただし、ヘッドの設置個数はいずれも 50 個以上とし、流水検知装置は乾式または予作動式でないものとする。

1　地上 10 階建ての、百貨店の用途を含む複合用途防火対象物に設置する場合、水源の水量は 24m^3 以上とする。
2　地上 10 階建ての、百貨店の用途を含まない複合用途防火対象物に設置する場合、水源の水量は 24m^3 以上とする。
3　地上 12 階建ての、百貨店の用途を含まない複合用途防火対象物に設置する場合、水源の水量は 24m^3 以上とする。
4　延べ面積 1,200m^3 の地下街に設置する場合、水源の水量は 24m^3 以上とする。

Lesson 10

解答と解説　▶問題は p.277 〜 280

問題 01　正解　3

1　×　ポンプの吐出側には圧力計、吸込側には連成計を設ける。
2　×　定格吐出量の 150%の吐出量における揚程曲線上の全揚程は、定格吐出量における揚程曲線上の全揚程の 65%以上とする。
3　○　呼水装置は、水源の水位がポンプよりも低い位置にある場合に、ポンプの空回りを防ぐために設けるものである。
4　×　逃し配管は、締切運転時の水温上昇によるポンプの機能障害を防ぐために設ける。

> 間違えた人は、Lesson01、02 を復習しよう。

問題 02　正解　2

スケジュール番号は、配管の肉厚（呼び厚さ）に対応する規格で、一定の外径に対して、配管にかかる圧力と配管の許容応力の比を一定段階ごとに分類したものである。

> 間違えた人は、Lesson03 を復習しよう。

問題 03　正解　4

選択肢 4 のアンダーカットは、溶接の欠陥の一種で、溶接の止端（母材の面とビードの表面が交わる点）に沿って溝ができることをいう。選択肢の「溶接を行う母材間に設ける溝」は、「開先」の説明になっている。

> 間違えた人は、Lesson04 を復習しよう。

問題 04　正解　1

1 号消火栓を設置する屋内消火栓設備では、いずれの階においても、その階のすべての屋内消火栓（設置個数が 2 を超えるときは、2 個の屋内消火栓）を同時に使用した場合に、ノズルの先端における放水圧力が 0.17MPa 以上 0.7MPa 以下、放水量が 130L /min 以上となるようにしなければならない。

> 間違えた人は、Lesson05 を復習しよう。

問題 05 **正解** **2**

　屋内消火栓設備の水源の水量は、屋内消火栓の設置個数が最も多い階の設置個数（設置個数が 2 を超えるときは 2）に、下記の値を乗じて得た量以上の量とする。
- 1 号消火栓、易操作性 1 号消火栓を設置する場合：2.6m^3
- 2 号消火栓を設置する場合：1.2m^3
- 広範囲型 2 号消火栓を設置する場合：1.6m^3

間違えた人は、Lesson05 を復習しよう。

問題 06 **正解** **1**

1　○　屋外消火栓の開閉弁は、地上に設けるときは地盤面からの高さ 1.5m 以下、地下に設けるときは地盤面からの深さ 0.6m 以内の位置に設ける。

2　×　地下式消火栓のホース接続口は、地盤面からの深さが 0.3m 以内の位置に設ける。

3　×　屋外消火栓箱の表面には、「ホース格納箱」と表示する。

4　×　屋外消火栓設備の水源の水量は、消火栓設置個数（設置個数が 2 を超えるときは 2）× 7m^3 以上とする。

間違えた人は、Lesson06 を復習しよう。

問題 07 **正解** **4**

1　○　流水検知装置の一次側には加圧水が、二次側には加圧水の代わりに圧縮空気が充満されている。

2　○　試験、放水等による配管内の残水を完全に排水できるように、流水検知装置の二次側の配管は、スプリンクラーヘッドに向かって先上がりの勾配にする。

3　○　凍結するおそれのない場所を除き、スプリンクラーヘッドは、デフレクターが取付け部より上方になるように、上向き型のものを使用する。

4　×　ヘッドの開放から放水開始までの所要時間は、1 分以内とする。

間違えた人は、Lesson07 を復習しよう。

問題 08 **正解** 2

1　×　スプリンクラーヘッドは、ヘッドの取付け面から 0.4m 以上突き出したはり等によって区画された部分ごとに設ける。

2　○　ダクト等でその幅または奥行が 1.2m を超えるものがある場合は、ダクト等の下面にもスプリンクラーヘッドを設ける。

3　×　スプリンクラーヘッドは、ヘッドの軸心が取付け面に対して直角になるように設置する。

4　×　開口部に設けるスプリンクラーヘッドは、開口部の上枠より 0.15m 以内の高さの壁面に設ける。

▶ 間違えた人は、Lesson08 を復習しよう。

問題 09 **正解** 1

1　○　平常時の最高周囲温度 39℃以上 64℃未満の場所には、標示温度 79℃以上 121℃未満の閉鎖型スプリンクラーヘッドを設ける。

2　×　平常時の最高周囲温度 64℃以上 106℃未満の場所には、標示温度 121℃以上 162℃未満の閉鎖型スプリンクラーヘッドを設ける。

3　×　平常時の最高周囲温度 39℃以上 64℃未満の場所には、標示温度 79℃以上 121℃未満の閉鎖型スプリンクラーヘッドを設ける。

4　×　平常時の最高周囲温度 106℃以上の場所には、標示温度 162℃以上の閉鎖型スプリンクラーヘッドを設ける。

▶ 間違えた人は、Lesson09 を復習しよう。

問題 10 **正解** 4

1　○　制御弁は、流水検知装置の一次側に設ける。

2　○　制御弁は、床面からの高さが 0.8m 以上 1.5m 以下の箇所に設ける。

3　○　開放型スプリンクラーヘッドを用いるスプリンクラー設備にあっては、放水区域ごとに制御弁を設ける。

4　×　閉鎖型スプリンクラーヘッドを用いるスプリンクラー設備にあっては、防火対象物の階ごとに制御弁を設ける。

▶ 間違えた人は、Lesson09 を復習しよう。

1　○　百貨店の用途を含む複合用途防火対象物に標準型ヘッド（高感度型を除く）を設置する場合、水源水量の算出の基準となるヘッドの個数は 15（設置個数が 15 に満たないときはその個数）であり、それに 1.6m^3 を乗じた 24m^3 が、最低限確保しなければならない水源水量となる。

2　×　地階を除く階数が 10 以下で、百貨店の用途を含まない複合用途防火対象物に標準型ヘッド（高感度型を除く）を設置する場合、水源水量の算出の基準となるヘッドの個数は 10（設置個数が 10 に満たないときはその個数）であり、それに 1.6m^3 を乗じた 16m^3 が、最低限確保しなければならない水源水量となる。

3　○　地階を除く階数が 11 以上の防火対象物に標準型ヘッド（高感度型を除く）を設置する場合、水源水量の算出の基準となるヘッドの個数は 15（設置個数が 15 に満たないときはその個数）であり、それに 1.6m^3 を乗じた 24m^3 が、最低限確保しなければならない水源水量となる。

4　○　地下街に標準型ヘッド（高感度型を除く）を設置する場合、水源水量の算出の基準となるヘッドの個数は 15（設置個数が 15 に満たないときはその個数）であり、それに 1.6m^3 を乗じた 24m^3 が、最低限確保しなければならない水源水量となる。

間違えた人は、Lesson10 を復習しよう。

6章
消防用設備等の構造・機能・工事・整備〈電気に関する部分〉

まず、これだけ覚えよう！

この章では、消火設備を構成する機器のうち、電気に関係するものを扱う。その一つが、ポンプを動かす電動機だ。ここでは、電動機に関する基礎知識を押さえておこう。

①電動機とは

　水系消火設備の加圧送水装置に用いられるポンプを運転するためには、動力を発生する装置、すなわち、原動機が必要である。その原動機としては、法令上、特定施設水道連結型スプリンクラー設備に用いるものを除いて、電動機を使用することとされている。

　電動機とは、電気的エネルギーを回転運動などの機械的エネルギーに変換する装置で、一般にモーターと呼ばれる。電動機にはさまざまな種類があるが、そのほとんどは、電流と磁界の相互作用を利用するもの（電磁モーター）である。

②電動機の種類

　電動機は、直流電流を用いる直流電動機と、交流電流を用いる交流電動機に大別される。消防設備のポンプには、主に交流電動機が用いられるが、非常電源の容量が比較的小さい場合には、直流電動機が使用されることもある。

　交流電動機には、誘導電動機、同期電動機、整流子電動機があるが、最もよく使用されるのは誘導電動機である。また、交流電動機には、電源として単相交流を使用するものと、三相交流を使用するものがある。

③回転子と固定子

電動機の構成要素として重要なのが、回転子と固定子である。回転子は、その名のとおり回転する部分で、ローターともいう。三相交流電動機の回転子は、その構造により、かご形と巻線形に分類される。固定子は、固定されていて動かない部分で、回転子を回転させるための力を発生させる役割をもつ。ステーターともいう。

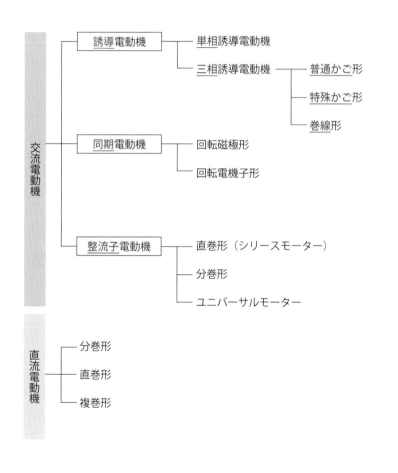

誘導電動機と同期電動機

ここが Point!

誘導電動機と同期電動機の回転原理の違いや、それぞれの始動法を覚えよう。

基礎知識を押さえよう！

1. 誘導電動機の回転原理

誘導電動機の回転原理は、以下のとおりである。

①固定子巻線に交流電流を流し、回転磁界を発生させる。

②電磁誘導により、回転子巻線に誘導電流が流れる（フレミングの右手の法則）。

③②の誘導電流が回転磁界から受けるローレンツ力により、回転子が回転磁界と同じ方向に回転する（フレミングの左手の法則 ⇒ p.186 参照）。

2. 同期速度とすべり

回転磁界の回転速度を、同期速度という。同期速度は、交流電流の周波数に比例し、回転磁界の極数に反比例する。

$$n_s = \frac{2f}{p} \times 60 = \frac{120}{p} f \,[\min^{-1}]$$

n_s：同期速度　　f：周波数 $[\mathrm{Hz}]$（$[\mathrm{s}^{-1}]$）　　p：極数

後述する同期電動機の場合、回転子は回転磁界に同期して回転するので、回転子の回転速度は同期速度と一致する（p.292 参照）。一方、誘導電動機は、回転子は同期速度よりも少し遅い速度で、回転磁界に追い抜かれながら回転する。同期速度と回転子の回転速度の差をすべり速度といい、す

べり速度の同期速度に対する比をすべりという。

$$s = \frac{n_s - n}{n_s}$$

s：すべり　　n_s：同期速度　　n：回転子の回転速度

$n_s - n$：すべり速度

　上の式に、前ページの同期速度を求める式を代入することにより、誘導電動機の回転子の回転速度 n は、以下のように求められる。

$$n = \frac{120f\,(1 - s)}{p}\,[\mathrm{min}^{-1}]$$

01

誘導電動機と同期電動機

誘導電動機の回転原理

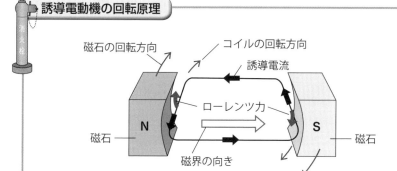

磁石の回転方向　　コイルの回転方向　　誘導電流　　ローレンツ力　　磁界の向き　　磁石　N　S　磁石

上図のように、磁石がつくる磁界の中に閉じたコイルが置かれていると考える。磁石が回転すると、コイルに誘導電流が流れ、その電流にローレンツ力が働き、コイルは磁石と同じ向きに回転する（ただし、回転速度は磁石よりも少し<u>遅く</u>なる）。

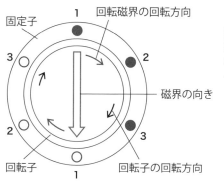

固定子　回転磁界の回転方向　1　3　2　磁界の向き　2　3　回転子　回転子の回転方向　1

実際の電動機では、左図のように、固定子の複数のコイルに位相のずれた交流電流を流し、順に励磁することにより<u>回転磁界</u>が生じる。

● 図の手前に向かう電流
○ 図の奥に向かう電流

誘導電動機の起動時は、回転子が停止しているので $n = 0$、すべりは１である。回転速度が上がるにつれて、すべりは徐々に０に近づいていくが、０になることはない。言い換えると、誘導電動機の回転子は、同期速度と同じ速度で回転することはできない。仮に、回転子が同期速度で回転したとすると、回転磁界と回転子は相対的に静止していることになるので、電磁誘導は起こらず、ローレンツ力も生じないからである。

　なお、固定子巻線の三相のうち２線を入れ替えると、電動機の回転方向が逆になる。

> 誘導電動機は、回転速度が同期速度と一致しないので、非同期モーターとも呼ばれる。

3. 誘導電動機の始動法

　誘導電動機は、後述する同期電動機とは異なり、始動時にもある程度大きなトルクが発生するので、電源を投入すれば、特に助けがなくとも自発的に回転し始める。しかし、始動時のインピーダンスが非常に小さいために、定格電圧を加えて始動すると、電源投入直後に、定格電流の５〜８倍もの大電流が一時的に流れる。この電流を、始動電流（または突入電流）という。始動電流は、配電線の異常な電圧低下や巻線の損傷等の原因になるので、始動電流をなるべく小さく抑える始動法を適用する必要がある。

〈三相誘導電動機（かご形）の始動法〉

（1）じか入れ始動（全電圧始動）

　直接定格電圧を加えて始動する。始動電流がそれほど大きくなく、電圧降下等の影響も少ない小容量（出力 11kW 未満）の電動機に用いられる。

（2）スターデルタ始動（Y － Δ 始動）

　固定子コイルの結線方式を切り替える始動法。始動時はスター結線を用い、回転速度が増加したら、デルタ結線に切り替えて運転する。これにより、始動時の電圧を $\frac{1}{\sqrt{3}}$、始動電流を $\frac{1}{3}$ に抑えることができる。ただし、始動トルクも $\frac{1}{3}$ に低下するので、始動時から重負荷がかかる用途には適さない。中容量の電動機に用いられる。

（3）コンドルファ始動（補償器始動）

電動機の一次側に単巻変圧器を装入し、始動時の電圧を下げる。回転速度が増加したら全電圧を供給する。大容量の電動機に用いられる。

（4）リアクトル始動

電動機の一次側にリアクトルを接続し、リアクトルのインピーダンスにより始動電流を低減する。始動後はリアクトルを短絡して切り離す。

〈三相誘導電動機（巻線形）の始動法〉

（5）二次抵抗始動

電動機の回転子回路に始動抵抗器（可変抵抗器）を接続して始動する。始動時は抵抗を最大にし、回転速度の上昇とともに徐々に抵抗を小さくしていき、始動完了後は抵抗を短絡して定常運転を行う。始動電流を定格電流に近い値に抑えることができ、高い始動トルクが得られるので、重負荷でも始動できる。

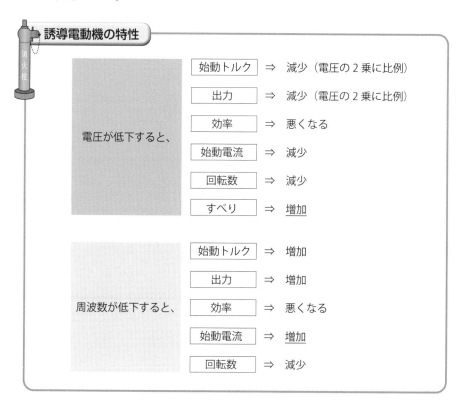

誘導電動機の特性

電圧が低下すると、		
始動トルク	⇒	減少（電圧の2乗に比例）
出力	⇒	減少（電圧の2乗に比例）
効率	⇒	悪くなる
始動電流	⇒	減少
回転数	⇒	減少
すべり	⇒	増加

周波数が低下すると、		
始動トルク	⇒	増加
出力	⇒	増加
効率	⇒	悪くなる
始動電流	⇒	増加
回転数	⇒	減少

01 誘導電動機と同期電動機

4. 同期電動機の回転原理

　同期電動機は、固定子巻線に交流電流を流して回転磁界を発生させる点は誘導電動機と共通しているが、回転子に永久磁石または電磁石を用いる点が異なる。回転子の磁極が回転磁界に引かれて回るので、回転子の回転速度は、回転磁界の回転速度（同期速度）と一致する。

> 回転磁界を利用する点は同じでも、誘導電動機はローレンツ力で、同期電動機は磁力で回転するところが大きな違いですね。

5. 同期電動機の始動法

　同期電動機は、停止した状態で単に電源を入れても、回転子が回転磁界に追従できず、始動することができない。したがって、何らかの方法で始動トルクを与える必要がある。主な始動法としては、下記の方法がある。

（1）自己始動法

　回転子に始動用の巻線（制動巻線）を施し、誘導電動機として始動する。同期速度近くまで加速したら回転子を励磁し、同期電動機として運転する。

（2）始動電動機法

　始動用の電動機を用いて始動し、同期速度近くまで加速したら回転子を励磁し、同期電動機として運転する。

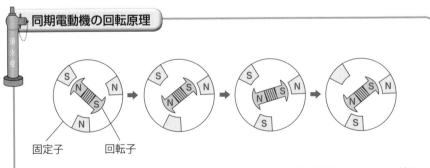

同期電動機の回転原理

固定子　　回転子

固定子の3つのコイルに120度ずつ位相のずれた交流電流を流すと、コイルに流れる電流の大きさと向きの変化により磁極が次々に変化し、回転子領域に回転磁界が生じる。回転子の電磁石（または永久磁石）は、回転磁界に引かれて回転する。

ポイントを 暗記！

1　回転磁界の同期速度は、交流電流の周波数に比例し、回転磁界の極数に反比例する。

回転磁界の回転速度を、同期速度という。同期速度は、交流電流の周波数に比例し、回転磁界の極数に反比例する。

2　誘導電動機の回転子は、同期速度よりも少し遅い速度で回転する。

誘導電動機の回転子は、同期速度よりも少し遅い速度で、回転磁界に追い抜かれながら回転する。同期速度と回転子の回転速度の差をすべり速度といい、すべり速度の同期速度に対する比をすべりという。

3　スターデルタ始動を採用した場合、始動電流を$\frac{1}{3}$に抑えることができる。

誘導電動機の始動法として、スターデルタ始動（Y－Δ始動）を採用した場合、始動時の電圧を$\frac{1}{\sqrt{3}}$、始動電流を$\frac{1}{3}$に抑えることができる。ただし、始動トルクも$\frac{1}{3}$に低下する。

01

誘導電動機と同期電動機

重要用語を覚えよう！

ローレンツ力

磁場中を運動する荷電粒子に作用する力。その向きは、フレミングの左手の法則により示される。

極数

電動機に交流電流が流れたときに発生する磁極の数。NS 一対の磁極を 2 極とする。

非常電源

基礎知識を押さえよう！

1. 非常電源の種類

　消火設備には、平常時に使用する常用電源のほかに、常用電源が使用できなくなった場合も消火設備に電力を供給できるよう、非常電源を設けなければならない。

　非常電源には、非常電源専用受電設備、自家発電設備、蓄電池設備、燃料電池設備の4種類がある。延べ面積 1,000m^2 以上の特定防火対象物（小規模特定用途複合防火対象物※を除く）に設置する消火設備の非常電源は、自家発電設備、蓄電池設備または燃料電池設備に限られる（非常電源専用受電設備は設置できない）。

　一般に、水系消火設備の非常電源としては、小規模な防火対象物では非常電源専用受電設備が、大規模な防火対象物では自家発電設備が多く用いられている。

※ 特定用途を含む複合用途防火対象物で、特定用途に供される部分の床面積の合計が防火対象物の延べ面積の $\frac{1}{10}$ 以下であり、かつ、300m^2 未満であるものをいう。

2. 消火設備に設置する非常電源の共通基準

- 点検に便利で、かつ、火災等の災害による被害を受けるおそれが少ない箇所に設ける。
- 他の電気回路の開閉器または遮断器によって遮断されないものとする。
- 屋内消火栓設備に設置する非常電源の開閉器には、屋内消火栓設備用である旨を表示する（他の消火設備についても同様）。

- 水系消火設備に設置する非常電源の容量は、消火設備を有効に 30 分間以上作動できるものとする（非常電源専用受電設備を除く）。
- 常用電源が停電したときは、自動的に常用電源から非常電源に切り替えられるものとする（非常電源専用受電設備を除く）。

3. 非常電源専用受電設備

　非常電源専用受電設備は、電力会社から供給される電気を非常電源として使用するための受電設備である。非常電源専用受電設備については、以下のように規定されている。

- 非常電源専用受電設備（キュービクル式のものを除く）は、操作面の前面に 1m(操作面が相互に面する場合は 1.2m)以上の幅の空地を設ける。
- キュービクル式非常電源専用受電設備は、受電設備の前面に 1m 以上の幅の空地を設ける。

4. 自家発電設備

　自家発電設備は、常用電源が停電したときに、自動的にディーゼルエンジン等を起動して発電を行い、電力を供給する設備である。自家発電設備については、以下のように規定されている。

- 常用電源が停電してから電圧確立及び投入までの所要時間は、40 秒以内とする。ただし、常用電源の停電後 40 秒経過してから自家発電設備の電圧確立及び投入までの間、蓄電池設備により電力が供給される場合はこの限りでない。
- キュービクル式以外の自家発電設備は、自家発電装置（発電機と原動機とを連結したものをいう）の周囲に 0.6m 以上の幅の空地を設ける。
- キュービクル式自家発電設備は、前面に 1m 以上の幅の空地を設ける。
- キュービクル式自家発電設備の外箱（コンクリート造またはこれと同等以上の耐火性能を有する床に設置するものの床面部分を除く）の材料は鋼板とし、その板厚は、屋外用のものは 2.3mm 以上、屋内用のものは 1.6mm 以上とする。

02

非常電源

5. 蓄電池設備

蓄電池設備は、鉛蓄電池、アルカリ蓄電池等の二次電池を使用した設備である。蓄電池設備については、以下のように規定されている。

- 直交変換装置を有する蓄電池設備は常用電源が停電してから40秒以内に、その他の蓄電池設備は常用電源が停電した直後に、電圧確立及び投入を行うものとする。

- 直交変換装置を有しない蓄電池設備は、常用電源が停電した後、常用電源が復旧したときは、自動的に非常電源から常用電源に切り替えられるものとする。

- 蓄電池設備は、自動的に充電するものとし、充電電源電圧が定格電圧の±10％の範囲内で変動しても、機能に異常なく充電できるものとする。

- 蓄電池の単電池当たりの公称電圧は、以下の値とする。

鉛蓄電池：2V

アルカリ蓄電池：1.2V

ナトリウム・硫黄電池：2V

レドックスフロー電池：1.3V

- 蓄電池は、液面が容易に確認できる構造とする（シール形または制御弁式のものを除く）。

- 蓄電池には、減液警報装置を設ける（補液の必要がないものを除く）。

- 蓄電池設備は、水が浸入し、または浸透するおそれのない場所に設ける。

- 蓄電池設備を設置する室には、屋外に通ずる有効な換気設備を設ける。

6. 燃料電池設備

燃料電池設備は、水素と酸素を電気化学反応させることにより、電気を発生させる設備である。燃料電池設備については、以下のように規定されている。

- 燃料電池設備は、キュービクル式のものとする。

- 常用電源が停電してから電圧確立及び投入までの所要時間は、40秒以内とする。

ポイントを 暗記！

① 延べ面積 1,000m² 以上の特定防火対象物に設置する非常電源は、非常電源専用受電設備以外とする。

延べ面積 1,000m² 以上の特定防火対象物（小規模特定用途複合防火対象物を除く）に設置する非常電源は、自家発電設備、蓄電池設備または燃料電池設備に限られる（非常電源専用受電設備は設置できない）。

② 非常電源の容量は、消火設備を有効に 30 分間以上作動できるものとする。

水系消火設備に設置する非常電源（非常電源専用受電設備を除く）の容量は、消火設備を有効に 30 分間以上作動できるものとする（ガス系消火設備は 60 分間、パッケージ型自動消火設備は 70 分間）。

③ 自家発電設備は、常用電源が停電してから電圧確立及び投入までの所要時間を 40 秒以内とする。

自家発電設備は、常用電源が停電してから電圧確立及び投入までの所要時間を 40 秒以内とする。ただし、自家発電設備の電圧確立及び投入までの間、蓄電池設備により電力が供給される場合はこの限りでない。

02
非常電源

重要用語を覚えよう！

 キュービクル式

必要な電気設備一式を金属箱に収めたものをいう。

 二次電池

放電後に再び充電して、繰り返し使用できる電池。

配線等

基礎知識を押さえよう！

1. 耐火・耐熱配線

消防用設備等は、火災時にも確実に作動することが求められるので、配線を耐火配線または耐熱配線とするよう規定されている箇所がある。耐火配線、耐熱配線については、それぞれ、使用する電線の種類や施工方法が、以下のように定められている。

〈耐火配線〉

- 600V2 種ビニル絶縁電線（HIV）またはこれと同等以上の耐熱性を有する電線を使用する。電線は、金属管、2 種金属製可とう電線管または合成樹脂管に収め、耐火構造とした主要構造部に埋設するか、これと同等以上の耐熱効果のある方法により保護する。

- MI ケーブルまたは耐火電線を使用する場合は、ケーブル工事等により施工する（露出配線とすることができる）。

- 開閉器、過電流保護器その他の配線機器は、耐熱効果のある方法で保護する。

〈耐熱配線〉

- 600V2 種ビニル絶縁電線（HIV）またはこれと同等以上の耐熱性を有する電線を使用し、金属管工事、可とう電線管工事、金属ダクト工事またはケーブル工事（不燃性のダクトに布設するものに限る）により設ける。

- 耐火電線、耐熱電線、MI ケーブル、耐熱光ファイバーケーブルを使用する場合は、ケーブル工事等により施工する（露出配線とすることがで

きる）。

600V2種ビニル絶縁電線（HIV）と同等以上の耐熱性を有する電線

ハイパロン絶縁電線・四ふっ化エチレン絶縁電線・シリコンゴム絶縁電線・ポリエチレン絶縁電線・架橋ポリエチレン絶縁電線・EPゴム絶縁電線・アルミ被ケーブル・鋼帯がい装ケーブル・CDケーブル・鉛被ケーブル・クロロプレン外装ケーブル・架橋ポリエチレン絶縁ビニルシースケーブル・架橋ポリエチレン絶縁ポリエチレンシースケーブル・ポリエチレン絶縁ビニルシースケーブル・EPゴム絶縁クロロプレンシースケーブル・バスダクト

03

配線等

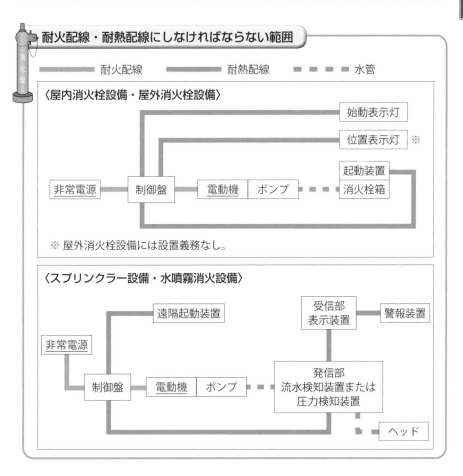

2. 電線の接続

電線の接続については、電気設備の技術基準により、以下のように定められている。

- 接続部分において電線の電気抵抗を増加させないこと。
- 絶縁性能を低下させないこと。
- 通常の使用状態において断線のおそれがないようにすること。
- 電線の引張強さを 20％以上減少させないこと。
- 接続部分には、接続管その他の器具を使用し、またはろう付けすること。
- 絶縁電線相互または絶縁電線とコード、キャブタイヤケーブルもしくはケーブルとを接続する場合は、接続部分の絶縁電線の絶縁物と同等以上の絶縁効力のある接続器を使用するか、接続部分をその部分の絶縁電線の絶縁物と同等以上の絶縁効力のあるもので十分に被覆すること。

3. 接地工事

接地工事とは、漏電による火災や感電、物件の損傷等を防止するために、電気設備機器と大地を導体により接続し、漏れ電流が大地に流れるようにする措置をいう。下表に示すように、接地工事には、A 種、B 種、C 種、D 種の 4 種類がある。

●接地工事の種類

種類	対象	接地抵抗値
A 種接地工事	高圧用機器の鉄台、金属製外箱等	10 Ω以下
B 種接地工事	変圧器の低圧側	150/Ig 以下[1]
C 種接地工事	300V を超える機器の鉄台、外箱、金属管等	10 Ω以下[2][3]
D 種接地工事	300V 以下の機器の鉄台、外箱、金属管等	<u>100 Ω以下</u>[2][3]

[1] Ig は 1 線地絡電流（単位：A）。高圧または 35,000V 以下の特別高圧の電路と低圧電路を結合する変圧器に施す接地工事の場合は、条件により 300／Ig 以下または 600／Ig 以下。

[2] 低圧電路において、地絡を生じた場合に 0.5 秒以内に当該電路を自動的に遮断する装置を施設するときは 500 Ω以下。

[3] 接地線は、引張強さ 0.39kN 以上の容易に腐食し難い金属線または直径 1.6mm 以上の軟銅線とする（可とう性を必要とする部分については異なる規定がある）。

4. 絶縁抵抗値

　低圧の電路の電線相互間及び電路と大地との間の絶縁抵抗は、開閉器または過電流遮断器で区切ることのできる電路ごとに、電路の使用電圧の区分に応じて、それぞれ下表に掲げる値以上でなければならない。

●低圧の電路の絶縁性能

電路の使用電圧の区分		絶縁抵抗値
300V 以下	対地電圧※が 150V 以下の場合	0.1M Ω以上
	上記以外	<u>0.2</u>M Ω以上
300V を超える		0.4M Ω以上

※ 接地式電路においては電線と大地との間の電圧、非接地式電路においては電線間の電圧をいう。

03

配線等

5. 金属管工事

　金属管工事とは、金属管をコンクリートに埋め込み、または造営材に取付けて、その管内に電線を施設する工事をいう。金属管工事については、以下のように規定されている。

〈電線〉

- 金属管工事による低圧屋内配線の電線は、絶縁電線とする（屋外用ビニル絶縁電線を除く）。
- 金属管工事による低圧屋内配線の電線は、より線または直径 3.2mm（アルミ線は 4mm）以下の単線とする。ただし、短小な金属管に収める場合この限りでない。
- 金属管内では、電線に接続点を設けない。

〈管の厚さ〉

- コンクリートに埋め込むものは、1.2mm 以上とする。
- コンクリートに埋め込むもの以外のもので、継手のない長さ 4m 以下の管を乾燥した展開した場所に施設する場合は、0.5mm 以上とする。
- 上記以外のものは、1mm 以上とする。

〈金属管の接地工事〉

- 低圧屋内配線の使用電圧が 300V 以下の場合、管には、D 種接地工事を施す（条件により接地工事を省略できる場合あり）。
- 低圧屋内配線の使用電圧が 300V を超える場合、管には、C 種接地工事を施すこと（条件により D 種接地工事に緩和される場合あり）。

ポイントを丸暗記！

消火設備の非常電源回路は、耐火配線としなければならない。

消火設備の非常電源から制御盤、電動機までの回路は、耐火配線としなければならない。

消火設備の操作回路、表示灯回路は、耐熱配線としなければならない。

消火設備の制御盤から起動装置、表示灯、音響警報装置、流水検知装置までの回路は、耐熱配線としなければならない。

D 種接地工事における接地抵抗値は、100 Ω以下にしなければならない。

A 種接地工事、C 種接地工事における接地抵抗値は、10 Ω以下にしなければならない。

対地電圧 150V 以下の回路の絶縁抵抗値は、0.1MΩ以上にしなければならない。

使用電圧 300V 以下で対地電圧が 150V を超える回路の絶縁抵抗値は 0.2MΩ以上、使用電圧 300V を超える回路の絶縁抵抗値は 0.4MΩ以上にしなければならない。

練習問題にチャレンジ！

問　題　▶解答と解説は p.305 ～ 306

問題 01

　電源の周波数 50Hz、極数 4 の三相誘導電動機が、すべり 5％で運転しているときの電動機の回転速度として、正しいものは次のうちどれか。

1　1,425 min^{-1}
2　1,500 min^{-1}
3　2,850 min^{-1}
4　3,000 min^{-1}

▶ Lesson 01

問題 02

　三相誘導電動機の始動法として、出力 11kW 未満の小容量の電動機についてのみ認められているものは、次のうちどれか。

1　スターデルタ始動
2　コンドルファ始動
3　リアクトル始動
4　じか入れ始動

▶ Lesson 01

問題 03

　延べ面積 1,000m^2 以上の特定防火対象物（小規模特定用途複合防火対象物を除く）に設置する屋内消火栓設備の非常電源として認められていないものは、次のうちどれか。

1　自家発電設備
2　蓄電池設備
3　燃料電池設備
4　非常電源専用受電設備

▶ Lesson 02

消火設備の非常電源について、誤っているものは次のうちどれか。

1 屋内消火栓設備に設置する非常電源の開閉器には、屋内消火栓設備用である旨を表示する。
2 屋内消火栓設備に設置する非常電源専用受電設備の容量は、消火設備を有効に 30 分間以上作動できるものとする。
3 自家発電設備は、常用電源が停電してから電圧確立及び投入までの所要時間を 40 秒以内とする。
4 鉛蓄電池の単電池当たりの公称電圧は、2V とする。

Lesson 02

屋内消火栓設備の非常電源回路の配線について、誤っているものは次のうちどれか。

1 CD ケーブルを使用し、露出配線とした。
2 MI ケーブルを使用し、露出配線とした。
3 600V2 種ビニル絶縁電線を金属管に収め、耐火構造の主要構造部に埋設した。
4 アルミ被ケーブルを金属管に収め、耐火構造の主要構造部に埋設した。

Lesson 03

屋内消火栓設備の配線について、誤っているものは次のうちどれか。

1 制御盤から非常電源までの範囲は、耐火配線とする。
2 制御盤から遠隔起動装置までの範囲は、耐熱配線とする。
3 制御盤から位置表示灯までの範囲は、耐熱配線とする。
4 制御盤から電動機までの範囲は、耐熱配線とする。

Lesson 03

解答と解説　▶問題は p.303〜304

問題 01 　正解　1

問題文の条件により、三相誘導電動機の回転速度は、以下のように求められる。

回転速度 $n = \dfrac{120f(1-s)}{p} = $ [min^{-1}]

f：周波数　　p：極数　　s：すべり

$n = \dfrac{120 \times 50 \times (1-0.05)}{4} = \underline{1,425}$ [min^{-1}]

> 間違えた人は、Lesson01 を復習しよう。

問題 02 　正解　4

じか入れ始動は、直接定格電圧を加えて始動する方法で、全電圧始動ともいう。始動電流がそれほど大きくなく、電圧降下等の影響も少ない出力 11kW 未満の小容量の電動機に用いられる。

> 間違えた人は、Lesson01 を復習しよう。

問題 03 　正解　4

延べ面積 1,000m^2 以上の特定防火対象物（小規模特定用途複合防火対象物を除く）に設置する消火設備の非常電源は、自家発電設備、蓄電池設備または燃料電池設備に限られる（非常電源専用受電設備は設置できない）。

> 間違えた人は、Lesson02 を復習しよう。

問題 04 　正解　2

1　○　屋内消火栓設備に設置する非常電源の開閉器には、屋内消火栓設備用である旨を表示する。他の消火設備についても同様に表示する。

2　×　水系消火設備の非常電源として、自家発電設備、蓄電池設備、燃料電池設備を設置する場合は、消火設備を有効に 30 分間以上作動できる容量にしなければならないが、非常電源専用受電設備については、そのような規定はない。非常電源専用受電設備は、電力会社から供給される電気を非常電源として使用するための受電設備なので、停電や設備の故障などがなければ、電力の供給に関して時間的な制約はないと考えられる。

3　○　自家発電設備は、常用電源が停電してから電圧確立及び投入までの所要時間を 40 秒以内とする。

4　○　鉛蓄電池の単電池当たりの公称電圧は、2V とする。

> 間違えた人は、Lesson02 を復習しよう。

問題 05　正解　1

1　×　屋内消火栓設備の非常電源回路の配線は、耐火配線としなければならないので、CD ケーブルを使用する場合は、金属管、2 種金属製可とう電線管または合成樹脂管に収め、耐火構造とした主要構造部に埋設するか、これと同等以上の耐熱効果のある方法により保護する。

2　○　MI ケーブルを使用する場合は、耐火配線においても露出配線とすることができる。

3　○　600V2 種ビニル絶縁電線を使用し、耐火配線とする場合は、金属管、2 種金属製可とう電線管または合成樹脂管に収め、耐火構造とした主要構造部に埋設するか、これと同等以上の耐熱効果のある方法により保護する。

4　○　アルミ被ケーブルを使用し、耐火配線とする場合は、金属管、2 種金属製可とう電線管または合成樹脂管に収め、耐火構造とした主要構造部に埋設するか、これと同等以上の耐熱効果のある方法により保護する。

> 間違えた人は、Lesson03 を復習しよう。

問題 06　正解　4

制御盤から電動機までの範囲は、耐火配線としなければならない。

> 間違えた人は、Lesson03 を復習しよう。

いちばんわかりやすい！
消防設備士 1 類〈甲種・乙種〉合格テキスト

7章
消防用設備等の構造・機能・
工事・整備〈規格に関する部分〉

まず、これだけ覚えよう！

①消防用機械器具等の技術上の規格

　消防用設備等またはその部分である検定対象機械器具等（p.63 参照）もしくは自主表示対象機械器具等に該当するものは、これらの消防用機械器具等について、総務省令により定められた技術上の規格に適合するものでなければならない。

②検定制度・自主表示制度と規格省令の関係

　消防用機械器具等の検定制度は、1 章の Lesson15 で説明したように、「型式承認」「型式適合検定」の 2 段階からなる。このうち、型式承認とは、検定対象機械器具等の型式に係る形状等が総務省令で定める検定対象機械器具等に係る技術上の規格に適合している旨の承認をいう（消防用機械器具等の技術上の規格を定める省令を「規格省令」と略して呼ぶことがある）。

　検定対象機械器具等は、型式承認を受け、型式適合検定に合格したものである旨の表示が付されたものでなければ、販売し、または販売の目的で陳列してはならない。また、検定対象機械器具等のうち、消防の用に供する機械器具または設備は、型式承認を受け、型式適合検定に合格したものである旨の表示が付されたものでなければ、設置、変更または修理の請負に係る工事に使用してはならない。

　検定対象機械器具等以外の消防の用に供する機械器具等のうち、政令で定めるもの（自主表示対象機械器具等）については、それらの機器の製造者または輸入業者が、その形状等が総務省令で定める自主表示対象機械器具等に係る技術上の規格に適合しているかどうかについ

て、総務省令で定める方法により自ら検査を行うこととされている。検査の結果、その形状等が当該技術上の規格に適合する場合には、総務省令で定めるところにより、当該技術上の規格に適合するものである旨の表示を付することができる。

　自主表示対象機械器具等も、検定対象機械器具等と同様に、上記の表示が付されているものでなければ、販売し、または販売の目的で陳列してはならず、また、自主表示対象機械器具等のうち消防の用に供する機械器具または設備は、上記の表示が付されているものでなければ、設置、変更または修理の請負に係る工事に使用してはならない。

検定対象機械器具等	自主表示対象機械器具等
消火器	動力消防ポンプ
消火器用消火薬剤（二酸化炭素を除く）	消防用ホース
泡消火薬剤	消防用吸管
火災報知設備の感知器または発信機	消防用ホースに使用する差込式またはねじ式の結合金具及び消防用吸管に使用するねじ式の結合金具
火災報知設備またはガス漏れ火災警報設備に使用する中継器	エアゾール式簡易消火具
火災報知設備またはガス漏れ火災警報設備に使用する受信機	漏電火災警報器
住宅用防災警報器	
閉鎖型スプリンクラーヘッド	
スプリンクラー設備等（スプリンクラー設備、水噴霧消火設備または泡消火設備）に使用する流水検知装置	
スプリンクラー設備等に使用する一斉開放弁	
金属製避難はしご	
緩降機	

検定対象機械器具等に係る技術上の規格 ①

ここがPoint!

閉鎖型スプリンクラーヘッドの規格では、用語の定義、ヘッドの構造、標示温度の区分に応じた色表示などが重要。

基礎知識を押さえよう！

1. 閉鎖型スプリンクラーヘッドの技術上の規格

（1）用語の定義

　閉鎖型スプリンクラーヘッドの技術上の規格を定める省令により、閉鎖型スプリンクラーヘッドに関する用語は、以下のように定義されている。

標準型ヘッド：加圧された水を、ヘッドの軸心を中心とした円上に均一に分散するヘッドをいう。

小区画型ヘッド：標準型ヘッドのうち、加圧された水を、散水分布試験に規定する範囲内及び壁面の部分に分散するヘッドをいう。

水道連結型ヘッド：小区画型ヘッドのうち、配管が水道の用に供する水管に連結されたスプリンクラー設備に使用されるヘッドをいう。

側壁型ヘッド：加圧された水を、ヘッドの軸心を中心とした半円上に均一に分散するヘッドをいう。

デフレクター：放水口から流出する水流を細分させる作用を行うものをいう。

設計荷重：ヘッドを組み立てる際に、あらかじめ設計された荷重をいう。

標示温度：ヘッドが作動する温度としてあらかじめヘッドに表示された温度をいう。

最高周囲温度：下記の式によって求められた温度（標示温度が75℃未満のものは39℃）をいう。

$$t_a = 0.9t_m - 27.3 \ [℃]$$ 　　t_a：最高周囲温度　　t_m：ヘッドの標示温度

放水圧力：規定の整流筒で測定した放水時における静圧をいう。

フレーム：ヘッドの取付部とデフレクターを結ぶ部分をいう。

ヒュージブルリンク：易融性金属により融着され、または易融性物質により組み立てられた感熱体（火熱により一定温度に達するとヘッドを作動させるために破壊または変形を生ずるもの）をいう。

グラスバルブ：ガラス球の中に液体等を封入した感熱体をいう。

（2）ヘッドの構造

　閉鎖型スプリンクラーヘッドの構造については、規格省令により、以下のように定められている。

- 配管への取付け等の取扱いに際し、機能に影響を及ぼす損傷または狂いを生じないこと。
- 作動時に分解するすべての部分は、散水をさえぎらないよう分解し、投げ出されること。
- 組み立てられたヘッドの各部にかかる荷重の再調整ができない措置を講じたものであること。
- ほこり等の浮遊物により機能に異常を生じないこと。

（3）強度試験

- 閉鎖型スプリンクラーヘッドは、下表に掲げる標示温度の区分に応じ、同表の試験温度または標示温度より 15℃ 低い温度のうちいずれか低い温度に 30 日間放置した後、2.5MPa の静水圧力を 5 分間加えても漏水しないものでなければならない。

標示温度の区分	試験温度
75℃未満	52℃
75℃以上 121℃未満	80℃
121℃以上 162℃未満	121℃

標示温度の区分	試験温度
162℃以上 200℃未満	150℃
200℃以上	190℃

- 閉鎖型スプリンクラーヘッドは、任意の方向に最大加速度 100g（g は重力加速度）の衝撃を 5 回加えても機能に異常を生じないものでなければならない。

(4) ヒュージブルリンクの強度

閉鎖型スプリンクラーヘッドのヒュージブルリンクは、温度20℃(標示温度が75℃以上のものにあっては、最高周囲温度より20℃低い温度)の空気中において、その設計荷重の13倍の荷重を10日間加えても破損しないものでなければならない。

(5) 振動試験

閉鎖型スプリンクラーヘッドは、全振幅5mmで毎分1,500回の振動を3時間加えた後、2.5MPaの圧力を5分間加えても漏水しないものでなければならない。

(6) 水撃試験

閉鎖型スプリンクラーヘッドは、ピストン型ポンプを使用し、毎秒0.35~3.5MPaの圧力変動を連続して4,000回加えた後、2.5MPaの圧力を5分間加えても漏水しないものでなければならない。

(7) 作動試験

閉鎖型スプリンクラーヘッドは、その軸線を垂直にした状態から45度に傾斜した状態までの取付け範囲において、放水圧力0.1MPa(水道連結型ヘッドにあっては最低放水圧力(0.02MPaまたは放水量が毎分15Lとなる放水圧力のうちいずれか大きい値))で放水させても正常に作動するものでなければならない。

(8) 感度試験

閉鎖型スプリンクラーヘッドは、規定の試験条件で水平気流に投入した場合において、標示温度区分及び種別に応じて定められた時間以内で作動するものでなければならない。

(9) 表示

閉鎖型スプリンクラーヘッドには、以下に掲げる事項を、見やすい箇所に容易に消えないように表示するよう定められている。

①製造者名または商標

②製造年

③標示温度及び標示温度の区分による色別(次ページの表参照)

④取付け方向

⑤感度種別が1種のもの:「①」または「QR」

⑥有効散水半径が 2.6m のもの：「2.6」

⑦小区画型ヘッド（水道連結型ヘッドを除く）：「小」または「S」及び流量定数 K

⑧水道連結型ヘッド：「W」、流量定数 K 及び 0.05MPa または放水量が毎分 30L となる放水圧力のうちいずれか大きい値

●閉鎖型スプリンクラーヘッドの標示温度と色表示

標示温度の区分	色別
60℃未満	黒
60℃以上 75℃未満	なし
75℃以上 121℃未満	白
121℃以上 162℃未満	青

標示温度の区分	色別
162℃以上 200℃未満	赤
200℃以上 260℃未満	緑
260℃以上	黄

色表示に対応する標示温度の区分は、p.262 の設置場所の最高周囲温度に対応する区分と一致しない部分があるので注意しよう。

2. 放水型ヘッド等を用いるスプリンクラー設備の基準

　放水型スプリンクラーヘッドは、検定対象機械器具等には含まれていないが、放水型ヘッド等を用いるスプリンクラー設備に関する出題例もあるのでここで取り扱う（以下の記述は、消防庁告示「放水型ヘッド等を用いるスプリンクラー設備の設置及び維持に関する技術上の基準の細目」による）。

（1）用語の定義

放水型ヘッド等を用いるスプリンクラー設備：放水型ヘッド等、制御部、受信部、配管、非常電源、加圧送水装置、水源等により構成されるものをいう。

放水型ヘッド等：（高天井部分に設置する放水型スプリンクラーヘッドその他のスプリンクラーヘッドであって）感知部及び放水部により構成されるものをいう。

01

検定対象機械器具等に係る技術上の規格 ①

感知部：火災を感知するための部分であって、放水部と一体となっている
　　ものまたは放水部と分離しているものをいう。

放水部：加圧された水を放水するための部分をいう。

固定式ヘッド：放水型ヘッド等の放水部のうち、放水範囲が固定されてい
　　るものをいう。

可動式ヘッド：放水型ヘッド等の放水部のうち、放水部を制御し、放水範
　　囲を変えることができるものをいう。

放水範囲：一の放水型ヘッド等の放水部により放水することができる範囲
　　をいう。

有効放水範囲：放水範囲のうち、所要の散水量（単位時間当たりに散水さ
　　れる水量をいう）を放水することができる範囲をいう。

放水区域：消火をするために一または複数の放水型ヘッド等の放水部によ
　　り同時に放水することができる区域をいう。

警戒区域：火災の発生した区域を他の区域と区別して識別することができ
　　る最小単位の区域をいう。

制御部：放水部、感知部、手動操作部、加圧送水装置等の制御、連動、監
　　視等を行うものをいう。

受信部：火災の発生した警戒区域及び放水した放水区域が覚知できる表示
をするとともに、警報を発するものをいう。

（2）放水部の性能

　放水型ヘッド等の放水部の性能は、加圧された水を、下記の有効放水範
囲内に有効に放水することができるものとする。

〈固定式ヘッドの有効放水範囲〉

- 小型ヘッド（指定可燃物を貯蔵しまたは取り扱う部分以外の部分に使用
するものをいう）にあっては、ヘッドの使用圧力の範囲内において放水
した場合に、1分間当たりの放水量を 5L /m^2 で除して得られた範囲内
で、かつ、1m^2 当たりの散水量が 1.2L /min 以上となる範囲とする。

- 大型ヘッド（指定可燃物を貯蔵しまたは取り扱う部分に使用するものを
いう）にあっては、ヘッドの使用圧力の範囲内において放水した場合
に、1分間当たりの放水量を 10L /m^2 で除して得られた範囲内で、かつ、
1m^2 当たりの散水量が 2.4L /min 以上となる範囲とする。

〈可動式ヘッドの有効放水範囲〉

- 放水部を任意の位置に固定した状態でヘッドの使用圧力の範囲内において放水した場合に、$1m^2$ 当たりの散水量が小型ヘッドにあっては 5L /min 以上、大型ヘッドにあっては 10L /min 以上となる範囲とする。
- $20m^2$ 以上であること。
- 可動式ヘッドの放水部を稼動させることにより放水範囲を変える場合の有効放水範囲は、相互に重複していること。

（3）放水型ヘッド等の設置基準

〈固定式ヘッド・可動式ヘッドに共通する設置基準〉

- 放水区域は、高天井となる部分における床面を固定式ヘッドまたは可動式ヘッドの放水により有効に包含し、かつ、当該部分の火災を有効に消火できるように設けること。
- 放水区域は、警戒区域を包含するように設けること。
- 固定式ヘッドまたは可動式ヘッドの周囲には、散水の障害となるような物品等が設けられ、または置かれていないこと。

〈固定式ヘッドの設置基準〉

- 一つの放水区域は、その面積が $100m^2$ 以上となるように設けること。ただし、高天井となる部分の面積が $200m^2$ 未満である場合は、一つの放水区域の面積を $100m^2$ 未満とすることができる。
- 二つ以上の放水区域を設けるときは、火災を有効に消火できるように隣接する放水区域が相互に重複するようにすること。
- 放水区域は、一または複数の固定式ヘッドの有効放水範囲に包含されるように設けること。

〈可動式ヘッドの設置基準〉

- 放水区域は、可動式ヘッドの有効放水範囲に包含されるように設けること。

〈放水型ヘッド等の感知部の設置基準〉

- 警戒区域は、高天井となる部分の床面の火災を有効に感知できるように設けること。
- 隣接する警戒区域は、相互に重複するように設けること。
- 感知部は、その種別に応じ、火災を有効に感知できるように設けること。

- 感知部は、感知障害が生じないように設けること。
- 感知部が走査型（火災により生ずる炎を検知する部分が上下左右に自動的に作動するものをいう）のものにあっては、警戒区域は、監視視野に包含されるように設けること。
- 感知部が走査型のものにあっては、初期の監視状態から作動し、一連の監視後において初期の監視状態に復するまでの時間が、60秒以内となるように設けること。

ポイントを丸暗記！

 閉鎖型スプリンクラーヘッドは、各部にかかる荷重の再調整ができないものでなければならない。

閉鎖型スプリンクラーヘッドは、組み立てられたヘッドの各部にかかる荷重の再調整ができない措置を講じたものでなければならない。

 閉鎖型スプリンクラーヘッドの強度試験は、2.5MPaの静水圧力を5分間加えて行う。

閉鎖型スプリンクラーヘッドは、標示温度の区分に応じた試験温度または標示温度より15℃低い温度のうちいずれか低い温度に30日間放置した後、2.5MPaの静水圧力を5分間加えても漏水しないものでなければならない。

 放水型ヘッドのうち固定式ヘッドは、原則として、放水区域の面積が100m^{2}以上となるように設ける。

固定式ヘッドの一の放水区域は、その面積が100m^{2}以上となるように設けなければならない。ただし、高天井となる部分の面積が200m^{2}未満である場合は、一の放水区域の面積を100m^{2}未満とすることができる。

検定対象機械器具等に係る技術上の規格 ②

ここが Point!

流水検知装置と一斉開放弁の構造や機能については出題例が多いので、要点をしっかり押さえておこう。

基礎知識を押さえよう！

1. 流水検知装置の規格

（1）用語の定義

　流水検知装置の技術上の規格を定める省令により、スプリンクラー設備、水噴霧消火設備または泡消火設備に使用する流水検知装置に関する用語は、以下のように定義されている。

流水検知装置：湿式流水検知装置、乾式流水検知装置及び予作動式流水検知装置をいい、本体内の流水現象を自動的に検知して、信号または警報を発する装置をいう。

湿式流水検知装置：一次側（本体への流入側で弁体までの部分）及び二次側（本体からの流出側で弁体からの部分）に加圧水等（加圧水または加圧泡水溶液）を満たした状態にあり、閉鎖型スプリンクラーヘッド等（閉鎖型スプリンクラーヘッドまたは一斉開放弁その他の弁）が開放した場合、二次側の圧力低下により弁体が開き、加圧水等が二次側へ流出する装置をいう。

乾式流水検知装置：一次側に加圧水等を、二次側に加圧空気を満たした状態にあり、閉鎖型スプリンクラーヘッド等が開放した場合、二次側の圧力低下により弁体が開き、加圧水等が二次側へ流出する装置をいう。

予作動式流水検知装置：一次側に加圧水等を、二次側に空気を満たした状態にあり、感知部（火災報知設備の感知器、火災感知用ヘッドその他の感知のための機器）が作動した場合、弁体が開き、加圧水等が二次側へ流出する装置をいう。

使用圧力範囲：流水検知装置の機能に支障を生じない一次側の圧力の範囲をいう。

圧力設定値：二次側に圧力の設定を必要とする流水検知装置において、使用圧力範囲における一次側の圧力に対応する二次側の圧力の設定値をいう。

（2）湿式流水検知装置の構造

湿式流水検知装置の構造については、以下のように定められている。

①加圧送水装置を起動させるものにあっては、逆止弁構造を有すること。

②堆積物により機能に支障を生じないこと。

③管との接続部は、管と容易に接続できること。

④加圧水等の通過する部分は、滑らかに仕上げられていること。

⑤本体及びその部品は、保守点検及び取替えが容易にできること。

⑥弁座面は、機能に有害な影響を及ぼす傷がないこと。

⑦スイッチ類は、防滴のための有効な措置が講じられていること。

⑧感度調整装置は、露出して設けられていないこと。

（3）乾式流水検知装置の構造

乾式流水検知装置の構造については、湿式流水検知装置の構造の規定（①を除く）の例によるほか、以下のように定められている。

①開放した弁体は、作動圧力比（弁体の開放直前の一次側の圧力を二次側の圧力で除した値をいう）が 1.5 以下のものを除き、水撃、逆流等により再閉止しない装置を有すること。

②二次側に加圧空気を補充できること。

③弁体を開放することなく信号または警報の機能を点検できる装置を有すること。

④一次側と二次側とが中間室で分離されているものにあっては、中間室に溜まる水を外部に自動的に排水する装置を有すること。

⑤二次側に予備水を必要とするものにあっては、予備水の必要水位を確保する装置を有すること。

⑥二次側に予備水を必要としないものにあっては、二次側に溜まる水を外部に排水する装置を有すること。

（4）予作動式流水検知装置の構造

　予作動式流水検知装置の構造については、湿式流水検知装置の構造の規定（①を除く）及び乾式流水検知装置の構造の規定（②を除く）の例によるほか、以下のように定められている。

①二次側に圧力の設定を必要とするものにあっては、加圧空気を補充できるものでなければならない。

（5）最高使用圧力の範囲

　流水検知装置の最高使用圧力は、呼びの区分に応じて、下記の圧力の範囲内でなければならない。

　　呼び 10K：1.0MPa 以上 1.4MPa 以下

　　呼び 16K：1.6MPa 以上 2.2MPa 以下

> 呼び 10K、呼び 16K などの呼称は、「呼び圧力」といい、流体の温度に応じた耐圧強度の区分を表している。

（6）耐圧力

- 湿式流水検知装置の弁箱は、呼びの区分に応じて、下記の圧力を 2 分間加えた場合、漏水、変形、損傷または破壊を生じないものでなければならない。

　　呼び 10K：2.0MPa

　　呼び 16K：3.2MPa

- 乾式流水検知装置及び予作動式流水検知装置の弁箱は、最高使用圧力に対応する圧力設定値の 3 倍または上記の呼びの区分に応じた圧力のうち、いずれか大きい値の圧力を 2 分間加えた場合、漏水、変形、損傷または破壊を生じないものでなければならない。

- 乾式流水検知装置及び予作動式流水検知装置は、一次側の使用圧力に対応する圧力設定値の圧力を二次側に、使用圧力の 1.1 倍の圧力を一次側に 2 分間加えた場合、弁座からの漏水を生じないものでなければならない。

02

検定対象機械器具等に係る技術上の規格 ②

(7) 湿式流水検知装置の機能

- 使用圧力範囲内の圧力及び検知流量定数（流水現象として検知し、信号または警報の作動を制御するための流量をいう）に応じて定められた流水量で流水開始後、1分以内に連続して信号または警報を発し、かつ、流水停止の場合に信号または警報が停止すること。
- 流速4.5m/sの加圧水等を流水した場合に連続して信号または警報を発し、かつ、流水停止の場合に信号または警報が停止すること。
- 最低使用圧力における不作動水量（信号または警報を発しない本体内の最大の流水量として定められたものをいう）で流水開始しても信号または警報を発しないこと。
- 一次側に瞬間的な圧力変動が生じた場合に連続して信号または警報を発しないこと。

(8) 乾式流水検知装置の機能

- 呼称15の閉鎖型スプリンクラーヘッドから加圧空気を放出した場合、内径に応じて定められた二次側の配管容積において、30秒以内に弁体が開き、かつ、1分以内に連続して信号または警報を発すること。
- 流速4.5m/sの加圧水等を流水した場合に連続して信号または警報を発すること。
- 一次側に瞬間的な圧力変動が生じた場合に連続して信号または警報を発しないこと。

(9) 予作動式流水検知装置の機能

- 感知部が作動した場合、内径に応じて定められた二次側の配管容積において、30秒以内に弁体が開き、かつ、1分以内に連続して信号または警報を発すること。
- 感知部の作動の停止によって弁体の再閉止を行うものにあっては、感知部の作動が停止した場合に信号または警報が停止すること。
- 流速4.5m/sの加圧水等を流水した場合に連続して信号または警報を発すること。
- 一次側に瞬間的な圧力変動が生じた場合に連続して信号または警報を発しないこと。

（10）圧力損失

湿式流水検知装置の圧力損失は、内径に応じて定められた流水量で流水を行った場合、0.05MPa以内でなければならない。

（11）表示

流水検知装置には、以下に掲げる事項を、見やすい箇所に容易に消えないように表示するよう定められている。

①湿式、乾式または予作動式の別

②種別及び型式番号

③製造者名または商標

④製造年

⑤製造番号

⑥内径、呼び及び使用圧力範囲

⑦直管に相当する長さで表した圧力損失値

⑧二次側に圧力の設定を必要とするものにあっては、圧力設定値

⑨湿式流水検知装置にあっては、最低使用圧力における不作動水量

⑩流水方向を示す矢印

⑪取付け方向

⑫構成部品の組合せ

⑬検知流量定数50のものにあっては「50」、検知流量定数60のものにあっては「60」

2. 一斉開放弁の規格

（1）構造

一斉開放弁の技術上の規格を定める省令により、一斉開放弁の構造については、以下のように定められている。

①弁体は、常時閉止の状態にあり、起動装置の作動により開放すること。

②弁体を開放した後に通水が中断した場合においても、再び通水できること。

③堆積物により機能に支障を生じないこと。

④管との接続部は、管と容易に接続できること。

⑤加圧水等（加圧水または加圧泡水溶液）の通過する部分は、滑らかに仕

02

検定対象機械器具等に係る技術上の規格 ②

上げられていること。

⑥本体及びその部品は、保守点検及び取替えが容易にできること。

⑦弁座面は、機能に有害な影響を及ぼす傷がないこと。

（2）機能等

- 一斉開放弁は、起動装置を作動させた場合、15秒（内径200mmを超えるものにあっては60秒）以内に開放するものでなければならない。

- 一斉開放弁は、流速4.5m/s（内径80mm以下のものにあっては6m/s）の加圧水等を30分間通水した場合、機能に支障を生じないものでなければならない。

（3）表示

　一斉開放弁には、以下に掲げる事項を、見やすい箇所に容易に消えないように表示するよう定められている。

①種別及び型式番号

②製造者名または商標

③製造年

④製造番号

⑤内径、呼び及び一次側の使用圧力範囲

⑥直管に相当する長さで表した圧力損失値

⑦流水方向を示す矢印

⑧取付け方向

⑨弁開放用制御部の使用圧力範囲（制御動力に一次側の圧力と異なる圧力を使用するものに限る）

⑩制御動力に用いる流体の種類（制御動力に加圧水等以外の流体の圧力を使用するものに限る）

⑪制御動力の種類（制御動力に圧力を使用しないものに限る）

一斉開放弁に表示する事項は、流水検知装置に表示する事項と共通するものが多いですね。

ポイントを丸暗記！

湿式流水検知装置で加圧送水装置を起動させるものは、逆止弁構造を有しなければならない。

閉鎖型スプリンクラーヘッドを用いる設備には、流水検知装置の作動と連動して加圧送水装置を起動させるものがある（p.263 参照）。湿式流水検知装置で加圧送水装置を起動させるものは、逆止弁構造を有しなければならない。

呼び 10K の流水検知装置の最高使用圧力は、1.0MPa 以上 1.4MPa 以下としなければならない。

呼び 16K の流水検知装置の最高使用圧力は、1.6MPa 以上 2.2MPa 以下としなければならない。

流水検知装置は、流速 4.5m/s の加圧水等を流水した場合に連続して信号または警報を発すること。

湿式流水検知装置は、流速 4.5m/s の加圧水等を流水した場合に連続して信号または警報を発し、かつ、流水停止の場合に信号または警報が停止するものでなければならない（乾式、予作動式には、信号等の停止の規定はない）。

内径 200mm 以下の一斉開放弁は、起動装置を作動させた場合、15 秒以内に開放しなければならない。

一斉開放弁は、起動装置を作動させた場合、15 秒（内径 200mm を超えるものにあっては 60 秒）以内に開放するものでなければならない。

02

検定対象機械器具等に係る技術上の規格 ②

自主表示対象機械器具等に係る技術上の規格

ここが Point!

消防用ホースについては、ホースの種類や平ホースの規格の内容がよく出題されている。

基礎知識を押さえよう！

1. 消防用ホースの規格

（1）用語の定義

　消防用ホースの技術上の規格を定める省令により、消防用ホースに関する用語は、以下のように定義されている。

消防用ホース：消防の用に供する平ホース、保形ホース、大容量泡放水砲用ホース※及び濡れホースをいう。

平ホース：ジャケットにゴムまたは合成樹脂の内張りを施した消防用ホース（保形ホース、大容量泡放水砲用ホース及び濡れホースを除く）をいう。

保形ホース：ホースの断面が常時円形に保たれる消防用ホースをいう。

濡れホース：水流によりホース全体が均一に濡れる消防用ホースをいう。

使用圧：折れ曲がった部分のない状態における消防用ホースに通水した場合の常用最高使用水圧をいう（単位：MPa）。

設計破断圧：ホースが破断しない最高の圧力として設計された水圧をいう（単位：MPa）。

ジャケット：たて糸及びよこ糸により筒状に織られたものをいう。

ダブルジャケット：平ホースまたは大容量泡放水砲用ホースを外とうで被覆した構造のものをいう。

※ 大容量泡放水砲用ホースとは、石油コンビナート等災害防止法施行令に規定する大容量泡放水砲用防災資機材等としての用途にのみ用いられる消防用ホースをいう。

(2) 構造

消防用ホースの構造については、以下のように定められている。

- 製造方法が適切で、耐久力に富み、かつ、使用上支障のないものであること。
- 良質の材料を使用したものであること。
- 被覆（ジャケットの外面を保護するために、ゴムまたは合成樹脂その他外力に対して強度を有する材料により覆ったものをいう）のないジャケットにあっては、全体にわたり均等に、かつ、しっかりと織られていること。
- 被覆のあるジャケットにあっては、全体にわたり均等に織られ、編まれ、または巻かれていること。
- 織り等のむら、糸切れ、糸抜け、糸とび、著しい汚れ、ふし、外傷、きょう雑物の混入、よこ糸の露出または補修不完全がないこと。
- 縦色線または縦線を有していること。ただし、保形ホース及び大容量泡放水砲用ホースにあっては、縦色線または縦線を有しないものとすることができる。

(3) 表示

消防用ホースには、以下に掲げる事項を、見やすい箇所に容易に消えないように表示するよう定められている。

①消防用である旨

②製造者名または商標

③製造年

④届出番号

⑤呼称（大容量泡放水砲用ホースを除く）、長さ（単位：m）及びはしご付消防自動車、屈折はしご付消防自動車または船舶の用に供されるものその他特殊な用途に使用されるものについてはその用途

⑥「使用圧」という文字及び使用圧

⑦「設計破断圧」という文字及び設計破断圧（設計破断圧が使用圧の3倍以上の平ホース、保形ホース及び濡れホース並びに大容量泡放水砲用ホースを除く）

⑧ダブルジャケットのものにあっては、その旨

03

自主表示対象機械器具等に係る技術上の規格

⑨保形ホースにあっては、最小曲げ半径（ホースを円形に曲げた場合に、曲げる方向と直角方向の外径が5％増加したときの内円の半径の最小値をいう）（単位：cm）

⑩大容量泡放水砲用ホースにあっては、次に掲げる事項

　　イ　大容量泡放水砲用である旨

　　ロ　呼び径

　　ハ　使用圧を超えない動力消防ポンプに用いる旨

⑪濡れホースにあっては、その旨

（4）平ホースの規格（下記の規定は、保形ホースについても同様）

- 平ホースの内張りは、ゴムまたは合成樹脂の厚さが0.2mm以上であること。

- 平ホースの内張りは、表面にしわ等の不均一な部分がなく、水流の摩擦損失が少ないものであること。

- 平ホースの被覆及び塗装は、しわ等の不均一な部分がないものでなければならない。

- 平ホースの長さは、乾燥させた状態で10m、15m、20mまたは30mとし、表示された長さからその長さの110％の長さまでのものでなければならない（はしご付消防自動車、屈折はしご付消防自動車または船舶の用に供されるものその他特殊な用途に使用されるものを除く）。

- 平ホースは、1.5m以上のホースをまっすぐにした状態で設計破断圧の水圧を加えた場合、破断を生じてはならない。

- 平ホースは、まっすぐにした状態で使用圧を加えた場合におけるホースの伸びが、水圧0.1MPaの状態におけるホースの長さを基準として10％以下のものでなければならない。

- 平ホースのよじれは、右方向のものであり、かつ、使用圧を加えた場合におけるホースのよじれが、その使用圧及び呼称に応じて定められた角度以下でなければならない。

2. 消防用結合金具の規格

(1) 用語の定義

消防用ホースに使用する差込式またはねじ式の結合金具及び消防用吸管に使用するねじ式の結合金具の技術上の規格を定める省令により、消防用結合金具に関する用語は、以下のように定義されている。

消防用結合金具：消防用ホースまたは消防用吸管を他のホースまたは吸管、動力消防ポンプ等と結合するために、ホースまたは吸管の端部に装着する金具をいう。

かん合部：消防用結合金具同士をかん合する部分をいう。

装着部：ホースまたは吸管を装着する部分をいう。

差込式結合金具：差込みの方法によりかん合する消防用結合金具をいう。

ねじ式結合金具：ねじによりかん合する消防用結合金具をいう。

使用圧：設計された常用最高使用水圧をいう（単位：MPa）。

差込式差し口：差し金具、押し輪等により構成される差込式結合金具をいう。

差込式受け口：受け金具、つめ、つめばね、パッキン等により構成される差込式結合金具をいう。

ねじ式差し口：差し金具等により構成されるねじ式結合金具をいう。

ねじ式受け口：しめ輪、受け金具、パッキン等により構成されるねじ式結合金具をいう。

(2) 一般構造

消防用結合金具の構造については、以下のように定められている。

- 水流による摩擦損失の少ない構造であること。
- 均一で良質な材料が用いられていること。
- 装着部は、堅固なものであり、装着したホースまたは吸管が離脱しにくい構造であること。
- 人の触れるおそれのある部分は、面取、バリの除去等の危険防止のための措置が講じられたものであること。
- 機能を損なうおそれのある附属装置が設けられていないこと。
- 異種の金属が接する部分は、腐食を防止する処理が講じられたものであること。

(3) 表示

消防用結合金具には、以下の事項を容易に消えないように表示しなければならない。

①製造者名または商標

②製造年

③消防用結合金具の呼称

④吸管用のものにあっては、「吸」の文字

⑤消防用結合金具の呼称と異なる呼称のホースまたは吸管を装着するものにあっては、装着するホースまたは吸管の呼称

⑥使用圧

ポイントを丸暗記！

保形ホースとは、ホースの断面が常時円形に保たれる消防用ホースをいう。

保形ホースとは、ホースの断面が、放水時だけでなく、常時円形に保たれる消防用ホースをいう。易操作性1号消火栓や2号消火栓のように、一人で操作可能な消火栓に用いられる。

平ホースの長さは、乾燥させた状態で 10m、15m、20m または 30m とする。

平ホースの長さは、乾燥させた状態で 10m、15m、20m または 30m とし、表示された長さからその長さの 110% の長さまでのものでなければならない（はしご付消防自動車、船舶その他特殊な用途に使用されるものを除く）。

平ホースのよじれは、右方向のものでなければならない。

平ホースのよじれは、右方向のものであり、かつ、使用圧を加えた場合におけるホースのよじれが、その使用圧及び呼称に応じて定められた角度以下でなければならない。

練習問題にチャレンジ！

問　題　▶解答と解説は p.331〜332

問題 01

　閉鎖型スプリンクラーヘッドの用語の定義について、規格省令上、誤っているものは次のうちどれか。

1　標準型ヘッドとは、加圧された水を、ヘッドの軸心を中心とした円上に均一に分散するヘッドをいう。
2　デフレクターとは、放水口から流出する水流を細分させる作用を行うものをいう。
3　標示温度とは、ヘッドが作動する温度としてあらかじめヘッドに表示された温度をいう。
4　ヒュージブルリンクとは、ガラス球の中に液体等を封入した感熱体をいう。

> Lesson 01

問題 02

　閉鎖型スプリンクラーヘッドに表示することとされている標示温度の区分による色別について、規格省令上、誤っているものは次のうちどれか。

	標示温度の区分	色別
1	60℃未満	黒
2	60℃以上 75℃未満	赤
3	75℃以上 121℃未満	白
4	121℃以上 162℃未満	青

> Lesson 01

問題 03

湿式流水検知装置の構造について、規格省令上、誤っているものは次のうちどれか。

1 堆積物により機能に支障を生じないこと。
2 加圧送水装置を起動させるものにあっては、逆止弁構造を有すること。
3 本体及びその部品は、容易に取替えができないものであること。
4 スイッチ類は、防滴のための有効な措置が講じられていること。

Lesson 02

問題 04

次の文は、規格省令により定められた、一斉開放弁の機能について述べたものである。文中の A、B に入る数値の組合せとして正しいものはどれか。
「一斉開放弁は、起動装置を作動させた場合、　A　秒（内径 200mm を超えるものにあっては　B　秒）以内に開放するものでなければならない。」

1 A：15　　B：30
2 A：15　　B：60
3 A：20　　B：30
4 A：30　　B：60

Lesson 02

問題 05

消防用ホースの規格省令により定められている平ホースの規格について、誤っているものは次のうちどれか。

1 平ホースの内張りは、ゴムまたは合成樹脂の厚さが 0.2mm 以上のものとする。
2 平ホースのよじれは、右方向のものとする。
3 平ホースの長さは、乾燥させた状態で 10m、15m、20m または 30m とし、表示された長さからその長さの 120% の長さまでのものとする。
4 平ホースの被覆及び塗装は、しわ等の不均一な部分がないものとする。

Lesson 03

問題 06

消防用結合金具の規格について、誤っているものは次のうちどれか。

1　消防用結合金具は、水流による摩擦損失の少ない構造でなければならない。
2　装着部は、堅固なもので、装着したホースまたは吸管が離脱しやすい構造でなければならない。
3　差込式差し口は、差し金具、押し輪等により構成される。
4　差込式受け口は、受け金具、つめ、つめばね、パッキン等により構成される。

▷Lesson 03

解答と解説　▶問題は p.329～331

問題 01　正解　4

ヒュージブルリンクとは、易融性金属により融着され、または易融性物質により組み立てられた感熱体（火熱により一定温度に達するとヘッドを作動させるために破壊または変形を生ずるもの）をいう。ガラス球の中に液体等を封入した感熱体は、グラスバルブである。

▷間違えた人は、Lesson01 を復習しよう。

問題 02　正解　2

標示温度の区分 60℃以上 75℃未満のときの表示色は、赤ではなく、「表示色なし」である。

▷間違えた人は、Lesson01 を復習しよう。

問題 03　正解　3

湿式流水検知装置の構造については、規格省令により、以下のように定められている。
①加圧送水装置を起動させるものにあっては、逆止弁構造を有すること。
②堆積物により機能に支障を生じないこと。
③管との接続部は、管と容易に接続できること。

④加圧水等の通過する部分は、滑らかに仕上げられていること。

⑤本体及びその部品は、保守点検及び取替えが<u>容易にできる</u>こと。

⑥<u>弁座面</u>は、機能に有害な影響を及ぼす傷がないこと。

⑦スイッチ類は、<u>防滴</u>のための有効な措置が講じられていること。

⑧感度調整装置は、<u>露出</u>して設けられていないこと。

問題 04 正解 2

一斉開放弁は、起動装置を作動させた場合、<u>15</u> 秒（内径 200mm を超えるものにあっては <u>60</u> 秒）以内に開放するものでなければならない。

間違えた人は、Lesson02 を復習しよう。

問題 05 正解 3

平ホースの長さは、乾燥させた状態で <u>10</u>m、<u>15</u>m、<u>20</u>m または <u>30</u>m とし、表示された長さからその長さの <u>110%</u> の長さまでのものでなければならない（はしご付消防自動車、屈折はしご付消防自動車または船舶の用に供されるものその他特殊な用途に使用されるものを除く）。

間違えた人は、Lesson03 を復習しよう。

問題 06 正解 2

装着部は、堅固なものであり、装着したホースまたは吸管が<u>離脱しにくい</u>構造でなければならない。

間違えた人は、Lesson03 を復習しよう。

332

8章
鑑別問題

まず、これだけ覚えよう！

①鑑別等試験とは

鑑別等試験は、受信機や感知器、試験器、消防設備士が用いる工具などの写真を見て、その名称や用途を答える問題や、ある条件下における受信機に関する問題、感知器の設置条件を答える問題等が出題される。

筆記試験は、問題形式が四肢択一式だが、鑑別等試験と製図試験は「実技試験」であり、記述式となっている。

②鑑別等試験のポイント

鑑別等試験では、写真を見て名称や用途を答える問題のほかにも、配線の種類を答える問題や、穴埋め問題など、さまざまなパターンの問題が出題される。

鑑別等試験の問題にはいろいろなパターンがあるが、落ち着いて考えれば、これまで学んだ知識で対応できるはずである。

問題形式に戸惑わず、何を問われているか落ち着いて考えることが大切である。

〈鑑別等試験でよく問われる内容〉

加圧送水装置
- 図や写真を見て、各種の名称、使用目的、機能を答える問題などが問われる。

呼水槽、補助高架水槽
- 図や写真を見て、各種の名称を答える問題などが問われる。

電気配線

- 屋内消火設備及びスプリンクラー設備の各種設備をつなぐ電気配線が、耐火配線、耐熱配線どちらが正しいか問われる。

各種消火栓

- 図や写真を見て、名称、用途、正しい数値を答える問題などが問われる。

スプリンクラー設備

- 図や写真を見て、名称、用途、正しい取付け位置の数値を答える問題などが問われる。

水噴霧消火設備

- 図や写真を見て、名称、用途を答える問題などが問われる。

流水検知装置

- 写真を見て、名称と用途を答える問題などが問われる。

一斉開放弁、弁類

- 写真を見て、名称、取付け位置、使用目的、機能を答える問題などが問われる。

管の継手、送水口

- 写真を見て、名称、取付け位置、使用目的を答える問題などが問われる。

測定器、測定工具

- 写真を見て、名称と用途を答える問題などが問われる。

工具

- 写真を見て、名称と用途を答える問題などが問われる。

加圧送水装置、呼水装置

ここが Point!

加圧送水装置と呼水装置の各部の名称と構造を確認しよう。

基礎知識を押さえよう！

1. 加圧送水装置

　加圧送水装置は、屋内消火栓などの消火設備の放水性能を維持するために、圧力を加えて送水する装置である。一般的には、ポンプで加圧する方式が用いられる。

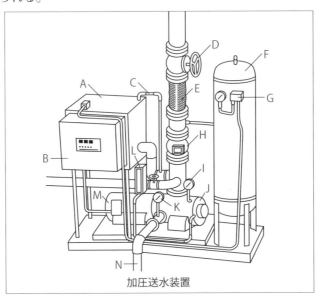

加圧送水装置

A 呼水槽

　吸水管内、ポンプ内を水で常に満たしておくための水槽で、有効水量は、100 L 以上とする。

B 制御盤

ポンプへ電力を供給するための様々な機器を取り付け、負荷を制御するための盤。

C 水温上昇防止用逃し配管

ポンプ内の水温の上昇を抑えるために設けられる配管。水温が30℃以上とならないようにするもの。

D 止水弁

通水を制止するための設備。ポンプ始動後に開弁していく。通常は全開となっている。

E 可とう管継手

配管の耐震措置のために設けられる補助設備。また、配管接続部の芯ずれを修正する役割も持つ。

F 起動用圧力タンク

容量が100L以上のタンクで、常時タンクは空気で満たされており、ポンプが頻繁に起動することを防止する役割である。放水により、配管内の圧力とタンク内の圧力が減少することでポンプが起動し、放水が始まる。

G 圧力スイッチ

起動用圧力タンク内の圧力低下を感知し、ポンプを起動させるスイッチ。

H 逆止弁

送水後の水が、ポンプ内へ逆流するのを防ぐための装置。

I 圧力計

ポンプの圧力を測定する計測器。ポンプの吐出側に取り付けられる。(次ページ写真参照)

J ポンプ本体

消火の際、水を供給するための装置。原則として、屋内消火栓設備専用のものとする。

圧力計

連成計

流量計

K 連成計

ゲージ圧の正負を測定する計測器。ポンプの吸水側に取り付けられる。

L 流量計

単位時間あたりに配管内の水が、どれくらいの量が流れるか測定する計測器。

M 電動機

ポンプ本体を動かすための機械。

N 吸水管

ポンプの吸込み部分（1次側）に取り付けられるもので、可とう管継手、フート弁及び配管から構成される部分をいう。

2. 呼水装置

呼水装置は、水源の水位がポンプより低い位置にある場合に、ポンプを常時水で満たしておくための装置である。呼水槽、溢水用排水管、排水管、呼水管等により構成される。

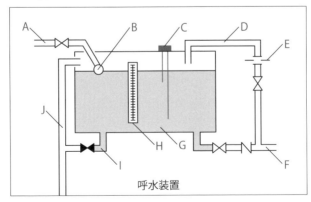
呼水装置

A 補給水管

呼水槽の水を補給する配管。配管の呼び径は、15 以上とする。

B ボールタップ

呼水槽内の水位を保つ設備。水面の変動により、自動的に弁を開閉させる役割を持つ。

C 減水警報装置

有効水量が $\dfrac{1}{2}$ 以下になる前に知らせる警報装置。

D 水温上昇防止用逃し配管

ポンプ内の水温の上昇を抑えるために設けられる配管。水温が 30℃以上とならないようにするもの。

E オリフィス

小径の孔加工が施された配管内に設置する設備で、水の流量や圧力を制限する役割がある。

F 吸水管

本管へつながる配管。配管の呼び径は、40 以上とする。

G 呼水槽

吸水管内、ポンプ内を水で常に満たしておくための水槽で、有効水量は、100 L 以上とする。

H 水位計

水面の高さを計測するための測定器。

I 排水管

止水弁が付き、溢水用排水管につながる配管。

J 溢水用排水管

水が溢れる前に、排水する配管。配管の呼び径は、50 以上とする。

フート弁の呼び径が 150A 以下の場合は、呼水槽の有効水量を 50L 以上とすることができるよ。

01

加圧送水装置、呼水装置

電気配線

ここが Point!

耐火配線、耐熱配線が必要な箇所を確認しよう。

基礎知識を押さえよう！

　電気配線は、地震や火災などの被害を最小限に抑えるため保護をしなければならない。

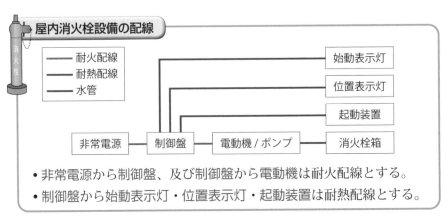

屋内消火栓設備の配線

- 耐火配線
- 耐熱配線
- 水管

始動表示灯／位置表示灯／起動装置／消火栓箱

非常電源 — 制御盤 — 電動機／ポンプ

- 非常電源から制御盤、及び制御盤から電動機は耐火配線とする。
- 制御盤から始動表示灯・位置表示灯・起動装置は耐熱配線とする。

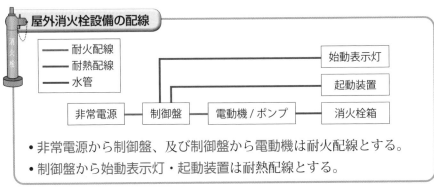

屋外消火栓設備の配線

- 耐火配線
- 耐熱配線
- 水管

始動表示灯／起動装置／消火栓箱

非常電源 — 制御盤 — 電動機／ポンプ

- 非常電源から制御盤、及び制御盤から電動機は耐火配線とする。
- 制御盤から始動表示灯・起動装置は耐熱配線とする。

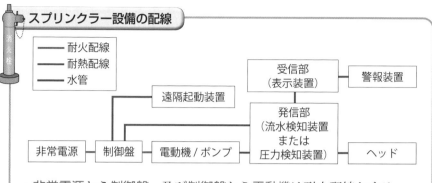

スプリンクラー設備の配線

——— 耐火配線
——— 耐熱配線
——— 水管

消火栓

遠隔起動装置

受信部
（表示装置）　　警報装置

発信部
（流水検知装置
または
圧力検知装置）　　ヘッド

非常電源　制御盤　電動機 / ポンプ

• 非常電源から制御盤、及び制御盤から電動機は耐火配線とする。
• 制御盤から遠隔起動装置・発信部、発信部から受信部、及び受信部から警報装置は耐熱配線とする。

非常電源・制御盤・電動機をつなぐ配線は、必ず耐火配線にしなければならないんですね。

02

電気配線

ポイントを丸暗記！

1

非常電源から制御盤、及び制御盤から電動機をつなぐ配線は、耐火配線とする。

屋内消火栓設備の制御盤から始動表示灯・位置表示灯・起動装置をつなぐ配線は、耐熱配線とする。

2

屋外消火栓設備の制御盤から始動表示灯・起動装置をつなぐ配線は耐熱配線とする。

スプリンクラー設備の制御盤から遠隔起動装置・発信部、発信部から受信部、及び受信部から警報装置をつなぐ配線は耐熱配線とする。

屋内消火栓設備

ここが Point!

屋内消火栓設備の各部名称や設置基準を確認しよう。

基礎知識を押さえよう！

1. 1 号消火栓・易操作性 1 号消火栓

有効防護範囲	25m 以下
水源の水量	2.6m² 以上
放水圧力	0.17 〜 0.7MPa
放水量	130L/min 以上

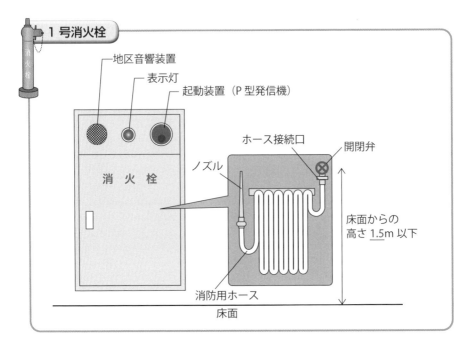

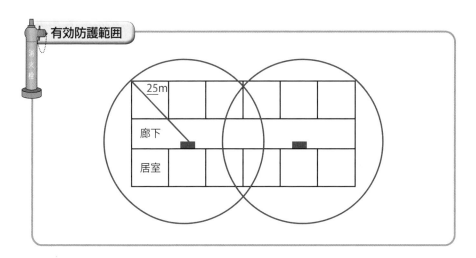

有効防護範囲

25m

廊下

居室

2. 表示灯の設置基準

取付け面と 15 度以上の角度となる方向に沿って 10m 離れたところから容易に識別できること。

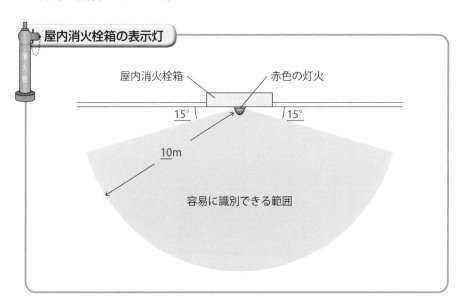

屋内消火栓箱の表示灯

屋内消火栓箱　　　赤色の灯火

15°　　　15°

10m

容易に識別できる範囲

03

屋内消火栓設備

屋外消火栓設備

ここが Point!

屋外消火栓設備の各部名称や設置基準を確認しよう。

基礎知識を押さえよう！

1. 屋外消火栓設備の設置基準

- 屋外消火栓の開閉弁は、地盤面からの高さが 1.5m 以下の位置または地盤面からの深さが 0.6m 以内の位置に設ける。
- 地盤面下に設けられる屋外消火栓のホース接続口は、地盤面からの深さが 0.3m 以内の位置に設ける。
- 屋外消火栓箱（放水用器具を格納する箱）は、原則として、屋外消火栓からの歩行距離が 5m 以内の箇所に設ける。
- 屋外消火栓箱には、その表面に「ホース格納箱」と表示する。
- 屋外消火栓には、その直近の見やすい箇所に「消火栓」と表示した標識を設ける。

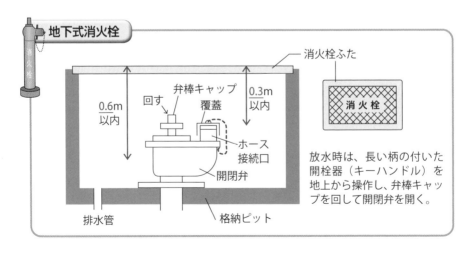

放水時は、長い柄の付いた開栓器（キーハンドル）を地上から操作し、弁棒キャップを回して開閉弁を開く。

消火栓関連機材

名称 キーハンドル

説明 地下式消火栓の開栓及び
閉栓に使用する。

名称 開栓器

説明 地上式消火栓の開栓及び
閉栓に使用する。

名称 スタンドパイプ

説明 消防用ホースと地下式消火栓を接続し、
地上に延長する。

名称 可変噴霧ノズル

説明 棒状放水及び噴霧放水を兼用できる
ノズル。

04

屋外消火栓設備

スプリンクラー設備

ここが Point!

スプリンクラーヘッドの種類や設置基準を確認しよう。

基礎知識を押さえよう！

1. スプリンクラーヘッド

スプリンクラーヘッドには、閉鎖型、開放型、及び放水型がある。また、閉鎖型と開放型には、取付け方向により下向きと上向きがあり、散水状態により標準型と側壁型がある。

閉鎖型	平常時は放水口が感熱体で閉じられていて、火災発生時に感熱体が壊れて放水する。
開放型	放水口が常に開放されていて、火災発生時に一斉開放弁が開いて放水する。
放水型	高天井部分に設けられ、天井面や壁面に固定された固定式と、放水範囲が変えられる可動式がある。

スプリンクラーヘッドの主な種類

開放型スプリンクラーヘッド
（フレーム型下向き）

開放型スプリンクラーヘッド
（フレーム型上向き）

閉鎖型スプリンクラーヘッド
（フレーム型下向き）

閉鎖型スプリンクラーヘッド
（フレーム型上向き）

閉鎖型スプリンクラーヘッド
（側壁型）

閉鎖型スプリンクラーヘッド
（標準埋込型）

開放型スプリンクラーヘッド
（マルチ型）

閉鎖型スプリンクラーヘッド
（マルチ型）

05

スプリンクラー設備

2. 閉鎖型スプリンクラーヘッドの構造

　閉鎖型スプリンクラーヘッドは、ヒュージブルリンク及びグラスバルブが火災時に破壊または変形し、ヘッドが開放されて放水される。

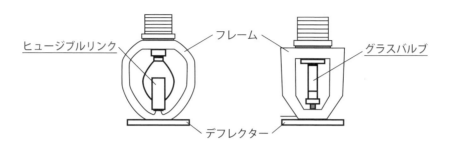

3. スプリンクラーヘッドの設置基準

　閉鎖型スプリンクラーヘッド（標準型）は、以下の基準に従って取り付ける。

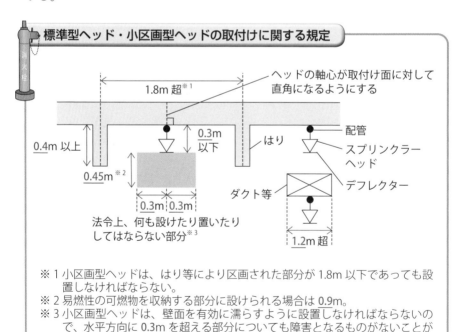

※1 小区画型ヘッドは、はり等により区画された部分が 1.8m 以下であっても設置しなければならない。
※2 易燃性の可燃物を収納する部分に設けられる場合は 0.9m。
※3 小区画型ヘッドは、壁面を有効に濡らすように設置しなければならないので、水平方向に 0.3m を超える部分についても障害となるものがないことが求められる。

スプリンクラーヘッドの付属部品

名称 ヘッドガード

説明 スプリンクラーヘッドの損傷を
防止する。

名称 被水防止板

説明 隣接したヘッドが散水した場合の
被水を防止する。

名称 シーリングプレート

説明 施工後の美観性をよくする。

05

スプリンクラー設備

ポイントを丸暗記！

1 閉鎖型スプリンクラーヘッド（標準型）のデフレクター
と当該ヘッドの取付け面との距離は、0.3m 以下とする。

閉鎖型スプリンクラーヘッド（標準型）のデフレクターから下方 0.45m（易
燃性の可燃物を収納する部分に設けられる場合は、0.9m）以内で、かつ、
水平方向 0.3m 以内には、何も設けたり置いたりしてはならない。

水噴霧消火設備、流水検知装置

ここが Point!

水噴霧ヘッドを使用する設備と防火対象物を確認しよう。

基礎知識を押さえよう！

1. 水噴霧ヘッド

　水噴霧ヘッドは、防火対象物の道路の用に供される部分、防火対象物の駐車の用に供される部分、建築物その他の工作物で指定可燃物を貯蔵または取り扱うものに用いられる。

2. Y型ストレーナー

　水噴霧消火設備に取り付けられる設備で、配管内の異物を除去し、水噴霧ヘッドの目詰まりを防止する。

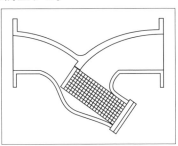

3. 流水検知装置

　流水検知装置は、消火設備本体内の流水現象を自動的に検知し、異常がある場合に警報を発する装置である。

	湿式流水検知装置 　配管が常時<u>加圧水</u>で満たされている。
	乾式流水検知装置 　流水検知装置とスプリンクラーヘッドの間を<u>圧縮空気</u>で満たしておく。
	予作動式流水検知装置 　スプリンクラーヘッドと別に煙や熱を感知する<u>感知器</u>を設ける。

流水検知装置には、1次側と2次側に圧力計がついているよ。

06

水噴霧消火設備、流水検知装置

ポイントを丸暗記！

①　水噴霧ヘッドは、<u>道路</u>、<u>駐車場</u>、<u>指定可燃物</u>を取り扱う防火対象物及びその部分に用いる。

Ｙ型ストレーナーは、配管内の<u>異物</u>を除去し、水噴霧ヘッドの<u>目詰まり</u>を防止するために設ける。

弁類

ここが Point!

弁類それぞれの機能を確認しよう。

基礎知識を押さえよう！

1. 逆止弁

逆止弁は、水などの流体の逆流を防止するために配管に取り付けられる。

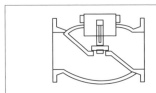

リフト型逆止弁

　水平配管に使用でき、垂直配管には使用できない。

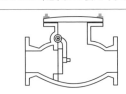

スイング型逆止弁

　水平配管、垂直配管共に使用できる。

2. 末端試験弁

　末端試験弁は、閉鎖型スプリンクラーヘッドを用いるスプリンクラー設備で、流水検知装置または圧力検知装置が正常に作動しているかを確認する。

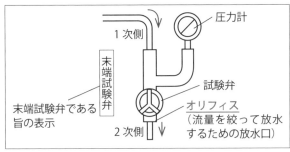

末端試験弁である旨の表示

末端試験弁

1次側

圧力計

試験弁

オリフィス
（流量を絞って放水するための放水口）

2次側

3. フート弁

フート弁は、吸水管の末端部に取り付けられ、逆止弁構造によって、吸水管内の水が水源に落ちるのを防ぐ。

4. 一斉開放弁

一斉開放弁は、スプリンクラー設備、水噴霧消火設備、泡消火設備、特定駐車場用泡消火設備の配管途中に設けられ、消火に必要な区域のすべてのヘッドに送水する制御弁として用いられる。

07

弁類

ポイントを暗記！

① スイング型逆止弁は、<u>水平</u>配管、<u>垂直</u>配管共に使用できる。

リフト型逆止弁は、<u>水平</u>配管のみに使用でき、<u>垂直</u>配管には使用できない。

② 末端試験弁は、<u>閉鎖型</u>スプリンクラーヘッドを用いるスプリンクラー設備に設ける。

末端試験弁は、<u>流水検知装置</u>または<u>圧力検知装置</u>が正常に作動しているかを確認するために設ける。

送水口、管継手

基礎知識を押さえよう！

1. 送水口

送水口は、スプリンクラー設備、連結散水設備、連結送水管に用いられ、消防車のホースを接続する。

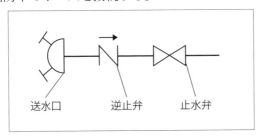

送水口　　　逆止弁　　　止水弁

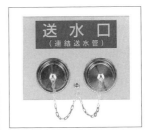

連結散水設備

消防ポンプ車のホースと連結して送水する、地下専用の設備。

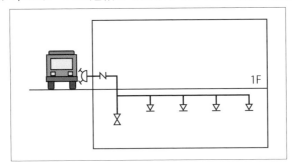

連結送水管

　消防ポンプ車のホースと連結して送水し、消火活動に用いるための設備。

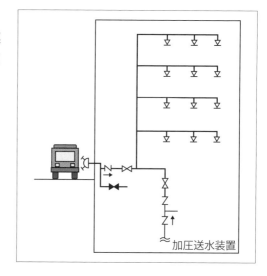

2. 管継手

　管継手には、目的によって様々な形状のものがある。

08

送水口、管継手

管継手 1

名称 エルボ

説明 配管の<u>曲がり</u>部分に使用する。

名称 径違いエルボ

説明 配管の<u>曲がり</u>部分で、<u>径の違う</u>管を接続するために使用する。

名称 チーズ（ティー）

説明 配管を<u>分岐</u>する際に使用する。

355

名称 ブッシュ（ブッシング）

説明 径が違う外ねじと内ねじの接続に
使用する。

名称 径違いソケット

説明 径が違う外ねじ同士の
接続に使用する。

名称 ユニオン

説明 管相互の外ねじ同士の接続に使用する。

名称 ニップル

説明 管相互の内ねじ同士の接続に
使用する。

名称 フランジ

説明 管相互の結合に使用する。

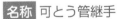

名称 可とう管継手

説明 配管の耐震措置のために設けられる補助設備。
配管接続部の芯ずれを修正する役割もある。
ポンプの吸水側と吐出側に取り付けられる。

測定器、工具

ここが Point!

測定器と工具の種類、使用目的を確認しよう。

基礎知識を押さえよう！

測定器 1

名称 連成計

説明 ゲージ圧の正負を測定する計測器。
ポンプの吸水側に取り付けられる。

名称 圧力計

説明 ポンプの圧力を測定する計測器。
ポンプの吐出側に取り付けられる。

名称 流量計

説明 単位時間あたりに配管内を流れる
水量を測定する計測器で、ポンプの
性能試験用配管に取り付けられる。

測定器2

名称 圧力計付管路媒介金具

説明 ホースとノズルの間の<u>動水</u>圧力（<u>流水</u>圧力）を測定する。

名称 静水圧力計

説明 消火栓開閉弁やホースの末端部における<u>静水</u>圧力を測定する。

名称 ピトーゲージ

説明 ノズル先端からの<u>放水</u>圧力を測定する。

ピトーゲージは、棒状放水の測定に用いられますね。

噴霧ノズルの放水圧力や、ピトーゲージで測定できない場合は、圧力計付管路媒介金具を使って測定するよ。

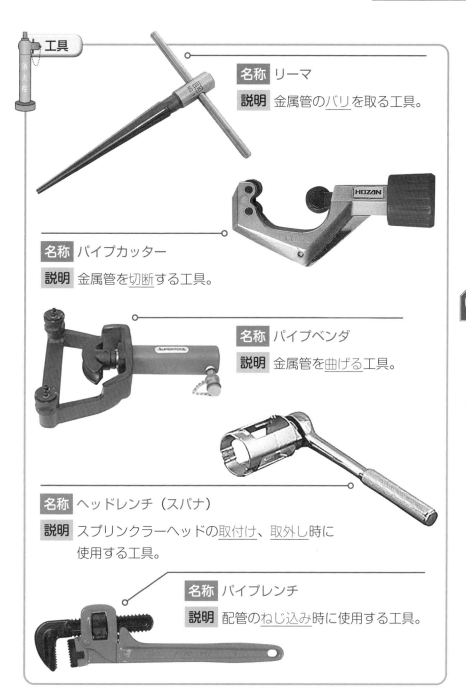

工具

名称 リーマ

説明 金属管の<u>バリ</u>を取る工具。

名称 パイプカッター

説明 金属管を<u>切断</u>する工具。

09

測定器、工具

名称 パイプベンダ

説明 金属管を<u>曲げる</u>工具。

名称 ヘッドレンチ（スパナ）

説明 スプリンクラーヘッドの<u>取付け</u>、<u>取外し</u>時に
使用する工具。

名称 パイプレンチ

説明 配管の<u>ねじ込み</u>時に使用する工具。

練習問題にチャレンジ！

問題 01

下図に示す加圧送水装置の各部の名称を答えなさい。

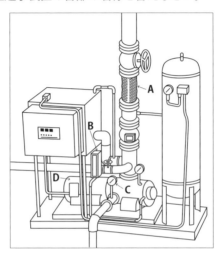

Lesson 01

問題 02

　下図の模式的に表した電気配線は、スプリンクラー設備のものである。図のア〜オに示す部分は、耐火配線若しくは耐熱配線のどちらであるかを選び、答えなさい。

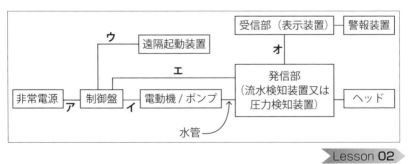

Lesson 02

問題 03

下図の屋内消火設備（1号消火栓）のア〜エに示す数値を答えなさい。

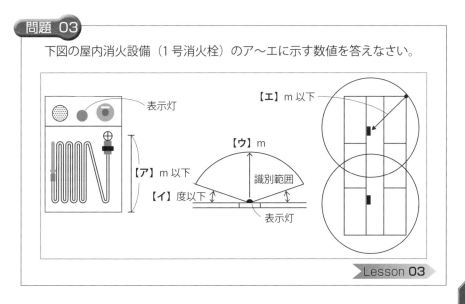

Lesson 03

問題 04

図に示す器具の名称と使用目的を答えなさい。

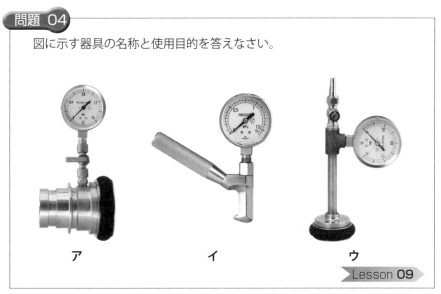

ア　　　　　　イ　　　　　　ウ

Lesson 09

下の写真に示すスプリンクラー設備の名称を答えなさい。

ア

イ

ウ

エ

オ

Lesson 05

解答と解説　▶問題は p.360〜362

問題 01 正解

A　可とう管継手
B　流量計
C　連成計
D　電動機

> 間違えた人は、Lesson01 を復習しよう。

問題 02 正解

ア　耐火配線
イ　耐火配線
ウ　耐熱配線
エ　耐熱配線
オ　耐熱配線

> 間違えた人は、Lesson02 を復習しよう。

問題 03 正解

ア　1.5
イ　15
ウ　10
エ　25

> 間違えた人は、Lesson03 を復習しよう。

問題 04 **正解**

ア **名称** 圧力計付管路媒介金具
　　　使用目的 ホースとノズルの間の動水圧力（流水圧力）を測定する。

イ **名称** ピトーゲージ
　　　使用目的 ノズル先端からの放水圧力を測定する。

ウ **名称** 静水圧力計
　　　使用目的 消火栓開閉弁やホースの末端部における静水圧力を測定する。

> 間違えた人は、Lesson09 を復習しよう。

問題 05 **正解**

ア 閉鎖型スプリンクラーヘッド（フレーム型）
イ 閉鎖型スプリンクラーヘッド（マルチ型）
ウ 開放型スプリンクラーヘッド（フレーム型）
エ 開放型スプリンクラーヘッド（マルチ型）
オ 側壁型ヘッド

> 間違えた人は、Lesson05 を復習しよう。

9章
製図問題

まず、これだけ覚えよう！

①製図試験とは

　製図は、消防設備士が実際にかかわる平面図や設計図に関する、実践的な問題である。

　製図試験は、屋内消火栓設備、スプリンクラー設備などの系統図を見て、誤っている箇所を指摘し正しくなおす問題、名称や用途を答える問題、電気系統の配線部分の作図及び水源水量やポンプの吐出量など計算問題が主に出題される。

　規則等をおさらいしながら多くの問題を解き、いろいろなパターンに慣れておく必要がある。また、設計図に用いる記号は似たものがあるので、しっかりと覚える必要がある。

②製図試験のポイント

　屋内消火栓設備の系統図についての問題は、各種機器の名称や、記号について覚えること。そして、電気配線系統図の作成、ポンプの全揚程の計算について理解をすることが得点を上げるポイントである。スプリンクラー設備の系統図についての問題も、各種機器の名称や、記号を覚えることや、役割について理解すること。電気系統の配線について理解を深めることや、ポンプの吐出量、水源水量、スプリンクラーの設置個数などの計算問題も解けるようにしておくことが重要である。

製図試験では、各種系統図に関する知識だけではなく、ポンプの吐出量や水源水量などを求めさせる計算問題も出題される。5章をよく復習しよう。

〈製図試験でよく問われる内容〉

屋内消火栓設備の系統図①

- 図を見て、名称、使用目的、機能、電気配線の系統図の作成、空欄部分の記号を埋める問題などが出題される。

屋内消火栓設備の系統図②

- 図と条件をもとに、水源水量、ポンプの吐出量、全揚程及びその計算式を答える問題、消火設備の種類について答える問題などが出題される。

閉鎖型スプリンクラー設備の系統図①

- 図を見て、名称、使用目的、機能、電気配線の系統図の作成、空欄部分の記号を埋める問題などが出題される。

閉鎖型スプリンクラー設備の系統図②

- 図と条件をもとに、水源水量、ポンプの吐出量、全揚程とその計算式、落差について答える問題などが出題される。

開放型スプリンクラー設備の系統図

- 図を見て、どのような用途に設けられるか、開放型スプリンクラーヘッドの特徴、名称、電気配線の系統図の作成などを答える問題などが出題される。

スプリンクラーヘッドの設置

- 図と条件をもとに、スプリンクラーヘッドの設置個数、設置間隔、配置場所を記載する問題などが出題される。

製図記号

ここが Point! 〈甲種のみ〉

各記号が表しているものを覚えよう。

基礎知識を押さえよう！

| 仕切弁等 | ▷◁ | 常時開 | ▷◁ |
| | | 常時閉 | ▶◀ |

逆止弁	（記号）	屋内消火栓1号 及び易操作性1号	1	
湿式流水検知装置	（記号）	屋内消火栓2号	2	
乾式流水検知装置	（記号）	スプリンクラー ヘッド	閉鎖型	上向 △
予作動式流水 検知装置	（記号）			下向 ▽
フート弁	（記号）		開放型	上向 △
圧力計	⌀			下向 ▽
連成計	⌀	オリフィス	─┤├─	
		圧力スイッチ	PS	
流量計	─FM─	ポンプ制御盤	⊠	

368

電動機	Ⓜ	パッケージ型 消火設備Ⅱ型	[□/ Ⅱ]
消火ポンプ	Ⓟ	パッケージ型 自動消火設備	[□/ P]
圧力タンク	▢	空気逃し弁	◇
ベル	Ⓑ	放水型ヘッド	△
可とう管継手	～	連結散水ヘッド	▽
一斉開放弁	⊕	送水口（単口）	○
電動式モーター バルブ	Ⓜ⋈	送水口（双口）	○
手動起動弁	▢	Y型ストレーナー	
屋外消火栓 機器収納型	▢	放水口	H
ホース格納箱	▨	圧力水槽	▭
パッケージ型 消火設備Ⅰ型	[□/ Ⅰ]	補助散水栓	◣

一般配線	··········
耐熱配線	– – – – –
耐火配線	——————
配管	———

製図記号

01

屋内消火栓設備の系統図①

Lesson 02

ここが Point! 〈甲種のみ〉

止水弁と逆止弁の位置や、止水弁の開閉状態は混合しないように覚えよう。

基礎知識を押さえよう！

1. 加圧送水装置の系統図

下の系統図の各部分の記号を読み取る。

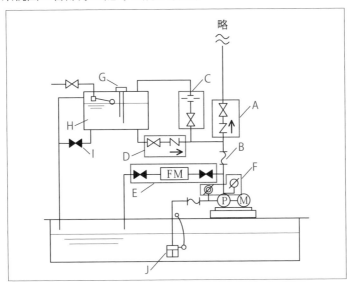

A 止水弁と逆止弁

止水弁は送水側、逆止弁はポンプ側で、止水弁は、常時開放状態である。

B 可とう管継手

配管の耐震措置のために設けられる補助設備。また、配管接続部の芯ずれを修正する役割も持つ。

C オリフィスと止水弁

オリフィスは、小径の孔加工が施された配管内に設置する設備で、水の流量や圧力を制限する役割がある。止水弁は、常時開放状態である。この部分は水温上昇逃し配管と呼ばれ、ポンプ内の水温の上昇を抑えるために設けられる配管。水温を30℃以上とならないようにするものである。

D 止水弁と逆止弁

止水弁は呼水槽側、逆止弁は送水側で、止水弁は、常時開放状態である。

E 性能試験用配管

弁の左側は、流水調整弁、右側は、テスト弁であり、性能試験で使用されるため、常時閉鎖状態である。また流量計（FM）は、単位時間あたりに配管内の水が、どれくらいの量が流れるか測定する計測器である。

F 連成計と圧力計

連成計は、ポンプの吸水側に取り付けられ、圧力計は、ポンプの吐出側に取り付けられる。

G 減水警報装置

呼水槽の有効水量が $\dfrac{1}{2}$ 以下になる前に知らせる警報装置。

H 呼水槽

吸水管内、ポンプ内を水で常に満たしておくための水槽で、有効水量は、100 L 以上とする。

I 排水管の止水弁

排水管の止水弁は常時閉鎖状態である。

J フート弁

吸水管の末端部に取り付けられる。水槽の底部とフート弁の間隔は、60mm とする。

02

屋内消火栓設備の系統図①

水温上昇逃し配管には、オリフィスと止水弁を設けるよ。

2. 電気配線、配管設備等

屋内消火栓設備の電気配線を書き込めるようにする。

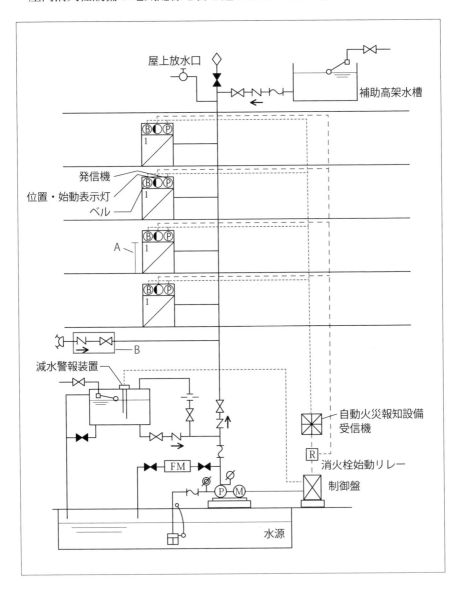

1号屋内消火栓の系統図である。発信機のボタンを押すと、ベルの音響が鳴動して、消火ポンプが作動する構造となっている。

発信機及び音響のベルから自動火災報知設備につながる電気配線は、一般配線とする。また、減水警報装置から制御盤までの配線も一般配線とする。

位置・始動表示灯から消火栓始動リレーまでは、耐熱配線とする。

制御盤からポンプ本体までは、耐火配線とする。

A 開閉弁の位置

消火栓内の開閉弁の高さは地盤面から 1.5m 以下の位置に設ける。

B 送水口

送水口の逆止弁は送水口側、止水弁は送水側で、止水弁は、常時開放状態である。

逆止弁と止水弁の位置を間違えないように注意しよう。

ゴロ合わせで覚えよう！

屋内消火栓設備の電気配線

熱戦繰り広げる
（耐熱配線）

ヒョウのリレー
（表示灯・消火栓始動リレー）

火がついたら　ポンプ車が制御
（耐火配線）　　（ポンプ・制御盤）

屋内消火栓設備の位置・始動表示灯から消火栓始動リレーまでは耐熱配線とし、制御盤からポンプ本体までは耐火配線とする。

02

屋内消火栓設備の系統図①

屋内消火栓設備の系統図②

ここが Point! 〈甲種のみ〉

水源水量、ポンプの吐出量、全揚程の求め方を覚えよう。

基礎知識を押さえよう！

1．水源水量、ポンプの吐出量、全揚程の計算

（1）水源水量

屋内消火栓の種別	水源水量
1 号消火栓	設置個数（最大 2）× 2.6m³
易操作性 1 号消火栓	
2 号消火栓	設置個数（最大 2）× 1.2m³
広範囲型 2 号消火栓	設置個数（最大 2）× 1.6m³

（2）ポンプの吐出量

屋内消火栓の種別	水源水量
1 号消火栓	設置個数（最大 2）× 150L/min
易操作性 1 号消火栓	
2 号消火栓	設置個数（最大 2）× 70L/min
広範囲型 2 号消火栓	設置個数（最大 2）× 90L/min

（3）ポンプの全揚程

　ポンプの全揚程は、次の式により求めた値以上の値とする。

〈1 号消火栓・易操作性 1 号消火栓・広範囲型 2 号消火栓〉

　全揚程 $H = h_1 + h_2 + h_3 + 17$ ［m］

〈2号消火栓〉

全揚程 $H = h_1 + h_2 + h_3 + 25$ ［m］

　h_1：消防用ホース摩擦損失水頭　　　h_2：配管摩擦損失水頭

　h_3：落差

例題　図の建物は、1号消火栓を用いる屋内消火栓設備の系統図である。下記の条件のもと、水源水量、ポンプの吐出量、全揚程を答えよ。

【条件】

1. ホースの摩擦損失水頭は、6m とする。
2. 配管の摩擦損失水頭は、8m とする。

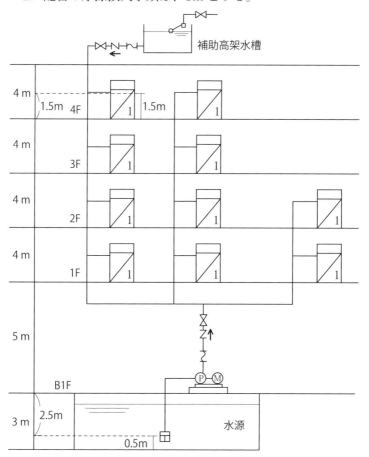

03

屋内消火栓設備の系統図②

消火栓の最も多い設置個数の階は 1F と 2F の 3 個であるが、最大設置個数は 2 で計算するため、水源水量、ポンプの吐出量は 2 を乗じて計算する。

〈水源水量〉

2 × 2.6 ＝ 5.2m³ 以上

〈ポンプの吐出量〉

2 × 150 ＝ 300L/min 以上

〈ポンプの全揚程〉

$H = h_1 + h_2 + h_3 + 17$ [m]

条件 1 より、$h_1 = 6$ m

条件 2 より、$h_2 = 8$ m

h_3 の落差は、1.5 ＋ 4 ＋ 4 ＋ 4 ＋ 5 ＋ 2.5 ＝ 21m

＊落差は、最上階の消火栓開閉弁の高さからフート弁の吸込み口までの差。

したがって、6 ＋ 8 ＋ 21 ＋ 17 ＝ 52m

2. 全揚程計算のための前提条件

ポンプの吐出量は、屋内消火栓の設置個数が最も多い階における当該設置個数（設置個数が 2 を超えるときは、2 とする）のため、1 号消火栓の設置個数が 1 であれば、150L/min、2 以上であれば 300L/min で、これが最大の値となる。火災が発生した際、最初の段階で 2 台分のポンプ吐出量があれば十分という考えのもとで最大値が決められている。

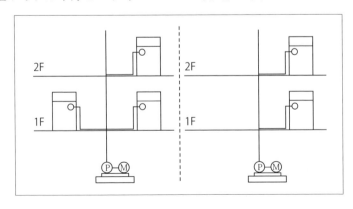

摩擦損失水頭を計算する場合においては、ホース及び直管 100 m 当たりの摩擦損失水頭の表が提示され、その表をもとに摩擦損失水頭を計算していく。

ホースの摩擦損失水頭（ホース 100m 当たり）

呼び径（mm） 流量（L/min）	40	50
150	13m	3.2m

直管の摩擦損失水頭（直管 100m 当たり）

呼び径（mm） 流量（L/min）	40A	50A
150	11.3m	2.7m
300	40.5m	12.4m

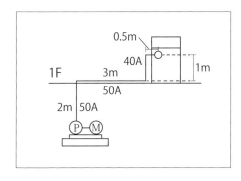

上図のような、直管の摩擦損失水頭は、50A の配管と 40A の配管を分けて計算する必要がある。

50A の区間は、2m ＋ 3m ＝ 5m である。

消火栓の設置台数は 1 台のため、流量は 150L/min であり、50A の場合、直管 100m 当たりの摩擦損失水頭は 2.7m である。

したがって、50A の区間は、$5 \times \dfrac{2.7}{100} =$ 約 0.14m が摩擦損失水頭となる。

40A の区間は、1m ＋ 0.5m ＝ 1.5m である。

流量 150L/min の 40A の場合、直管 100m 当たりの摩擦損失水頭は 11.3m である。

したがって、40A の区間は、$1.5 \times \dfrac{11.3}{100} =$ 約 0.17m が摩擦損失水頭となる。

よって、直管の摩擦損失水頭は、0.14 ＋ 0.17 ＝約 0.31m である。

03

屋内消火栓設備の系統図②

閉鎖型スプリンクラー設備の系統図①

ここが Point!　　　　　　　　　　　　〈甲種のみ〉

スプリンクラー設備の系統図の読み取り方、電気配線の書き込み方を確認しよう。

基礎知識を押さえよう！

1. スプリンクラーの配管

右ページの系統図の各部分の記号を読み取る。

A 流水検知装置と制御弁

流水検知装置には、1次側と2次側に圧力計を設け、制御弁は、常時開放状態である。

B リターディングチャンバー

流水検知装置の発信部に設ける遅延装置。配管内に水が流れると、チャンバー内に水が貯まり、上部に設置されている圧力スイッチの作動を遅らせる働きをする。

C 補助散水栓

補助散水栓は流水検知装置の2次側に設けられる。

D 末端試験弁

閉鎖型スプリンクラーヘッドを用いるスプリンクラー設備で、流水検知装置または圧力検知装置が正常に作動しているかを確認する。

止水弁は、常時閉鎖状態であり、止水弁の1次側に圧力計、2次側にオリフィスを設ける。

E 一斉開放弁

一斉開放弁は、消火を必要とするすべての区域のヘッドに設けて送水するための制御弁で、1次側、2次側ともに止水弁が設けられる。止水弁は、常時開放状態である。

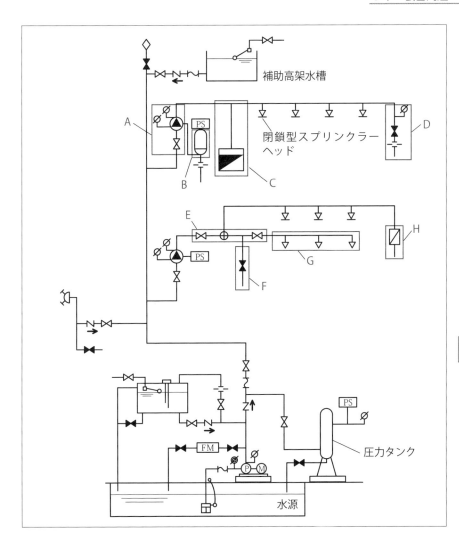

補助高架水槽

閉鎖型スプリンクラーヘッド

圧力タンク

水源

F 試験用配管

　試験用配管は、一斉開放弁と2次側の止水弁との間に取り付けられ、止水弁は、常時閉鎖状態である。

G 開放型スプリンクラーヘッド

　開放型スプリンクラーヘッドは、舞台部に設置されるスプリンクラー設備である。

04
閉鎖型スプリンクラー設備の系統図①

H 手動式開放弁

手動式開放弁は、閉鎖型スプリンクラーヘッドに接続される配管の末端部に設けられる弁体である。

2. 電気配線、配管設備等

スプリンクラー設備は、火災が発生すると、スプリンクラーヘッドが開放し、散水が始まる。管内に流水することによって流水検知装置が作動し、自動火災報知設備の受信機へ伝わり、警報される。

また、管内が減圧することによって始動用圧力タンクの圧力スイッチが作動し、ポンプが始動する。ポンプが始動すると、自動火災報知設備の受信機へ伝わり、警報されるシステムとなっている。

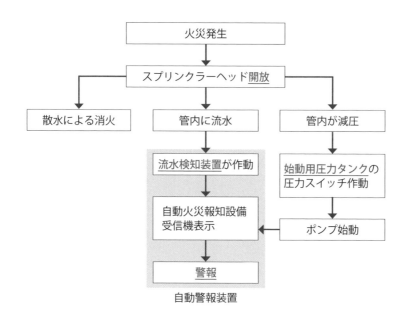

自動警報装置

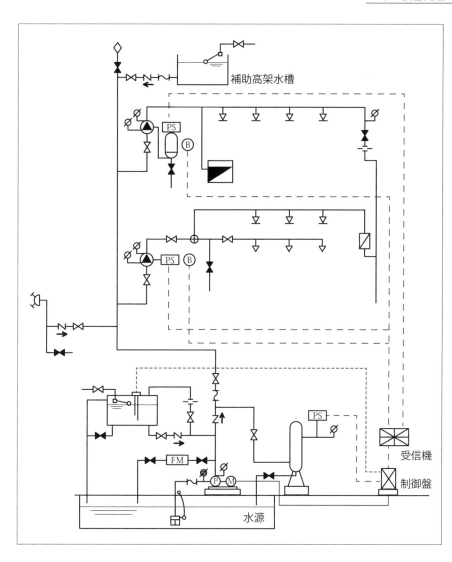

補助高架水槽

受信機

制御盤

水源

04 閉鎖型スプリンクラー設備の系統図①

　流水検知装置、起動用圧力タンク、音響のベルから、受信機までは、耐熱配線、また、受信機から制御盤も耐熱配線とする。

　減水警報装置から制御盤までの配線は一般配線とする。

　制御盤からポンプ本体までは、耐火配線とする。

閉鎖型スプリンクラー設備の系統図②

ここが Point! 〈甲種のみ〉

水源水量、ポンプの吐出量、全揚程の求め方を覚えよう。

基礎知識を押さえよう！

1．水源水量、ポンプの吐出量、全揚程の計算

（1）水源水量

　スプリンクラー設備の水源水量は、スプリンクラーヘッドの設置個数が下表に定める個数（乾式または予作動式の流水検知装置が設けられているスプリンクラー設備にあっては、下表に定める個数に 1.5 を乗じて得た個数）以上であるときは下表に定める個数、スプリンクラーヘッドの設置個数が下表に定める個数に満たないときは設置個数に、それぞれ 1.6m³ を乗じて得た量とする。

ヘッドの種別		水源水量の計算式
閉鎖型	標準型	ヘッド個数× 1.6m³ ※1
	小区画型	ヘッド個数× 1.0m³ ※2
	側壁型	ヘッド個数× 1.6m³
開放型		ヘッド個数× 1.6m³ ※2

※1　ラック式倉庫の等級Ⅲ、Ⅳで、水平遮へい板が設けられているものは、ヘッド個数× 2.28m³、その他のものは、ヘッド個数× 3.42m³。

※2　特定施設水道連結型スプリンクラー設備では、ヘッド個数× 1.2m³（壁・天井の室内に面する部分の仕上げについて、火災予防上支障があると認められる場合は、ヘッド個数× 0.6m³）。

（2）水源水量の算出の基準となるヘッドの個数

●標準型ヘッド

防火対象物の区分		ヘッドの個数[※1]
百貨店 （百貨店の用に供される部分を含む複合用途防火対象物を含む）		15（12）[※2]
地下街・準地下街		15（12）[※2]
ラック式倉庫	等級 I・II・III	30（24）[※3]
	等級 IV	20（16）[※3]
指定数量の 1,000 倍以上の指定可燃物を貯蔵し、または取り扱うもの		20（16）[※3]
上記以外	地階を除く階数が 10 以下	10（8）[※2]
	地階を除く階数が 11 以上	15（12）[※2]

※ 1 乾式または予作動式の流水検知装置を設けるスプリンクラー設備の場合は、この欄に定める個数に 1.5 を乗じて得た個数とする。
※ 2 カッコ内は、高感度型ヘッドを設置する場合。
※ 3 カッコ内は、標準型ヘッドのうち感度種別が一種のものを設置する場合。

●小区画型ヘッド

防火対象物の区分	ヘッドの個数
消防法施行令第 12 条第 1 項第 1 号及び第 9 号に掲げる防火対象物またはその部分で、基準面積が 1,000m² 未満のもの	4
地階を除く階数が 10 以下の防火対象物（上欄のものを除く）	8
地階を除く階数が 11 以上の防火対象物	12

●側壁型ヘッド

防火対象物の区分	ヘッドの個数[※]
地階を除く階数が 10 以下の防火対象物	8
地階を除く階数が 11 以上の防火対象物	12

※ 乾式または予作動式の流水検知装置を設けるスプリンクラー設備の場合は、この欄に定める個数に 1.5 を乗じて得た個数とする。

05

閉鎖型スプリンクラー設備の系統図②

(3) ポンプの吐出量

ポンプの吐出量は、水源水量の算出に用いられるヘッドの個数に、以下の値を乗じて得た量以上の量とする。

ヘッドの種別		ポンプの吐出量
閉鎖型	標準型	ヘッド個数× 90L/min ラック式倉庫に設置する場合は× 130L/min
	小区画型	ヘッド個数× 60L/min
	側壁型	ヘッド個数× 90L/min
開放型		ヘッド個数× 90L/min

(4) ポンプの全揚程

ポンプの全揚程は、次の式により求めた値以上の値とする。

全揚程 $H = h_1 + h_2 + 10$ [m]

h_1：配管摩擦損失水頭　　　h_2：落差

10m：ヘッド等放水圧力等換算水頭

例題　次ページの図は、7階建のホテルに設置されているスプリンクラー設備の系統図である。下記の条件のもと、水源水量、ポンプの吐出量、全揚程を答えよ。

【条件】

1. 数値は四捨五入し、小数第1位まで求めること。
2. 配管の摩擦損失水頭は 1.5 m である。
3. 閉鎖型スプリンクラーヘッドはすべて標準型とする。
4. 流水検知装置は、湿式とする。

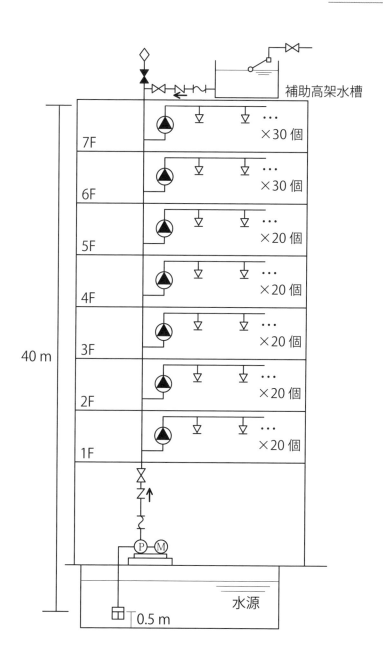

補助高架水槽

7F　×30 個

6F　×30 個

5F　×20 個

4F　×20 個

3F　×20 個

40 m

2F　×20 個

1F　×20 個

水源

0.5 m

05

閉鎖型スプリンクラー設備の系統図②

7階建のホテルに、湿式流水検知装置を設けたスプリンクラー設備で、閉鎖型スプリンクラーヘッドの標準型を使用する場合、スプリンクラーヘッドの個数は最大 10 個である。

防火対象物の区分		ヘッドの個数[※1]
百貨店 （百貨店の用に供される部分を含む複合用途防火対象物を含む）		15（12）[※2]
地下街・準地下街		15（12）[※2]
ラック式倉庫	等級 I・II・III	30（24）[※3]
	等級 IV	20（16）[※3]
指定数量の 1,000 倍以上の指定可燃物を貯蔵し、または取り扱うもの		20（16）[※3]
上記以外	地階を除く階数が 10 以下	<u>10</u>（8）[※2]
	地階を除く階数が 11 以上	15（12）[※2]

※1 乾式または予作動式の流水検知装置を設けるスプリンクラー設備の場合は、この欄に定める個数に 1.5 を乗じて得た個数とする。
※2 カッコ内は、高感度型ヘッドを設置する場合。
※3 カッコ内は、標準型ヘッドのうち感度種別が一種のものを設置する場合。

〈水源水量〉
　$10 \times 1.6 = 16m^3$ 以上

〈ポンプの吐出量〉
　$10 \times 90 = 900L/min$ 以上

〈ポンプの全揚程〉
　$H = h_1 + h_2 + 10 \ [m]$
　条件 2 より、$h_1 = 1.5$ m
　図より、$h_2 = 40$ m
　$H = 1.5 + 40 + 10 = 51.5m$

開放型スプリンクラー設備の系統図

ここが Point! 〈甲種のみ〉

一般配線、耐熱配線、耐火配線の箇所を覚えよう。

基礎知識を押さえよう！

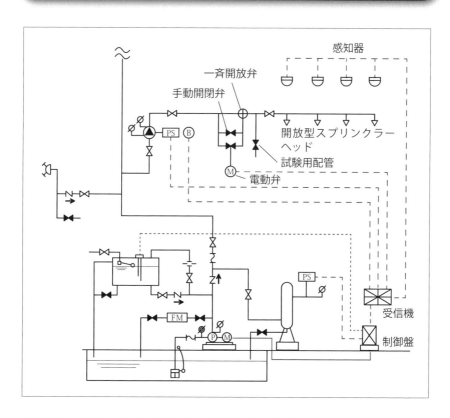

感知器

一斉開放弁

手動開閉弁

開放型スプリンクラーヘッド

試験用配管

電動弁

受信機

制御盤

　開放型スプリンクラー設備は、劇場などの舞台部、工場、倉庫などの火災が急速に拡大する建物に用いられる設備である。

　閉鎖型スプリンクラーヘッドと異なり、感熱部を持たず、平常時でも開

放している。

　火災発生後、感知器、電動弁が作動し、一斉開放弁が開放、そして、スプリンクラーヘッドから散水される。また、手動弁を操作することでも、一斉開放弁が開放される。

　管内が流水することによって流水検知装置が作動し、自動火災報知設備の受信機へ伝わり、警報される。

　また、管内が減圧することによって始動用圧力タンクの圧力スイッチが作動し、ポンプが始動する。ポンプが始動すると、自動火災報知設備の受信機へ伝わり、警報されるシステムとなっている。

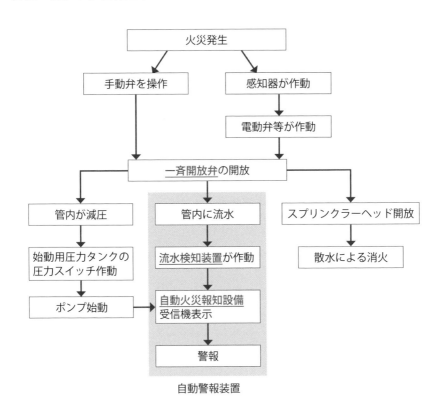

自動警報装置

スプリンクラーヘッドの設置

ここが Point! 〈甲種のみ〉

水源水量、ポンプの吐出量、全揚程の求め方を覚えよう。

基礎知識を押さえよう！

●防火対象物の各部分からスプリンクラーヘッドまでの距離

ヘッドの種類			防火対象物またはその部分		距離[1]
閉鎖型スプリンクラーヘッド	標準型	一般		耐火建築物	2.3m 以下[2]
				耐火建築物以外の建築物	2.1m 以下[2]
		ラック式倉庫		ラック等を設けた部分[3]	2.5m 以下
				その他の部分	2.1m 以下
		地下街準地下街		厨房その他火気を使用する設備または器具を設置する部分	1.7m 以下[2]
				その他の部分	2.1m 以下 準地下街で主要構造部を耐火構造としたものは 2.3m 以下[2]
		指定可燃物を貯蔵し、または取り扱う部分			1.7m 以下[2]
	小区画型	宿泊室、病室等			2.6m 以下[4]
	側壁型	宿泊室、病室等（廊下、通路等を含む）			[5]
開放型スプリンクラーヘッド		劇場等の舞台部			1.7m 以下
放水型スプリンクラーヘッド		高天井の部分			スプリンクラーヘッドの性能に応じて、高天井の部分の火災を有効に消火することができるように設ける。

※1 天井または小屋裏、ラック等を設けた部分の各部分から1つのスプリンクラーヘッドまでの水平距離。

※2 高感度型ヘッドを設置する場合は、次の式により求めた値とする。

$R = Xr$

R は、スプリンクラーヘッドまでの水平距離（単位：m）

r は、スプリンクラーヘッドの有効散水半径

X は、耐火建築物については1、耐火建築物以外の建築物については0.9、指定可燃物を貯蔵し、または取り扱う部分については0.75、地下街、準地下街で厨房その他火気を使用する設備または器具を設置する部分については0.75、地下街のその他の部分については0.9、準地下街のその他の部分で主要構造部を耐火構造としたものについては1、主要構造部を耐火構造とした防火対象物以外のものについては0.9とする。

※3 ラック等を設けた部分に設けるスプリンクラーヘッドには、他のスプリンクラーヘッドから散水された水がかかるのを防止するための措置を講ずる。

※4 1つのスプリンクラーヘッドにより防護される部分の面積が $13m^2$ 以下となるように設ける。

※5 床面の各部分が1つのスプリンクラーヘッドにより防護される床面の部分（スプリンクラーヘッドを取り付ける面の水平方向の両側にそれぞれ1.8m以内、かつ、前方3.6m以内となる範囲を水平投影した床面の部分をいう）に包含されるように設ける。

　スプリンクラーヘッドの配置は、未警戒部分ができないように、原則として正方形に配置する。直角三角形の斜辺は $2r$、他の2辺は $\sqrt{2}r$（約 $1.414r$）として計算する。

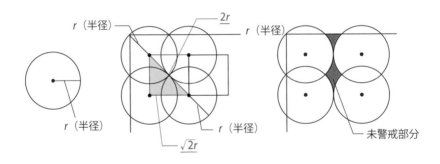

例題　下記の条件のもと、スプリンクラーヘッドの配置場所を記載せよ。

【条件】

1. ヘッドの種類は、高感度型ヘッド以外の標準型ヘッドである。

2. 建物は耐火構造である。

3. ヘッドは正方形に配置する。また、小数第3位を四捨五入して計算する。

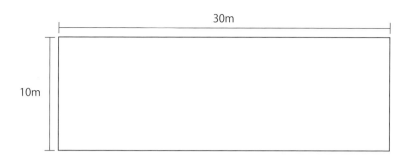

耐火建築物で高感度型ヘッド以外のヘッドの半径は、2.3m 以下とする。

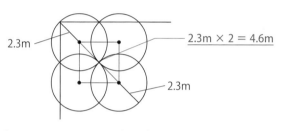

正方形に配置することから、三平方の定理より、

$$\sqrt{2}r = 1.414 \times 2.3 = 3.2522$$

小数第 3 位を四捨五入して、3.25

横は 30m だから、30 ÷ 3.25 ≒ 9.23

よって、横には 10 個設置する。

縦は 10m だから、10 ÷ 3.25 ≒ 3.08

よって、縦には 4 個設置する。

07

スプリンクラーヘッドの設置

問　題　▶解答と解説は p.395 〜 397

問題 01

　下図に示す屋内消火栓設備の系統図について、次の各設問に答えなさい。

1　図中の空白部分（（　　）内）を完成させなさい。
2　A の名称と使用目的を答えなさい。
3　B の名称と有効水量を答えなさい。
4　C、D の名称を答えなさい。

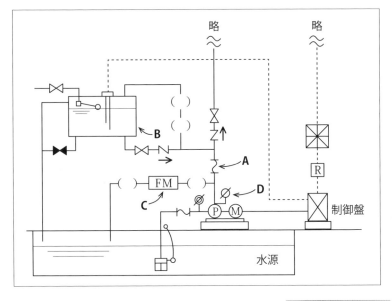

Lesson 01、02

問題 02

　下図は2階建の作業場に設置した1号消火栓の系統図である。下記の条件のもと、次の各設問に答えなさい。

【条件】

1. 数値は四捨五入し、小数第1位まで求めること。
2. 消火用ホースは、呼称50、長さ20mのものを使用する。
3. 管継手、弁類の摩擦損失水頭の合計は、1.5mとする。
4. 直管、ホースの摩擦損失水頭は、下表のものとする。

1　全揚程を求める式を答えなさい。

2　ポンプの全揚程を計算しなさい。

ホースの摩擦損失水頭（ホース100m当たり）

呼び径（mm） 流量（L/min）	40	50
150	13m	3.2m

直管の摩擦損失水頭（直管100m当たり）

呼び径（mm） 流量（L/min）	40A	50A
150	11.3m	2.7m
300	40.5m	12.4m

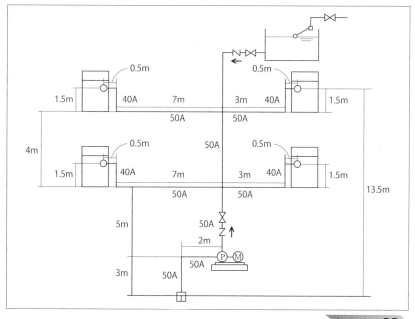

下図はスプリンクラー設備の系統図である。空白部分の①～⑤を完成させるとともに、機器等の名称を答えなさい。

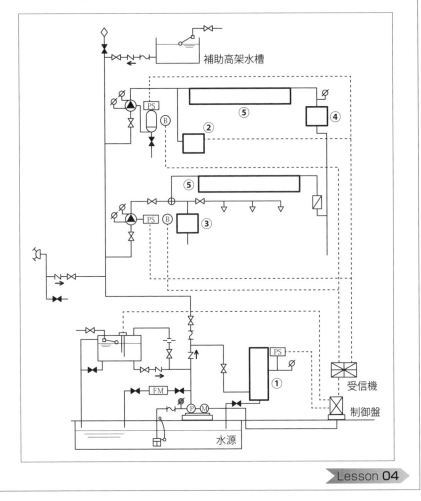

補助高架水槽

受信機

制御盤

水源

Lesson 04

394

解答と解説　▶問題は p.392 〜 394

問題 01 正解

1

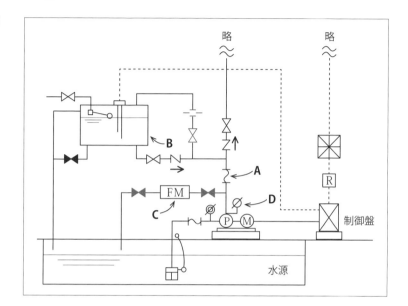

制御盤
水源

2　**名称**　可とう管継手
　　使用目的　配管の耐震措置
3　**名称**　呼水槽
　　有効水量　100 L
4　**C の名称**　流量計
　　D の名称　圧力計

間違えた人は、Lesson01、02 を復習しよう。

問題 02 正解

1　　$H = h_1 + h_2 + h_3 + 17m$
2　　h_1 は、消防用ホースの摩擦損失水頭である。条件 2 より、消防用ホースは、呼称 50、長さ 20m のものを使用するから、表より、ホース 100m 当たりの摩擦損失水頭は 3.2m である。よって、$h_1 = 20 × 3.2 ÷ 100 = 0.64$、四捨五入して、0.6m である。　　　　　　　　　　　　　　　　（次ページに続く）

9章　練習問題にチャレンジ！

h_2 は、配管の摩擦損失水頭である。配管の摩擦損失水頭は、フート弁から最も遠い消火栓（左上）までの経路で求める。配管は 50A と 40A があり、フート弁から上階の分岐点までの流量は 300L、そこから先の流量は 150L である。

下図のように、フート弁を a、分岐点を b、配管の呼径が変わる点を c、消火栓の開閉弁を d とすると、a〜b 間の摩擦損失水頭は、表より、直管 100m 当たりの摩擦損失水頭が 12.4m だから、（3 ＋ 2 ＋ 5 ＋ 4）× 12.4 ÷ 100 ＝ 1.736、四捨五入して 1.7m である。

b〜c 間の摩擦損失水頭は、表より、直管 100m 当たりの摩擦損失水頭が 2.7m だから、7 × 2.7 ÷ 100 ＝ 0.189、四捨五入して 0.2m である。

c〜d 間の摩擦損失水頭は、表より、直管 100m 当たりの摩擦損失水頭が 11.3m だから、（1.5 ＋ 0.5）× 11.3 ÷ 100 ＝ 0.226、四捨五入して 0.2m である。

条件 3 より、管継手、弁類の摩擦損失水頭の合計は、1.5m だから、配管の摩擦損失水頭 h_2 は、合計すると、1.7 ＋ 0.2 ＋ 0.2 ＋ 1.5 ＝ 3.6m である。

h_3 は、落差であり、図より 13.5m である。

下のポンプの全揚程は、0.6 ＋ 3.6 ＋ 13.5 ＋ 17 ＝ 34.7m である。

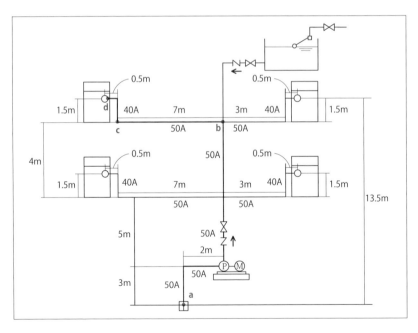

間違えた人は、Lesson03 を復習しよう。

問題 03 正解

① 圧力タンク
② 補助散水栓
③ 試験用配管
④ 末端試験弁
⑤ 閉鎖型スプリンクラーヘッド

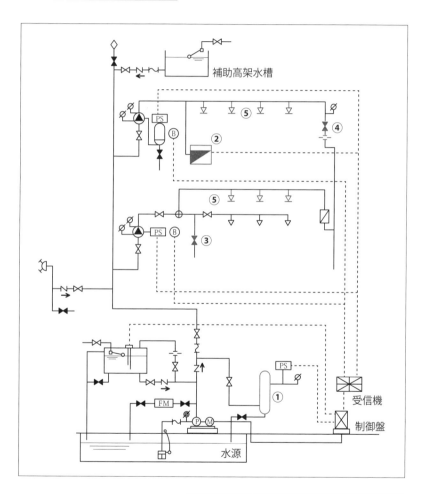

間違えた人は、Lesson04 を復習しよう。

9章 練習問題にチャレンジ！

さくいん

本書に関する正誤等の最新情報は、下記のアドレスで確認することができます。
http://www.s-henshu.info/sb1gt2307/

上記掲載以外の箇所で正誤についてお気づきの場合は、**書名・発行日・質問事項（該当ページ・行数・問題番号**などと誤りだと思う理由）・**氏名・連絡先**を明記のうえ、お問い合わせください。
・web からのお問い合わせ：上記アドレス内【正誤情報】へ
・郵便または FAX でのお問い合わせ：下記住所または FAX 番号へ
※**電話でのお問い合わせはお受けできません。**

[宛先] コンデックス情報研究所
「いちばんわかりやすい！ 消防設備士 1 類〈甲種・乙種〉合格テキスト」係
　　　住　　　所：〒 359-0042 所沢市並木 3-1-9
　　　FAX 番号：04-2995-4362（10:00 〜 17:00　土日祝日を除く）

※**本書の正誤以外に関するご質問にはお答えいたしかねます。** また、受験指導などは行っておりません。
※ご質問の受付期限は、各試験日の 10 日前必着といたします。
※回答日時の指定はできません。また、ご質問の内容によっては回答まで 10 日前後お時間をいただく場合があります。
あらかじめご了承ください。

監修：北里敏明（きたざと としあき）
弁護士。昭和 47 年東京大学法学部卒業、同年司法試験合格。昭和 48 年自治省に入る。昭和 53 年ハーバードロースクール入学、昭和 55 年修士（LLM）課程修了。京都市副市長、自治省大臣官房企画室長、公営企業等担当審議官、内閣府防災担当審議官などを経て、平成 14 年消防庁次長に就任。平成 15 年総務省を退官し、横浜国立大学客員教授、立命館大学非常勤講師を歴任。平成 18 年北里敏明法律事務所を開設。平成 26 年弁護士法人北里綜合法律事務所を設立。

編著：コンデックス情報研究所
1990 年 6 月設立。法律・福祉・技術・教育分野において、書籍の企画・執筆・編集、大学および通信教育機関との共同教材開発を行っている研究者・実務家・編集者のグループ。

イラスト：ひらのんさ

いちばんわかりやすい！ 消防設備士1類〈甲種・乙種〉合格テキスト

2023年 8 月20日発行

監　修　北里敏明

編　著　コンデックス情報研究所

発行者　深見公子

発行所　成美堂出版
　　　　〒162-8445　東京都新宿区新小川町1-7
　　　　電話(03)5206-8151　FAX(03)5206-8159

印　刷　株式会社フクイン

©SEIBIDO SHUPPAN 2023　PRINTED IN JAPAN
ISBN978-4-415-23705-3
落丁・乱丁などの不良本はお取り替えします
定価はカバーに表示してあります